Le Livre noir de la garde alternée

Jacqueline Phélip

Avec la collaboration de M. Berger, M.-É. Breton, M. Hayat-Soria, P. Lévy-Soussan, M.-H. Mathioudakis, H. Rottman, F. Vauthier-Marin

Préface de Maurice Berger

DUNOD

ISBN 2 10 050365 0

Le **Livre noir** de la **garde alternée**

« Nul n'ira jusqu'au fond du rire d'un enfant. »
Victor Hugo, *La Légende des Siècles.*

Aucune décision institutionnelle concernant les enfants ne devrait aboutir à une dégradation de leur état physique ou psychologique, ni compromettre leur développement.

Table des matières

PRÉFACE XIII

AVANT-PROPOS XVII

PREMIÈRE PARTIE

DES BASES POUR COMPRENDRE

1. L'enfant et ses besoins 3

Le développement du nouveau-né et du jeune enfant 3

Les sept besoins de l'enfant 4

Le besoin d'attachement 5

Les différents types d'attachement, 6 • Attachement au père et à la mère : différences et réalités, 7

Les attachements contrariés et les troubles consécutifs 8

Une relation étudiée et démontrée, 8 • Des études délibérément négligées, 9

La résidence alternée et les causes de troubles de l'attachement 10

La séparation de la figure d'attachement principale, 10 • Une séparation dans le jeune âge, 10 • L'éloignement nocturne, 11 • L'instabilité du cadre de vie, 11 • Le conflit parental, 12 • Une double agression de l'enfant, 12

Données simples sur le fonctionnement du cerveau humain 13

Les résultats des explorations cérébrales modernes, 13 • Développement cérébral et environnement extérieur, 13

2. Le dispositif législatif et judiciaire 17

Origine et genèse de la loi 17

Avant la loi, 17 • Le contexte politique, 18 • Une société en mutations, 18 • Les rapports présentés lors de la préparation de la loi, 19 • L'évolution de la proposition de loi, 21

La loi et son interprétation 23

La situation nouvelle créée par la loi, 26 • Une loi qui donne lieu à de multiples interprétations, 31 • Non-prise en compte de la violence par la loi, 34 • Le devenir de la loi : le combat continue, 37

Les décisions judiciaires 39

Les tribunaux et les juges, 39 • Les experts et autres intervenants, 40

DEUXIÈME PARTIE

DES CONSTATATIONS QUOTIDIENNES

3. Les symptômes des enfants 43

La résidence alternée chez le tout-petit 44

Père qui refuse sa paternité et/ou revient après plusieurs mois ou années 50

Résidence alternée chez des enfants plus grands 53

Désespoir, dépression, menaces de fugues ou de suicides, rejet du père, 53 • Souhait de la « mort » du père, 55

4. En cas de conflit, comme à l'amiable 59

La rétention d'enfant par leur père avant tout jugement 59

Enfants jeunes retirés à la garde de leur mère 62

Résidences alternées consensuelles 65

Des souffrances en dehors de tout conflit, 65 • Rôle du juge lors des résidences alternées consensuelles, 69

Les pères qui demandent conseil 70

5. Certificats médicaux, enquêtes sociales et expertises psychologiques 71

La situation des médecins 71

Enquêtes sociales et expertises psychologiques 74

6. Les maltraitances 89

Violences conjugales et garde d'enfant 89

Violence et paternité 96

Les enfants spectateurs, 96 • Non-présentation d'enfants, 97

Le syndrome d'aliénation parentale : une imposture 99

Le syndrome d'aliénation parentale (SAP), 99 • Le mythe d'une augmentation exponentielle des fausses allégations d'abus sexuels, 103

SYNTHÈSE 107

Les séparations 107

Les enfants 107

La justice 108

Les idéologies 108

TROISIÈME PARTIE

OBSERVATIONS DE SPÉCIALISTES

7. Le syndrome de Salomon (Hana Rottman) 113

Conséquences pour l'enfant de la séparation d'avec l'adulte privilégié 114

La figure d'attachement principal, 114 • La relation d'objet, 115 • La séparation, 116 • Un mécanisme de défense coûteux, 117

Le syndrome de Salomon 118

Quelle prévention et quel traitement proposer ? 120

8. Résidence alternée : risque de maltraitance au nom de l'enfant (Pierre Lévy-Soussan) 123

Analyse du texte de loi du 4 mars 2002 124

Exemple clinique 127

Commentaires 128

Commentaires de la loi au regard de la clinique 128

9. Les besoins de base (Frédérique Vauthier-Marin) 133

Comment l'enfant vit la semaine chez sa mère 134

Les pères et les besoins de base 135

10. Problèmes psychologiques chez l'enfant de moins de six ans (Maurice Berger) 139

L'état des lieux 139

Les troubles observés 142

La non-utilisation des recherches existantes 144

La relation mère-enfant petit est différente de la relation père-enfant petit, 144 • L'importance fondamentale, pour un enfant, de disposer d'une figure d'attachement sécurisante, 146 • Des recherches qui invitent à la prudence, 148

Une inquiétude partagée dans d'autres pays 148

L'absence de préoccupation concernant l'enfant de la part des politiques et de certains magistrats., 150

Quelles recherches mettre en place ? 153

L'utilisation d'outils adaptés, 153 • Une recherche adaptée à l'âge de l'enfant, 154 • Une recherche la plus objective possible, 154 • Le respect de l'anonymat des familles, 155 • Une définition d'une « échelle de conflictualité », 155 • L'observation des parents, 155 • Le problème des biais de recrutement, 156

11. La résidence alternée : une loi pour les adultes (Marie-Élisabeth Breton) 161

12. Résidence alternée : un concept judiciaire ? (Marie-Hélène Mathioudakis) 165

Une genèse sous le feu d'une alternance 167

Une loi critiquable 169

La notion de coparentalité, 170 • L'intérêt de l'enfant, 172 • La jurisprudence, 175

Une loi à l'épreuve du conflit parental ? 181

La pratique antérieure et les accords conclus, 183 • Les accords passés entre les parents, 184 • Les sentiments exprimés par le mineur capable de discernement, 185 • L'aptitude de chacun à assumer sa fonction parentale et sa faculté à respecter les droits de l'autre, 187 • Les résultats d'expertises, 188 • Les enquêtes ou contre-enquête sociales, 189 • Les mesures de médiation, 190

Une loi qui encourage la créativité judiciaire ? 192

13. Et l'enfant alors ? (Maud Hayat-Soria) 199

Les mesures d'investigation 204

L'enquête sociale, 204 • L'examen médico-psychologique, 206

La pratique des tribunaux 206

Les décisions rendues après enquête et/ou expertise médico-psychologique, 206 • Les décisions rendues sans recours à une quelconque mesure d'investigation, 211

PROPOSITIONS 215

ANNEXE 217

Les dix propositions de Claire Brisset (défenseure des enfants) 217

Travaux scientifiques de reconnaissance internationale 217

ÉPILOGUE 221

Catastrophe sanitaire en préparation ? 221

L'association « L'Enfant d'Abord » 222

REMERCIEMENTS 223

BIBLIOGRAPHIE 225

Préface

Maurice BERGER

« ON PEUT tout faire avec des enfants, mais il faut le payer un jour ou l'autre », indique Pierre Lévy-Soussan. Cet ouvrage montre le prix que les enfants ont déjà commencé à payer pour la manière dont la résidence alternée est souvent mise en œuvre en France, en particulier lorsqu'ils sont petits, âgés de moins de 6 ans. C'est ce dont témoignent les différents auteurs qui s'expriment ici, chacun dans son domaine professionnel, avocats, pédopsychiatres, psychanalystes, refusant de céder à la passivité ambiante. S'ils acceptent de le faire à la demande de Madame Jacqueline Phelip, présidente de l'association « L'Enfant d'Abord », c'est parce que cette dernière a toujours eu une position parfaitement claire sur les deux points suivants. « L'enfant d'abord » n'a pas pour objectif la défense des mères ou de leurs intérêts ; cette association ne se préoccupe que du bien-être des enfants. Et, suite logique, elle n'a pas d'opposition de principe à l'égard de la résidence alternée, mais demande que lorsque ce mode d'hébergement est souhaité par un (ou les) parent(s), ses conditions d'application ne se fassent pas au détriment de la vie affective de l'enfant, particulièrement en cas de conflit parental.

On objectera à ces propos que c'est de l'intérêt de l'enfant d'avoir accès à ses deux parents. C'est exact, et nous constaterons dans cet ouvrage que pères et mères ont des rôles complémentaires dès les premiers mois de la vie de leur enfant ; mais ces rôles ne sont pas équivalents car les manières d'être des pères et des mères ne sont pas identiques. Surtout, des centaines de travaux scientifiques anciens et récents montrent la nécessité pour un enfant petit d'avoir à sa disposition, encore plus quand il est inquiet un adulte *stable et accessible*, que les Anglo-Saxons nomment « *primary caregiver* », la première et principale personne pourvoyeuse de soins. C'est grâce à cette relation continue que l'enfant se construit un sentiment de sécurité interne, ce qui lui permettra ensuite de se distancier de cet adulte, de nouer en toute tranquillité des relations avec d'autres personnes, et de ne pas souffrir ultérieurement d'angoisse de séparation ou de certaines formes de dépression. L'intérêt de l'enfant petit, c'est donc d'abord la protection de son développement affectif[1], ce que ne respectent pas l'alternance des lieux d'hébergement à temps équivalent et la perte répétée de la relation avec la mère qu'elle occasionne.

La France est un pays de beaux parleurs qui privilégie les débats d'idées par rapport aux faits. La réalité, ici, c'est l'état de souffrance extrême que présentent certains enfants qui vivent en résidence alternée, sans que cette constatation amène le moindre changement dans l'aménagement de leur existence. Implicitement ou explicitement, les politiques, certains magistrats, d'autres professionnels attendent d'avoir « du recul » pour évaluer les effets de ce dispositif législatif. En langage non codé, cela signifie évaluer combien d'individus parvenus à l'âge adulte présenteront des troubles liés à ce mode de garde pendant leur enfance. Il est probable que dans une vingtaine d'années, des psychiatres et psychologues écriront de belles publications à ce propos. Mais il n'y a aucune raison de sacrifier une génération et d'attendre la preuve de ce qu'on sait déjà : la répétition d'une séparation d'avec la « base de sécurité » maternelle crée ultérieurement des troubles affectifs fixés.

Pourquoi en est-on là ? Je citerai trois raisons au moins. La première, c'est le manque de courage des politiques. On constatera dans cet ouvrage que de grandes réserves avaient été émises lors de l'élaboration de la loi de mars 2002, ce qui n'a pas empêché son vote. Et depuis, aucune personnalité politique n'a vraiment cherché à améliorer ce texte législatif sur ce point et n'a sollicité de recherche sérieuse concernant les troubles que présentent actuellement les enfants concernés.

La deuxième est la manière dont certaines journalistes tiennent un raisonnement « boursicoteur », comme si les enfants étaient des actions cotées en bourse. Parce que x % des enfants supporteraient le dispositif de la résidence alternée, on pourrait tolérer que x % aillent très mal, de même que 20 % de gain sur certaines actions équilibrent 20 % de perte sur d'autres. Que dirait-on d'un pédiatre satisfait de sa journée parce qu'il aurait réhydraté cinq nourrissons atteints de gastro-entérite et qu'il en aurait laissé mourir cinq autres ? Que son bilan est équilibré ? Les journalistes qui raisonnent ainsi interviewent habituellement une personne favorable à la résidence alternée, une autre qui en souligne les risques, et l'article est bouclé, laissant soigneusement de côté *la question de ce que deviennent les enfants petits qui ne supportent pas ce mode d'hébergement, qui ne s'y adaptent pas.*

La troisième raison est la grande difficulté qui règne depuis toujours dans la société française à prendre en compte ce que ressent un enfant petit. Derrière des discours généreux, dans de nombreuses situations le

1. *Cf.* la Déclaration des droits de l'enfant, Principe 2, ONU, 1959.

raisonnement tenu, de pseudo bon sens, est : « L'enfant peut bien supporter ça, il finira par s'habituer. » Non, Hana Rottman montre que les enfants qui vont mal dans ce contexte de garde ne s'habituent pas, ils clivent leur personnalité. Dit autrement, pour moins souffrir, ils coupent leur personnalité en deux parties qui ne communiquent pas entre elles, et ils se coupent aussi de leurs sentiments. Ou encore, comme l'indique Frédérique Vauthier-Marin, ils ne sont jamais sereins, insouciants. Ou lorsqu'ils ne sont encore âgés que de quelques mois, ils manifestent leur mal-être sous la forme de troubles psychosomatiques sévères. Et malgré cette souffrance, cette maltraitance, la situation peut-être sans issue pour l'enfant du fait du contexte juridique, comme le soulignent les articles de trois avocates, Marie-Élisabeth Breton, Marie-Hélène Mathioudakis et Maud Hayat-Soria.

Cet ouvrage est composé de trois parties. Dans les première et deuxième parties, Mme Phelip décrit la manière dont la loi de mars 2002 a été construite et témoigne des dysfonctionnements impressionnants liés à son application. Dans la troisième partie, des spécialistes qui ont tous une expérience directe et approfondie des situations de résidence alternée comme soignants ou comme avocats, font part de leurs réflexions cliniques, théoriques, et juridiques.

En conclusion, ce livre propose des aménagements raisonnables, acceptables hors de toute passion. Un enfant qui doit vivre avec des parents séparés est déjà confronté à une existence compliquée. Il est dans le pouvoir des politiques de faire en sorte qu'à cette difficulté, une loi insuffisamment précautionneuse n'ajoute pas de graves problèmes supplémentaires.

Avant-propos

À L'OCCASION du quatrième anniversaire de la loi du 4 mars 2002 réformant le droit de la famille, l'auteur de ces lignes aurait bien aimé dresser un constat positif et montrer tous les bienfaits que les enfants de parents séparés auraient pu en tirer. Ce ne sera pas le cas. Nous n'userons pas de la langue de bois. Si des enfants supportent apparemment bien la résidence alternée, d'autres, nombreux, en souffrent psychiquement de façon importante.

Ce livre n'aura pas pour objet de proposer quelques « améliorations » : ceci n'aurait d'autre effet que de cautionner l'essentiel. Il ne s'unira pas au chœur de ceux qui se félicitent de cette fuite en avant et qui réclament encore plus au nom, selon eux, de « l'intérêt supérieur de l'enfant ».

Dans ces circonstances, cet « intérêt supérieur » constitue selon nous une formule parfaitement théorique qui désigne essentiellement l'intérêt des parents. Elle projette l'enfant au rang de concept, d'abstraction. Périphrase astucieuse, elle rend bien peu compte des enfants de chair, de sang et de cœur qui sont placés dans la situation concrète d'une garde alternée imposée.

Car c'est bien de cela qu'il s'agit : après la séparation de leurs parents, ces enfants sont très souvent traités comme des biens indivis qui relèveraient d'un droit de propriété, ils seront donc partagés. En son temps, le roi Salomon avait clairement signifié que le rôle d'une institution n'est pas de couper un enfant en deux. Son exemple devrait encore de nos jours avoir une valeur symbolique et exemplaire.

Certes la garde alternée sous ses diverses formes[1] ne provoque pas d'écoulement de sang, la balance n'est pas un glaive. Mais son effet pourrait

1. La garde ou résidence alternée applicable aux enfants de parents séparés, quels que soient leur âge et le contexte familial, consiste à organiser leur vie en alternance chez leur père et chez leur mère. L'alternance peut être instituée selon des rythmes divers et variés : par exemple changement de domicile tous les 3, 5, ou 7 jours, ou encore tous les mois, tous les

souvent se mesurer en flots de larmes. Déchirés, écartelés entre père et mère, sans point fixe pour jeter l'ancre, ces enfants sont condamnés à mener une double vie, sans repère fixe affectif ni géographique, avec toutes les conséquences qui s'ensuivent pour la construction de leur personnalité. On sait en effet, nous le verrons, combien les agressions subies pendant l'enfance sont à l'origine de troubles psychologiques à l'âge adulte qui peuvent, dans certains cas, être extrêmement graves.

Mais il fallait une loi, coûte que coûte... pour tenter de répondre à l'éclatement de la famille, et dans le même temps satisfaire à l'idéologie à la mode, aux exigences de groupes de pression et aux impératifs de la pratique politique.

Ainsi, cette loi a-t-elle été mise en place selon un processus qu'il sera intéressant d'analyser. De fait, son élaboration et son vote revêtent toutes les apparences de la démocratie : les rapports préalables ont bien été effectués, les auditions ont bien été faites par les commissions, les navettes parlementaires ont donné lieu à des travaux incontestables et le vote par l'Assemblée nationale, à l'extrême fin de la législature, dans l'urgence, ne saurait être contesté. Mais l'examen de ce cheminement montre à l'évidence que tous les avis contraires à la proposition de loi, toutes les mises en garde des spécialistes de l'enfance ont été soigneusement écartés. Mieux : la loi définitive, sous la pression de groupes et de tendances politiques diverses, a durci sur certains points la proposition initiale.

Depuis mars 2002, nous aurions pu être attentifs aux travaux des pays anglo-saxons qui nous ont précédés dans la voie de la résidence alternée et en constatent les méfaits sur bien des enfants (*cf. infra*). Il n'en a rien été, et la mise en place de la garde alternée s'effectue peu à peu en France, au gré de l'indépendance des juges. Nous en mesurons déjà les premiers effets néfastes chez nombre d'enfants concernés, effets qui sont peu connus de la population.

Le présent livre a pour objet de briser cette quiétude, d'informer sur des réalités, d'interpeller les consciences, de provoquer une réaction politique, sachant qu'à tous niveaux il est encore des femmes et des hommes de bon sens.

Mieux qu'un long discours, la lecture préalable de trois histoires d'enfants mettra le lecteur en face des réalités quotidiennes qui font l'objet de ce livre. Elles sont extraites de centaines de cas d'enfants en souffrance dont les histoires ont été recueillies et étudiées en près de quatre ans par l'association « L'Enfant d'Abord », et dont le nombre augmente maintenant de façon quasi quotidienne.

---

ans... Ces différents types d'alternance sont inclus dans les termes de garde ou de résidence alternée.

Témoignage de Marie

J'ai vécu une garde alternée avant 1993, à une époque où cela ne se pratiquait pas, mes parents ont instauré une garde alternée « sauvage », d'un commun accord, pensant bien faire pour nous.

J'avais déjà 8 ans, de plus je n'étais pas seule puisque ma petite sœur et notre chien effectuaient les transits avec moi.

Malgré ce contexte qui semblait plutôt propice, j'ai extrêmement mal vécu cette situation, comme un cauchemar et le souvenir de cette époque est toujours malheureusement très douloureux pour moi.

Les conséquences ont été nombreuses : ce qui me vient en premier lieu à l'esprit, c'est le sentiment d'avoir été sans arrêt déracinée, sans arrêt baladée d'un point à un autre, toujours avec un sac de voyage, avec le sentiment de n'être nulle part chez moi, et puis l'angoisse d'oublier sans arrêt mes affaires de classe. Je ne pouvais pas avoir une vraie vie sociale, ne pouvais pas assister aux anniversaires. Je ne savais plus où était ma maison.

Je ressentais bien que j'aurais préféré « nicher » chez ma mère, non pas que j'éprouvais moins d'amour pour mon père, mais je ne me l'explique pas, ma base de sécurité affective était naturellement là. Ce n'est certainement pas parce que j'aurais préféré avoir une maison fixe que j'en aurais moins aimé mon père.

Cependant l'organisation et ma détermination à ne pas manifester de préférences, la crainte de blesser ou de risquer le désamour d'un de mes parents, n'ont pas permis que je leur demande de m'installer à un endroit plus qu'à un autre.

J'aimais mes deux parents mais j'étais particulièrement attachée affectivement à ma mère. Chaque séparation était douloureuse et vécue comme une déchirure, j'étais arrachée ou peut-être, je devais m'arracher à sa tendresse, à ce qui me rassurait, avec toujours la crainte de la perdre, et la peur panique que quelque chose n'arrive et qu'elle ne puisse pas revenir.

Et même si elle me rassurait et tentait de m'apaiser sur le fait qu'elle allait très bien, j'étais sans arrêt inquiète qu'il arrive quelque chose.

Elle me manquait tellement que je n'avais jamais l'esprit libre. Je vivais en permanence avec un fond d'angoisse d'abandon, du manque d'elle et de la perte d'elle, j'avais le sentiment que s'il lui arrivait quelque chose, je mourrais. J'ai développé des sortes de tocs, je me répétais sans discontinuer au cours de la journée des petites phrases rituelles qui me rassuraient, je prenais systématiquement le même chemin pour rentrer de l'école, sans même changer de trottoir par crainte... d'un mauvais sort.

J'avais besoin chaque jour, d'échanger de nombreux appels téléphoniques avec ma mère qui ne savait plus comment m'apaiser. Je passais mes nuits à grincer des dents, j'étais sans arrêt malade, et espérais ainsi rester à la maison avec elle, je me glissais toutes les nuits dans son lit. Mais je crois qu'elle n'imaginait pas ou ne mesurait pas l'ampleur de ma souffrance.

Je me rappelle également que chaque retrouvaille avec elle, était douloureuse, difficile et conflictuelle : je lui en voulais et lui faisais payer le fait de m'avoir laissée, je n'arrivais pas lui exprimer autrement mon chagrin.

Enfin, ces symptômes ont été nombreux et ont duré longtemps. Tout ceci m'a empêché d'avoir l'esprit libre et notamment à l'école pour apprendre. J'ai été en échec scolaire jusqu'à la seconde, où finalement une orientation en arts appliqués m'a sauvée et m'a permis de redémarrer des études.

Cette situation a eu une incidence sur toute ma construction, toutes mes bases ont été touchées, j'ai vécu une vraie perte de confiance en moi, bien que j'aie pu être suivie par un thérapeute pendant plusieurs années lorsque j'étais enfant. Cela m'a permis de verbaliser mes angoisses, d'oser exprimer dans un lieu neutre ce qui me faisait souffrir.

Je garde malgré tout aujourd'hui encore un fond d'angoisse permanent de cette expérience et je commence seulement à 35 ans grâce à un long travail sur moi à découvrir ce que signifient les mots s'épanouir, se détendre.

Je retiens de cette expérience si douloureuse et si lourde de conséquences sur ma vie que le droit des enfants est prioritaire sur les droits des adultes, père ou mère. Je pense qu'il est important de favoriser et de respecter le rapport des enfants avec chacun de ses parents. Chacun a un rôle essentiel à exercer auprès de son enfant. Mais la résidence alternée peut être très nocive pour un enfant.

À mon sens, il me semble que j'aurais moins mal vécu un mode de garde élargie. Il ne faut pas de rythmes trop espacés, il ne faut pas non plus que les périodes soient trop hachées, cependant il faut que l'enfant ait la possibilité d'avoir une base, une sorte de camp de base et ne vive pas cet écartèlement permanent.

Lorsqu'on a une base solide, on peut aller de l'avant et se sentir bien partout.

Je pense qu'il est impossible d'investir deux maisons, de se sentir chez soi de manière égale dans deux endroits en même en temps, et c'est pourtant bien ce que l'on m'a demandé et qu'on demande à ces enfants avec en plus, des rythmes de vie et de façon de vivre très différentes d'un lieu à l'autre.

Mes parents s'entendaient bien pourtant, mais comment font les enfants qui ont des parents qui ne s'entendent pas du tout ?

Les enfants aiment leurs parents au point de consentir de réels sacrifices, parce qu'ils refusent souvent d'exprimer leurs préférences ou leurs désirs, se condamnent pour la plupart à supporter dans le mutisme et parfois même avec le sourire toutes ces déchirures, par crainte de les blesser, par crainte du désamour, et parfois par peur, condamnés à un conflit de loyauté.

Ils refusent de devoir faire un choix parce qu'il n'y a pas de choix à faire entre ses deux parents. Choisir un lieu de vie ne revient pas à renoncer à une relation riche avec l'autre parent et ne lui fait pas perdre ses droits ou son statut.

Pourtant aujourd'hui la loi sur la résidence alternée a installé une société d'égalitarisme qui n'a aucun sens pour un enfant et je peux en témoigner. C'est une solution qui donne bonne conscience à la Justice, moitié-moitié. On divise son enfant en deux comme on partage un territoire, l'enfant devient alors « la chose » d'un accord ou d'une ordonnance de juge.

La justice répond aux modes et à une permanente illusion moderniste que suivent les politiciens. Elle répond aux besoins des parents, des adultes, mais certainement pas aux besoins des enfants et encore moins aux besoins des jeunes enfants.

Marie Bunel

Loi de mars 2002 : rien n'est impossible

Madame B. habite dans le sud de la France, fait la connaissance d'un Américain : c'est le coup de foudre.

Une relation s'installe entre eux mais ils ne peuvent vivre encore ensemble faute de trouver une solution aux problèmes professionnels de l'un et l'autre. Ils émettent tous deux un très fort désir d'enfant. Celui-ci naît fin 2000.

Le père reconnaît l'enfant pendant la grossesse et assiste ensuite à l'accouchement. Le bonheur semble total.

À peine quelques jours plus tard cependant, le jeune père fait savoir à la maman qu'il met fin à leur projet de vie commune. Il lui présente alors une convention de visites et d'hébergement du bébé aux États-Unis que son avocate française a rédigée. La maman refuse.

Dans un premier temps un jugement protège l'enfant de déplacements répétés : le père qui ne manque pas de moyens financiers viendra en France pour voir son bébé selon un rythme qu'il détermine lui-même.

Il loue un studio à proximité du domicile maternel et progressivement l'enfant passe des nuits chez son père, la mère voyant son bébé tous les jours. Tout va bien.

Mais lorsque l'enfant a 24 mois, le père saisit à nouveau le juge aux affaires familiales. Voici la décision de ce dernier :

« *Disons que les parents exerceront conjointement l'autorité parentale à l'égard de l'enfant, la résidence de ce dernier étant fixée en alternance au domicile des parents à savoir un mois sur deux aux États-Unis chez son père, en alternance d'un mois chez sa mère... À la rentrée scolaire de septembre l'enfant résidera à nouveau chez sa mère et le père l'hébergera la totalité des vacances de Noël les années impaires, la totalité des vacances de Pâques les années paires, ainsi que la totalité des vacances de février et les six premières semaines des vacances d'été...* »

Comment afficher plus clairement l'indifférence à la personne fragile qu'est un enfant de deux ans ? À la suite de ce minutieux partage, non seulement cet enfant de deux ans a été coupé totalement, radicalement de sa mère et de son environnement familier un mois sur deux, mais il a subi en 2003 :

– dix voyages de 18 heures chacun ;

– dix décalages horaires de sept heures à l'aller et autant au retour ;

– deux rythmes et modes de vie complètement différents...

Lorsque la mère récupère son bébé, celui-ci présente des troubles du comportement sérieux : il refuse de s'endormir seul, se réveille sans cesse en hurlant et met quinze jours à récupérer des nuits correctes. Il manifeste une forte agressivité vis-à-vis d'elle puis refuse ensuite de la voir s'éloigner de lui, et fait preuve par moments d'une véritable violence envers les autres.

Le père admet que ce rythme est difficile pour son fils, mais il ne cède pas et exige que la mère y adhère. Il souhaite même faire appel de la seconde partie du jugement, afin d'avoir son enfant avec lui un mois par trimestre et de le scolariser dans deux écoles, française et américaine. Puis au fil des mois et sans doute réalisant la maltraitance qu'il impose à son fils, il renonce à ses velléités de l'avoir chez lui un mois par trimestre. La mère reste néanmoins très inquiète des conséquences psychologiques des décisions qui ont été prises pour son enfant.

Ce genre de situation est plutôt rare, c'est ce que rétorquent aussitôt ceux qui en sont informés. Mais ce cas démontre néanmoins qu'avec la loi de mars 2002 rien n'est impossible... y compris pour un bébé de 24 mois une résidence alternée mensuelle entre la France et les États-Unis !

« Un cas d'école... »

C'est l'histoire d'un enfant qui a pu être suivi dans le temps. Elle est exemplaire de nombreuses situations qui font suite à la séparation et à la décision d'un mode d'hébergement inapproprié et sans rapport avec le contexte parental.

La jeune femme, N, se trouve enceinte accidentellement.

Le jeune homme, D., avec qui elle n'a jamais vécu, lui demande dans un premier temps d'avorter. Elle refuse après réflexion, ne se sentant pas capable d'assumer une interruption volontaire de grossesse. D. revient alors sur sa position, pensant que la jeune femme va accepter une vie commune, ce qu'elle refuse.

Mais, désirant assumer ses responsabilités, elle ne veut cependant pas que son enfant lui reproche un jour de ne pas lui avoir donné de père et elle incite ce dernier à reconnaître l'enfant : ce qui est fait deux mois avant l'accouchement.

Dès la naissance, N. a demandé au jeune père de venir s'occuper du bébé après sa sieste, deux à trois fois par semaine, afin qu'une relation s'établisse entre l'enfant et son père. Cependant D. a toujours le secret espoir qu'elle finira par accepter de vivre avec lui.

Lorsque l'enfant a trois mois, la jeune mère se renseigne auprès de spécialistes sur le mode d'organisation souhaitable des rencontres entre le père et l'enfant, compte tenu de la situation parentale particulière. Tous lui recommandent la progressivité.

C'est alors que le père l'avertit qu'il va saisir un juge aux affaires familiales et demander « le maximum ». La raison qu'il lui fournit, prendre sa revanche, est moins avouable que le seul amour paternel... Alors que le bébé n'a que huit mois et n'a jamais passé de nuit en dehors du foyer maternel, le juge octroie au père un week-end sur deux (chacun incluant deux nuits), un mardi sur deux et la moitié des vacances scolaires, dont un mois complet l'été.

Le premier départ se fait sans problème. Mais d'emblée le retour est terrible : le bébé hurle au moment du coucher, se réveille plusieurs fois dans la nuit, et ne s'apaise que lorsque sa maman reste près de lui. Il ne retrouve son calme qu'après plusieurs jours.

Ce sont ensuite au fil des mois des scènes de plus en plus effroyables. Lors des départs au moment d'aller chez son père, l'enfant hurle « maman » en tendant les bras à sa mère avec dans le regard, une détresse infinie et l'incompréhension qu'elle ne vienne pas à son secours.

Le passage entre les deux parents devient électrique, le père refusant et jetant le « doudou » qui vient de chez la mère, refusant aussi à cette dernière qu'elle vienne rassurer l'enfant lorsque son père le met dans la voiture. De telles scènes se répètent durant plus d'un an.

Plus tard, avant le départ chez son père, le bébé présente des troubles divers : tantôt une rhinite, tantôt une diarrhée, une poussée de fièvre, une toux, etc.

Les retours sont également suivis par un comportement très perturbé, l'enfant évitant sa mère dans un premier temps, puis éprouvant une véritable panique quand elle disparaît de son regard. Il la tape puis s'agrippe à elle. Dès qu'il voit une valise, il se met à pleurer. Il se réveille deux à trois fois par nuit en hurlant et en exigeant que sa mère reste auprès de lui.

La jeune femme épuisée consulte un pédopsychiatre, celui-ci invite le père à venir le voir, mais il refuse.

Sur le conseil du pédopsychiatre et afin d'éviter à l'enfant de trop longues séparations de son père et de sa mère, celle-ci fait appel auprès du TGI pour que l'alternance pendant les vacances d'été soit fractionnée par petites périodes (et non par mois complets comme l'exigeait le père). Cette demande est refusée par le juge, selon l'argumentaire suivant, alors que l'enfant n'avait que dix-huit mois :

« *[...] Il est certain que la construction d'un enfant passe par la connaissance de ses deux parents, qu'il ne peut être bénéfique de privilégier à l'excès la place de l'un, fût-ce la mère, sur l'autre, qu'il est nécessaire que l'enfant soit le plus vite confronté à une séparation d'avec sa mère afin d'établir avec son père une relation vraie et complète qui n'est pas possible actuellement, compte tenu des périodes trop courtes pendant lesquelles il la voit et de l'angoisse de la mère.*

En conséquence Mme N. sera déboutée de sa demande et M. D. sera invité à lui donner des nouvelles de l'enfant afin de la rassurer. »

Ignorance ou soumission idéologique ? Nul ne le sait, mais le résultat ne se fait pas attendre : à son retour, après un mois d'absence, l'enfant ne reconnaît plus rien ni personne. Son regard évite sa mère, mais aussi les autres membres de sa famille. Tantôt il est prostré, immobile ; puis l'instant d'après il jette tous ses jouets à travers la pièce. Les nuits suivantes sont extrêmement agitées. Il faut une quinzaine de jours pour que cet enfant retrouve un semblant d'équilibre.

Alors qu'il souffre d'une gastro-entérite sévère qui avait nécessité, le matin même, une consultation aux urgences pédiatriques, le père vient tout de même le prendre « parce que c'était à lui de l'avoir ». Il fait de même à deux autres occasions alors que l'enfant a 39 degrés de température.

En grandissant, les symptômes se différencient. Lorsque son père arrive, il va se cacher dans une pièce de la maison ou se sauve dans le jardin, complètement paniqué.

Lors des vacances d'été suivantes, que son père avait enfin accepté de fractionner en deux fois quinze jours, l'enfant présente des troubles sphinctériens et une constipation durant plus de quinze jours. Plus tard il souffre de troubles phobiques : le bruit d'un avion dans le ciel, le bruit d'un jet d'eau le paniquent.

À moins de trois ans, voyant une mouche en train de mourir sur le sol, l'enfant dit à sa mère, en présence d'un groupe de personnes : « Tant mieux si cette mouche elle meurt elle sera plus obligée d'aller chez son papa. »

À quatre ans et demi aujourd'hui cet enfant fait preuve d'une maturité surprenante, qui le rend performant au niveau scolaire. Il semble très endurci comparé aux enfants de son âge, mais il a cependant une sensibilité particulière au stress. Il a toujours des angoisses de séparation, et ne cesse de répéter : « Quand je serai grand je m'appellerai (prénom) comme toi maman. »

Dans ce cas, comme dans bien d'autres, cette jeune mère a fait de véritables prouesses pour redonner une sécurité interne à son enfant, et en particulier pour maintenir un contact régulier et apaisé entre son père et lui.

Ce dernier aime son père. Cependant il y a entre eux un passif dont il ne peut se défaire. Il n'en a pas la mémoire, mais en garde une trace évidente, sous la forme d'un manque de confiance en lui.

Dernièrement, il répondait à son père qui venait le chercher et qui lui annonçait un cadeau : « Le plus beau cadeau, c'est de rester avec ma maman. »

Il importe de préciser que ce père n'est ni méchant ni maltraitant. Mais ne connaissant pas le fonctionnement psychique d'un enfant et mal conseillé par une association de pères, il s'est comporté comme « jusqu'au-boutiste » vis-à-vis de son enfant, alors même qu'il était pris dans la spirale du dépit.

Là aussi comme dans la majorité des cas, c'est la grand-mère paternelle qui s'occupait du bébé, lorsqu'il était à la garde de son père.

Cette histoire est préoccupante sur le plan individuel : quelles traces gardera le psychisme de cet enfant ? Elle est aussi exemplaire et inquiétante car elle montre comment l'application de la loi peut, dans certaines décisions de justice, passer avant les besoins et l'intérêt de l'enfant, avant les nécessités de son développement.

Ces trois histoires sont une partie infime des dossiers d'enfants qui ont été soumis depuis près de quatre ans à l'association « L'Enfant d'Abord » et dont quelques-uns seront résumés plus loin.

Elles illustrent certaines des ignorances, des incompréhensions, des utopies idéologiques et des revendications intéressées dont souffrent de nombreux enfants après la séparation de leurs parents. Elles amènent à négliger les besoins les plus essentiels de l'enfant, à nuire à son bien-être quotidien, et à mettre en question, pendant une période particulièrement sensible de son développement, son équilibre psychologique ultérieur.

Quoi qu'en disent certains, ces maltraitances de l'enfant existent et sont fréquentes. Elles constituent la critique la plus évidente des résidences alternées ou modes d'hébergement inadaptés lorsqu'ils sont imposés sans précaution à des enfants après la séparation de leurs parents. L'objectif de cet ouvrage est donc de dévoiler ces maltraitances psychologiques et d'amener leur suppression le plus rapidement possible.

CE LIVRE COMPORTERA TROIS PARTIES DISTINCTES

Dans la *première partie*, le lecteur peu informé de ces questions trouvera un certain nombre de données fondamentales sur l'enfant et son développement, destinées à faciliter la lecture et la compréhension des histoires vécues présentées ensuite.

La *deuxième partie* est extraite des dossiers recueillis par l'association « L'Enfant d'Abord ». Elle relate, sous la forme de résumés sans rien y ajouter ni en retrancher, des histoires vécues par des enfants qui souffrent de la mise en place d'une résidence alternée après la séparation de leurs parents.

La *troisième partie*, « Observations de spécialistes », dans laquelle des pédopsychiatres, psychologue et avocats ont accepté de témoigner de leur expérience professionnelle.

PREMIÈRE PARTIE

Des bases pour comprendre

1

L'enfant et ses besoins

LE DÉVELOPPEMENT DU NOUVEAU-NÉ ET DU JEUNE ENFANT

De nombreux ouvrages de spécialistes de l'enfance mondialement connus ont depuis cinquante ans étudié ce sujet naturellement très complexe. Nous n'en présenterons ici que quelques grandes lignes.

Comme l'a souligné Jean Piaget, « si l'enfant explique en partie l'adulte, on peut dire aussi que chaque période du développement (de l'enfant) rend compte en partie des suivantes ». Parallèlement à sa croissance physique, le développement mental du nouveau-né puis de l'enfant est le fait d'une évolution continue et d'acquisitions coordonnées intéressant des domaines différents.

À sa naissance, le petit d'homme est connu pour être le plus prématuré des mammifères. Parmi ses acquis, la gestation lui a apporté son capital génétique définitif, ainsi qu'une protection immunitaire temporaire vis-à-vis de certains germes microbiens. Il a aussi vécu pendant sa vie intra-utérine ses premières relations environnementales sous la forme de perceptions de mouvements, de bruits, de musique. Il a perçu aussi certaines émotions vécues par sa mère.

À la naissance, le nouveau-né et sa mère se trouvent donc dans la situation d'un continuum à la fois physique, biologique et affectif. Celui-ci s'exprime visiblement lors de l'allaitement et lors des échanges privilégiés du nourrisson et de sa mère (contacts physiques, mimiques, échanges oculaires et visuels, imitations gestuelles...). Un maternage de qualité est indispensable au développement de tout enfant

Dès les tout premiers jours, ces échanges élémentaires mais interactifs vont faire de la mère (dans la majorité des cas) la première figure d'attachement ou « figure d'attachement préférentielle », indispensable à l'équilibre affectif de l'enfant, à sa sensation de sécurité et à sa progression. La relation du nouveau-né avec son père s'inscrit naturellement dans un registre différent, celui d'une présence à la fois confiante et dynamisante favorisant l'ouverture à l'environnement. Ainsi se trouvent réalisées les conditions de la mise en place des premières relations et du développement des premières expériences.

Ces bases sont aussi indispensables à la construction du petit enfant que les fondations d'un ouvrage. C'est sur elles que vont s'installer les premières activités sensori-motrices, les apprentissages élémentaires, les notions de temps et d'espace, la notion de permanence et l'usage des objets extérieurs. Comme nous le verrons, l'absence ou la fragilité de ces bases fondamentales représenteront pour l'enfant, dans l'acquisition des phases successives de son développement, un handicap permanent qu'il devra s'efforcer de surmonter.

Ces quelques notions très générales sont indispensables à la compréhension des besoins particuliers de l'enfant. Elles expliquent aussi la gravité potentielle des erreurs et des négligences qui peuvent toucher l'enfant dans la période critique de sa croissance et de sa formation.

LES SEPT BESOINS DE L'ENFANT

Une tendance naturelle est de considérer qu'un enfant a des besoins comparables à ceux d'un adulte. C'est évidemment faux. Chacun de nous a pu voir ou imaginer ce qu'est aux yeux de l'enfant la dimension d'un lit, d'une table, d'un lavabo... Il en est de même de ses perceptions mentales, elles ont pour lui une dimension que nous avons oubliée. Le temps, l'espace, la nature des contacts extérieurs sont inconnus du cerveau encore immature du jeune enfant, et ce n'est que peu à peu que ses expériences et ses apprentissages lui apporteront des facultés d'analyse.

Dans un ouvrage qui fait autorité, T.B. Brazelton et S.I. Greenspan (2001), respectivement professeur de pédiatrie à Harvard et professeur de pédiatrie et pédopsychiatrie à l'université G. Washington, ont résumé les sept besoins de l'enfant qui sont nécessaires à son bien-être, à son équilibre et à son développement psychologique :

1. **Le besoin de relations chaleureuses et stables.** Il s'exprime dès les premières semaines de la vie sous la forme de relations interactives de type émotionnel. Elles sont le premier contact de l'enfant avec le monde extérieur, à un stade auquel l'enfant n'a aucune conscience de l'autre ni de sa propre individualité. Elles préparent et rendent possible l'installation de relations personnelles ultérieures.

☞

2. **Le besoin de protection physique, de sécurité, de régulation** n'est pas seulement un besoin de l'enfant. C'est le besoin de règles de vie stables, nécessaire à toute activité humaine. Elles vont permettre à l'enfant de se positionner clairement dans son environnement et générer ainsi la confiance en soi : condition de sa sensation de sécurité et de ses possibilités de progression et de développement.
3. **Le besoin d'expériences adaptées aux différences individuelles.** Il vise à satisfaire les tendances propres à chaque enfant. Non seulement les besoins des enfants ne sont pas ceux des adultes, mais chacun d'entre eux a aussi un caractère et une demande qui lui sont propres et qui en partie sont génétiquement déterminés. Les différences observées entre les enfants d'une même fratrie montrent bien ces différences individuelles et le besoin d'adaptation des expériences.
4. **Le besoin d'expériences adaptées au développement.** Il est lié à l'évolution dans le temps de l'état psychologique et des capacités mentales de l'enfant. Il dépend pour une large part de l'âge et du niveau de développement des aptitudes au cours des premières années.
5. **Le besoin de limites, de structures et d'attentes.** Il correspond à la nécessité d'apprentissages progressifs et patients qui doivent privilégier l'acquisition de connaissances élémentaires puis de responsabilités adaptées à l'âge et aux capacités.
6. **Le besoin d'une communauté stable, de son soutien, de sa culture** n'est pas particulier à l'enfant, mais le concerne avec une acuité particulière. Il touche l'ensemble du milieu de vie et conditionne l'ouverture progressive de l'enfant au monde extérieur et son évolution sociale.
7. **Le besoin de protection de l'avenir.** Il concerne l'enfant lui-même, mais aussi la société dans laquelle il vivra : la qualité des relations inter-humaines à venir dépendra de la formation actuelle des enfants.

Comme l'a écrit le sénateur belge Lallemand, « les droits de l'homme ne survivent pas là où l'enfant est écrasé ou opprimé ».

On voit bien que dès sa naissance et pendant toute l'histoire de son développement, l'un des besoins essentiels de l'enfant est de vivre dans un cadre stable, sécurisant, qui respecte sa nature et sa personnalité, les étapes et le niveau de ses acquisitions et de son évolution.

Négliger ces besoins élémentaires, c'est infliger à l'enfant le risque de troubles ultérieurs dans les domaines affectif et psychologique, et ce risque est d'autant plus grand que l'enfant est plus petit. Nous verrons quels peuvent être les effets de l'ignorance dans ce domaine des besoins de l'enfant.

LE BESOIN D'ATTACHEMENT

L'attachement se définit comme un lien particulier, *sélectif*, que l'enfant établit au départ de sa vie avec un adulte et dont le but pour lui est de maintenir une proximité physique avec cet être de référence qui génère le sentiment de sécurité.

La figure d'attachement principal est très généralement la mère, mais en cas d'empêchement ou d'inaptitude (ce qui est relativement rare) ce peut être un père, une mère adoptive ou une autre personne : toute personne en fait qui sait répondre de façon *appropriée* aux signaux de l'enfant, qui prend soin de lui de façon *continue, constante, stable, chaleureuse*, et surtout qui *est accessible* lorsque l'enfant se sent inquiet.

La notion d'attachement est apparue dans les années 1950 à la suite des travaux de Bowlby, et de nombreuses études ultérieures en ont confirmé l'importance (Robertson, 1974 ; Ainsworth, 1974-1978 ; Main, 1994-1998 ; Zeanah, 2002, 2005, etc.). Le nombre des références bibliographiques portant sur ce sujet ne nous permet pas d'en faire état ici. La plupart d'entre elles figurent dans l'excellent ouvrage de synthèse de N. et A. Guedeney (2002), respectivement pédopsychiatre de l'institut mutualiste Montsouris et professeur de pédopsychiatrie à l'hôpital Xavier Bichat-Claude Bernard à Paris, ouvrage dont nous allons nous inspirer.

Les différents types d'attachement

C'est donc Bowlby qui fit la première description de l'attachement qui fut suivie de nombreuses recherches toujours en cours dans ce domaine. Mary Ainsworth proposera le concept de « base de sécurité ». Après avoir observé des enfants dans leur milieu naturel, elle met au point un protocole d'observation en sept épisodes de séparation-réunion entre la mère et l'enfant nommé « *strange situation* » et distingue trois types d'attachement, selon les réactions de l'enfant :

- « sécure » : le plus fréquent. L'enfant proteste lors de la séparation et accueille avec plaisir sa mère au moment de son retour ;
- « insécure » qui comporte deux situations :
  - « insécure-évitant » : l'enfant semble affecté par la séparation mais évite la proximité avec sa mère lors des retrouvailles,
  - « insécure-ambivalent ou résistant » : l'enfant montre sa détresse lors de la séparation mais mélange contact et rejet lorsqu'il retrouve sa mère.

En 1985, Main introduit une autre catégorie, « insécure-désorganisé » : lors du retour de sa mère l'enfant a un comportement dépourvu de stratégie cohérente. Il est débordé par l'angoisse et n'arrive pas à obtenir un soulagement à sa détresse.

Cette classification s'est révélée valable pour toutes les cultures, y compris celles, en Afrique par exemple, dans lesquelles plusieurs personnes s'occupent de l'enfant et sont pour lui des figures d'attachement.

> « Cette épreuve [de la séparation-réunion] a montré son intérêt pour prédire les compétences du bébé dans des études liant la qualité de l'attachement à douze mois et le fonctionnement émotionnel et social de l'enfant avant six ans, en ce qui concerne la tolérance aux frustrations, la coopération, la résistance et le fonctionnement cognitif.
> Cependant il est important de noter que la stabilité de la classification suppose qu'il n'y ait pas d'événement de vie venant la contrarier : les deuils, les séparations, les traumatismes, les maladies graves etc. ont un impact sur l'attachement qui peut modifier le style d'attachement, d'autant que l'enfant est plus jeune et qu'il bénéficie moins de l'intervention de facteurs protecteurs » (N. et A. Guedeney, 2002).

Bowlby prétend que ce lien d'attachement, en devenant intériorisé, sert par la suite, de modèle à toutes les relations sociales et personnelles de l'individu.

Attachement au père et à la mère : différences et réalités

Les premiers travaux sur l'attachement n'ont étudié d'abord que la dyade mère-enfant. Puis, en 1964, Shaffer et Emerson ont montré que le père pouvait aussi être une figure d'attachement, et d'autres travaux récents le confirment. Il reste cependant beaucoup à découvrir encore sur ce lien père-enfant. L'attachement au père se différencie de l'attachement à la mère. En effet les comportements sensibles des pères vis-à-vis de l'enfant ne prédisent pas la sécurité de l'attachement comme avec les mères. La sécurité avec le père paraît associée au jeu et à la résolution de problèmes.

L'enfant peut donc nouer plusieurs attachements différents, mais il y a toujours une hiérarchie et une figure principale d'attachement qui aujourd'hui encore, malgré le travail féminin et la plus grande implication des pères, est le plus souvent la mère. Ceci s'explique en partie par l'expérience de la grossesse et l'accouchement durant lesquels les facteurs hormonaux influencent le comportement maternel en jouant un rôle dans la sensibilité et l'émotionnalité de la mère avec son enfant, mais des facteurs psychologiques et sociaux peuvent interagir en influençant la qualité du système de *caregiving* (« don de soins »).

L'importance avérée de la sécurité de l'attachement a entraîné une modification des habitudes et comportements dans les domaines qui touchent à l'enfance et dont l'objectif est d'apprivoiser la séparation. C'est ainsi que l'on a amélioré la qualité des crèches par la formation de leurs personnels et l'accueil des bébés qui doit être progressif (de plus en plus de pédopsychiatres cependant s'élèvent aujourd'hui contre la mise en crèche trop précoce des bébés). On prévoit des hébergements non loin des hôpitaux pour que les parents puissent être présents lors des hospitalisations des jeunes enfants. On a créé une nouvelle discipline, la « maternologie » dont l'objectif est de rétablir un lien satisfaisant entre la mère et l'enfant lorsque ce lien ne l'est pas, et que la mère présente des difficultés à exercer sa parentalité.

Certaines prises de position « modernes », ignorant délibérément les besoins de l'enfant, s'efforcent de confondre le modèle paternel avec le modèle maternel. Elles réduisent ainsi la paternité à une affaire de couvade, de couches, de bains, de biberons... en passant sous silence le rôle véritable et fondamental du père. Cette fabrication de « mères bis » dévalorise la fonction paternelle et montre actuellement en France ses premiers effets chez de nombreux enfants. Comme l'indiquait récemment le Professeur B. Golse, président de la section française de la WAIMH (*World Association for Infant Health*) : « Le juge aux affaires familiales peut imposer la place du père mais ne peut rien sur son rôle. » Or seul ce dernier a de l'importance.

Les attachements contrariés et les troubles consécutifs

Une relation étudiée et démontrée

Ils ont été et sont toujours étudiés par de nombreux chercheurs, médecins pédiatres et pédopsychiatres.

Loeber, en 1991, affirme qu'il existe une période critique durant l'enfance où des événements comme la séparation d'avec la mère, une succession de figures maternelles ou une pauvre qualité des soins, font le lit de comportements antisociaux ultérieurs. Goldberg, en 1990, met en évidence que les nourrissons (suivis jusqu'à l'âge de huit ans), qui présentaient un lien sécurisant étaient plus compétents intellectuellement et socialement que ceux dont l'attachement était anxieux.

Depuis les années 1990, tous les scientifiques admettent qu'il existe une relation entre la qualité de l'attachement en bas âge et les problèmes de comportement à la période scolaire. Si la qualité de l'attachement à la mère est le meilleur garant de l'adaptation sociale de l'enfant, les meilleurs scores se retrouvent chez les enfants attachés de façon sécurisée à chacun de leurs parents.

Depuis 1980, Bowlby et d'autres chercheurs (Spitz, Goldfarb...) ont souligné les liens qui existent entre certaines psychopathologies de l'adulte et les troubles plus ou moins précoces de l'attachement dans le contexte de séparations prolongées de causes diverses entre l'enfant et sa mère. D'autres travaux récents (Fonagy, Warren, Tyrell, Dozier, etc.) ont montré l'existence d'un lien entre le système d'attachement en bas âge et différentes manifestations cliniques à l'âge adulte : troubles anxieux, de l'humeur, alimentaires (anorexie, boulimie), conduites addictives...

Enfin des études plus récentes (Zanarini, 1989 ; Liotti, 1999) montrent que les attachements désorganisés et les expériences traumatiques précoces jouent un rôle dans le développement et la sévérité des troubles limites de la personnalité sous forme de troubles fonctionnels dissociatifs (dépersonnalisation, troubles de mémoire, pensée désorganisée, impulsivité mal contrôlée).

Ainsi, les troubles de l'attachement installés précocement peuvent générer des troubles irréversibles qui vont persister chez l'adolescent puis chez l'adulte sous la forme de difficultés d'adaptation aux événements et au milieu de vie :

- troubles affectifs : incompréhension des autres, difficulté d'accorder sa confiance et de se lier aux autres dans des relations solides et durables ;
- troubles cognitifs touchant la compréhension et le raisonnement ;
- états dépressifs ;
- troubles du comportement : désinsertion sociale, délinquance juvénile ;
- transmission intergénérationnelle : les troubles psychologiques responsables de ces comportements asociaux (le « modèle interne opérant ») s'expriment en effet dans le mode de vie des adultes et peuvent se transmettre aux enfants de la génération suivante sous la forme d'états insécures et d'anxiété dite « transgénérationnelle ».

La perte ou la séparation de la figure d'attachement dans l'enfance sont ainsi considérées comme des facteurs de vulnérabilité qui prédisposent aux troubles anxieux et aux états dépressifs chez l'adulte.

Des études délibérément négligées

Lors des séparations parentales, ces réalités sont délibérément négligées, aucune précaution n'est prise habituellement pour protéger ce lien de l'enfant mis à mal par les ruptures répétées qui se font souvent dans des conditions exécrables. En effet les symptômes que présentent ces enfants de la séparation traduisent un dysfonctionnement dans le système d'attachement à leur mère. Et l'on sait qu'un certain nombre d'entre eux, selon leur sensibilité propre, en conserveront des séquelles plus ou moins sévères qui se manifesteront plus tard. C'est sans doute ce qui fait dire à Edwige Antier (2005) que la résidence alternée est une « bombe à retardement ».

On entend souvent dire : « Les troubles de l'enfant ne sont pas constants » ou pire : « Il finira par s'y faire » : c'est là un langage irresponsable. Il est incontestable qu'un certain nombre d'enfants supportent, apparemment, la double vie que leur impose la résidence alternée lorsque celle-ci tend à se rapprocher des pratiques antérieures d'avant la séparation. Aucune étude n'ayant été réalisée sur ce sujet, il n'est pas possible d'en connaître actuellement la proportion, d'autant que les cas rapportés avec un recul suffisant concernent des enfants installés en résidence alternée avant la loi de mars 2002, c'est-à-dire par les parents eux-mêmes, souvent dans une atmosphère de pleine entente et avec l'intention proclamée de favoriser le bien-être et le développement de l'enfant (ce qui n'a pas été toujours le cas). C'était en effet la règle avant que la loi ne crée une situation nouvelle : la possibilité d'imposer à l'enfant une résidence alternée en dehors de l'accord des parents.

Les enfants qui acceptent de vivre ainsi sont constamment présentés par les adeptes inconditionnels de la résidence alternée comme des preuves vivantes du bien-fondé du système, voire des arguments pour sa généralisation ! Les dégâts psychologiques provoqués chez les autres passeraient ainsi parmi les « pertes et profits » d'un système dangereux dont les plus chanceux pourraient sortir indemnes.

LA RÉSIDENCE ALTERNÉE ET LES CAUSES DE TROUBLES DE L'ATTACHEMENT

Il est important de les connaître car c'est à leur niveau que notre société doit agir, sans attendre les dégâts psychologiques difficilement récupérables, produits par la souffrance des enfants.

La séparation de la figure d'attachement principale

La séparation de la figure d'attachement principale, nous l'avons vu, est la première cause de troubles de l'attachement, en particulier s'il s'agit de séparation prolongée et/ou répétée. Robertson, collaborateur de Bowlby, a décrit ainsi chez le jeune enfant les trois phases évolutives exprimées à partir de la séparation prolongée d'avec sa figure d'attachement, protestation, désespoir, puis détachement :

- *protestation*, exprimant le refus de la situation ;
- puis *désespoir*, traduisant l'impuissance de l'enfant devant la décision des adultes ;
- enfin *détachement* : la pire des conséquences, exprimant l'isolement psychologique de l'enfant devant la fatalité, l'abandon de la lutte et non l'acceptation de la situation.

Une séparation dans le jeune âge

La séparation dans le jeune âge de la figure d'attachement principale induit un risque majeur chez le nourrisson et le jeune enfant : celui-ci ne perçoit pas la notion du temps et ressent la séparation comme un événement sans limite, voire définitif. C'est la perte du lien affectif et physique et de la sécurité qu'il apporte. L'expérience des pédiatres et pédopsychiatres et toutes les données de la littérature scientifique confirment pleinement ce risque accru des séparations dans le jeune âge.

L'éloignement nocturne

Concernant l'éloignement nocturne de l'enfant et de sa figure d'attachement principale, plusieurs auteurs pensent que la présence maternelle et les soins sensibles la nuit (appropriés et rassurants) sont importants pour construire un lien d'attachement sécure entre mère et enfant.

En 1999, Solomon et George, avec une méthodologie très précise, observent également que deux tiers des jeunes enfants de parents séparés qui passent des nuits en dehors du foyer maternel pour aller chez leur père, développent avec leur mère un attachement désorganisé. Cette étude confirme celle qui fut faite dans les kibboutz par Sagi et coll. (1994) qui constatent que les enfants qui dorment loin de leurs parents sont bien plus nombreux que les autres à avoir un attachement insécure à leur mère. Les auteurs concluent que le pourcentage élevé d'attachement insécure chez les enfants séparés la nuit de leurs parents est en grande partie lié à l'inaccessibilité de la mère (Guédeney, 2002, p. 49).

L'expérience des spécialistes, mais aussi la nôtre, le confirme : les *nuits* sont ressenties comme des moments stressants pour l'enfant (elles le sont d'ailleurs aussi pour les adultes). On peut remarquer que la mesure du temps chez les jeunes enfants ne se compte pas en jours mais en nombre de « dodos ».

L'instabilité du cadre de vie

L'instabilité du cadre de vie participe naturellement au mal-vivre de l'enfant. Parallèlement à l'angoisse de séparation et aux troubles consécutifs, la garde alternée ne permet pas de bénéficier d'un cadre de vie stable et intime et de l'environnement unique dont chaque être humain a besoin.

Les adultes eux-mêmes qui pour des raisons professionnelles partagent leur temps entre plusieurs points d'attache connaissent bien l'inconfort et la difficulté de leur mode de vie.

Malgré le conflit parental, la non-communication entre les deux parents, la justice impose à ces enfants en résidence alternée de supporter deux vies physiques et deux vies psychologiques largement indépendantes l'une de l'autre, cloisonnées, sans pont ni communication l'une avec l'autre, et nous verrons que dans certains cas, les parents imposent à leurs enfants, non seulement d'avoir deux domiciles, mais aussi deux assistantes maternelles, deux pédiatres ou deux médecins généralistes, parfois deux écoles... Que les adultes que nous sommes s'interrogent : combien parmi nous supporteraient de vivre ainsi ?

Le conflit parental

L'existence d'un conflit parental aggrave considérablement pour l'enfant les difficultés et les troubles liés à la séparation et à l'épreuve régulièrement et fréquemment répétée de ses changements de résidence. Toutes les études démontrent que la mésentente précède souvent la séparation de plusieurs mois ou années. Au moment de la séparation, elle devient destructrice pour l'enfant qui se trouve placé au centre du conflit et s'en attribue la responsabilité. En outre, il est clairement démontré que chaque changement de domicile donne lieu devant l'enfant à une nouvelle exacerbation du conflit. *Ordonner alors une résidence alternée plus ou moins paritaire en pensant qu'elle va pacifier les rapports des adultes est une illusion et une faute grave.*

Une double agression de l'enfant

Nous reviendrons sur ces situations malheureusement trop fréquentes. Il y a lieu de les rejeter formellement car elles occasionnent l'addition de deux agressions sur l'enfant : celle de ses ruptures de liens répétées et celle du conflit parental chaque fois ravivé. Malheureusement cette réalité, contestée par les tenants inconditionnels de la résidence alternée, semble aussi ignorée de nombreux décideurs.

Nous verrons que plusieurs de ces éléments de gravité peuvent être réunis : le jeune âge, des séparations durables et/ou répétées, des séparations nocturnes, un conflit parental... D'autres éléments peuvent aussi intervenir pour aggraver la situation : les violences conjugales, la distance excessive des deux domiciles, la fréquentation de deux écoles différentes, le faible niveau de revenus peu compatible avec le surcoût d'une résidence alternée. Tout cela n'est pas théorique : de nombreux enfants le vivent au quotidien.

Certains défenseurs de la résidence alternée n'hésitent pas à accuser les seuls conflits parentaux de tous les maux, dédouanant ainsi le système de l'alternance paritaire pour le défendre à tout prix. Cette discussion est naturellement sans objet puisque dans les faits c'est bien la résidence alternée et plus exactement son rythme qui reste toujours le centre des réalités et des difficultés quotidiennes. Des études américaines montrent aussi que la résidence alternée peut induire ou exacerber le conflit parental (Johnston *et al.*, 1989). Mais cela montre jusqu'à quel point les données de l'évidence et de la simple observation peuvent être occultées parfois pour soutenir coûte que coûte une idéologie pernicieuse.

Données simples sur le fonctionnement du cerveau humain

Les résultats des explorations cérébrales modernes

Si les pionniers de la théorie de l'attachement l'ont forgée grâce à l'observation directe des enfants, nous allons constater que les résultats des explorations cérébrales modernes la soutiennent de plus en plus solidement. On sait en effet aujourd'hui que les expériences vécues dans le jeune âge ont un impact décisif sur l'architecture et le développement du cerveau. Celui-ci se développe selon des interactions complexes entre les gènes hérités et les expériences vécues.

Un tel sujet peut sembler obscur et réservé aux seuls spécialistes neurologues et neuropsychiatres. En fait il est important de l'aborder ici car des travaux récents montrent que le développement cérébral est directement lié aux influences de l'environnement : il est prouvé que les événements extérieurs apportent des modifications importantes (anatomiques, fonctionnelles, biologiques) aux structures cérébrales et peuvent y laisser des traces prolongées ou définitives.

Nous limiterons ce chapitre à la présentation de quelques conclusions essentielles. Parmi de nombreux travaux nous citerons ici l'ouvrage de M. Jeannerod, professeur à l'université Claude-Bernard Lyon-I, directeur de l'Institut des sciences cognitives et membre de l'Académie des sciences, qui a clairement présenté ce sujet (Jeannerod, 2002).

En effet de nouveaux moyens d'exploration du cerveau sont apparus :

- d'une part des techniques très modernes d'imagerie cérébrale qui permettent d'étudier l'activité de zones précises du cerveau provoquée par les stimulations sensorielles (tomographie à émission de positons, résonance magnétique fonctionnelle...) ;
- d'autre part des moyens d'étude microscopique des gènes cellulaires et des connexions entre les cellules nerveuses (les neurones).

Développement cérébral et environnement extérieur

Grâce à ces techniques, les échanges interactifs permanents qui existent entre l'environnement extérieur et le cerveau humain peuvent être mis en évidence et schématisés de la façon suivante (Figure 1.1).

Vie intra-utérine et petite enfance

Pendant la vie intra-utérine et dans la petite enfance se mettent en place les premières structures :

- les organes de perception (œil, oreille...) qui reçoivent les messages extérieurs (lumière, son...) ;

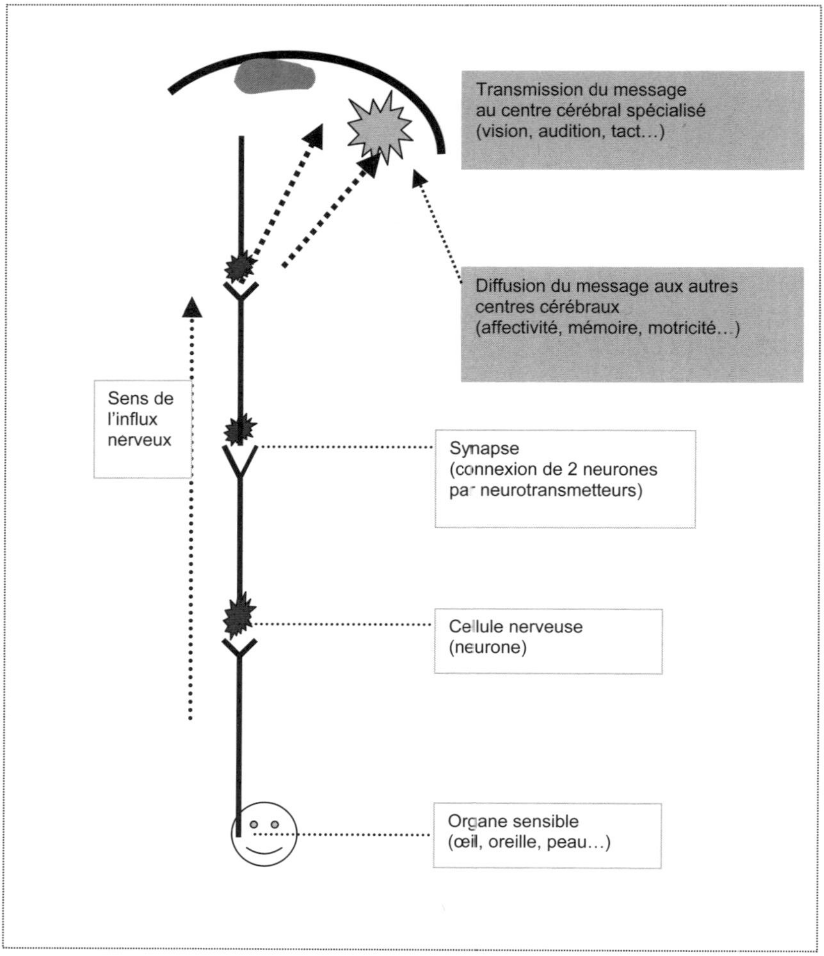

Figure 1.1. La transmission et la diffusion des perceptions dans le cerveau illustrent le rôle de l'environnement dans le développement cérébral.

- les voies nerveuses qui acheminent le message vers le centre nerveux cérébral ; ces voies sont faites d'une suite de cellules (les neurones) articulées entre elles par des synapses (une sorte de carrefour reliant des neurones successifs) ;
- les aires cérébrales spécialisées qui enregistrent le message dans le site correspondant (de la vision, de l'audition...) et l'intègrent définitivement dans le cerveau ;

- ainsi que d'autres sites vers lesquels le message diffuse : sites spécialisés dans la mémoire, l'affectivité...

Cette première construction dépend de facteurs génétiques et des influences extérieures, c'est-à-dire des perceptions du monde extérieur par le fœtus puis le nouveau-né.

Après la naissance, l'organisation des connexions cérébrales se poursuit. Au niveau des synapses, la sécrétion de substances appelées « neuromédiateurs » permet à l'information portée par un neurone de se propager à un ou plusieurs autres. Ce sont des substances variées : acétylcholine, adrénaline, sérotonine, histamine, des hormones dont le cortisol, des médicaments éventuellement... Ces substances règlent la perméabilité de la synapse à la transmission de l'influx nerveux : autrement dit, selon les cas elles favorisent ou réduisent la fonction portée par cet influx nerveux.

Constitution des voies et des fonctions nerveuses

Ainsi se constituent schématiquement les voies et les fonctions nerveuses.

- Si nous suivons par exemple le cheminement d'une perception visuelle, elle part de l'organe de perception, l'œil, puis gagne une série de neurones successifs qui la mènent jusqu'au territoire cérébral spécialisé de la vision.
- Parallèlement, d'autres connexions synaptiques permettent à l'influx nerveux de gagner des zones cérébrales dont la fonction est différente. C'est ainsi que les informations visuelles vont (à la manière d'un « copier-coller » dans un ordinateur) dépasser la zone cérébrale de la vision pour atteindre d'autres territoires du cerveau qui sont porteurs des fonctions affectives et cognitives et qui sont les bases du comportement mental.
- Ces connexions en tous sens sont très importantes car elles assurent la diffusion de l'information à l'ensemble du système cérébral : processus essentiel pour la construction du cerveau et son adaptation au milieu de vie et à l'environnement social. Il est tout à fait fondamental à l'âge de la formation cérébrale, mais se poursuivra en fait pendant toute la vie.

Il faut noter aussi que *les voies nerveuses les plus utilisées* deviennent peu à peu plus perméables à l'influx nerveux, à la façon de la trace d'une piste qui à chaque passage s'imprime un peu plus dans le sable du désert. De ce fait, une sollicitation extérieure répétée imprime plus profondément dans le cerveau une marque indélébile. C'est l'un des mécanismes des apprentissages.

Un marquage psychoaffectif définitif

La relation au monde extérieur est donc un élément essentiel de la construction du cerveau. Chaque perception, diffusant instantanément dans l'ensemble des structures cérébrales, laisse sa trace définitive dans les fonctions cognitives, de la mémoire et de l'affectivité. Le fonctionnement psychologique et affectif en sera marqué définitivement, mais de façon variable.

- *Dans les conditions les plus favorables,* le développement du cerveau et de l'état mental va permettre une bonne adaptation des fonctions neuropsychologiques aux réalités du monde extérieur.
- *Mais dans les situations de stress, de contrariété sérieuse* et répétée ou d'atteinte à des conditions de vie normales, il en est tout autrement. La mise en jeu des structures qui régissent l'affectivité, la mémoire et le comportement peut expliquer alors les réactions d'angoisse, d'agressivité, de dépression et les troubles consécutifs que l'on observe chez l'enfant comme chez l'adulte.

On pourrait multiplier les exemples d'anomalies et de troubles provoqués par des événements extérieurs :

- les variations des taux de certains neuromédiateurs (dopamine, sérotonine...) provoquées par le stress et d'autres modifications de l'environnement ;
- les effets délétères du stress et les altérations cérébrales consécutives à sa répétition. Celles-ci ont été démontrées chez l'homme par les neuroimageries, et pourraient être la base organique d'épisodes dépressifs et de troubles cognitifs ultérieurs (3e congrès de l'Encéphale, Paris, janvier 2005) ;
- ou encore les troubles immédiats et souvent les suites psychologiques chroniques provoquées chez l'homme par les catastrophes ou divers événements traumatisants, et qui justifient le recours à des psychologues spécialisés.

Ces réalités sont reconnues chez l'adulte et souvent prises en compte dans le domaine des soins, de la psychothérapie, des indemnisations... Elles ne sont guère prises en considération chez l'enfant qui souffre sans émouvoir quiconque du stress répétitif de la résidence alternée.

Comme l'écrivait Jean Piaget, « les théories explicatives de l'avenir ne seront satisfaites qu'en parvenant à intégrer en une totalité harmonieuse les interprétations de l'embryogenèse, de la croissance organique et du développement mental ». La neurophysiologie est en train de faire ce chemin.

2

Le dispositif législatif et judiciaire

La loi du 4 mars 2002 sur l'autorité parentale

ORIGINE ET GENÈSE DE LA LOI

De l'aveu même de certains qui ont participé à son élaboration, cette nouvelle loi avait surtout pour objectif la prise en charge d'adolescents par leur père. Or nous assistons ces dernières années à une explosion de séparations parentales avec des enfants de plus en plus jeunes, des tout petits bébés pour certains, voire pendant la grossesse. C'est sur ces enfants-là que l'engouement qui a suivi la promulgation de cette loi fait le plus de ravages.

Avant la loi

Dans le passé, les enfants des couples séparés étaient confiés dans la grande majorité des cas à leur mère, et n'accédaient à leur père, quasi systématiquement, qu'un week-end sur deux et pendant la moitié des vacances scolaires.

Depuis quelques années cependant, de nombreux couples pratiquaient volontairement et à l'amiable la résidence alternée de leurs enfants : une semaine chez leur père, une semaine chez leur mère le plus souvent.

Cette pratique inspirée des mœurs américaines n'était pas légalisée en France et résultait de la décision et du plein accord réciproque des parents. Notons que les quelques observations faites en France sur la résidence alternée concernent ces situations que nous appellerons « résidences alternées consensuelles ».

Le contexte politique

Lors des élections présidentielles de 1995, l'un des candidats à l'Élysée avait inclus dans son programme une profonde réforme du droit de la famille. Il ne fut pas élu et les partisans de cette réforme durent attendre la cohabitation née de la dissolution de l'Assemblée nationale pour la mettre en œuvre. La France, sous l'influence du droit international, allait engager un vaste débat donnant lieu à des rapports et finalement à une proposition de loi. Celle-ci fut présentée à l'Assemblée nationale le 18 mai 2001. Le septennat touchait à sa fin. Il était urgent d'agir. La loi « TGV », comme la qualifieront certains députés, était lancée.

Une société en mutations

Les mœurs ont évolué. Le couple conjugal devient de plus en plus fragile. Les couples de concubins se font et se défont. La libération sexuelle dynamisée par l'effervescence de 1968 est en voie de marginaliser la famille traditionnelle construite autour d'un engagement réciproque scellé par le mariage. Les enfants ne naissent plus dans le cadre d'une institution mais de rencontres très souvent éphémères. En 1994, environ :

- 20 % des couples déclarés ne sont pas mariés ;
- 40 % des enfants naissent hors mariage ;
- 40 % des couples mariés sont concernés par le divorce ;
- 5 % des enfants vivent dans des familles recomposées ;
- 12 % des enfants vivent dans des familles monoparentales.

Une profonde adaptation du droit semble alors nécessaire afin de répondre aux multiples situations nouvelles. Mais quel sort est réservé aux enfants dont les parents se séparent ? Quels seront leurs droits ? Comment seront-ils protégés ?

Les femmes et les hommes politiques, éventuellement concernés dans leur vie personnelle par ces situations familiales complexes, sollicités par des amis, des électeurs, des associations de pères, vont donc engager la réforme promise. Des colloques sont organisés. Des commissions sont nommées et chargées de remettre des rapports en vue de la rédaction d'une proposition de loi.

La réforme va concerner quatre secteurs du droit de la famille :

1. L'autorité parentale (qui induira la résidence alternée) et la filiation.
2. La réforme de la détermination du nom patronymique.
3. Le divorce.
4. L'amélioration du droit du conjoint survivant.

Les rapports présentés lors de la préparation de la loi

Rapport Théry

Rapport de Mme Irène Théry (sociologue) au ministre de l'Emploi et de la Solidarité et au garde des Sceaux, ministre de la Justice, *Couple, filiation et parenté aujourd'hui. Le droit face aux mutations de la famille et de la vie privée*, mai 1998.

Les deux ministres avaient demandé à Irène Théry de faire part au gouvernement de sa réflexion personnelle dont l'idée force, telle qu'elle a été présentée à la commission du Sénat, est clairement exprimée dans cet extrait :

> « Une autre tentation, un autre raccourci existent aujourd'hui : c'est de croire que l'on peut repenser toute la famille à partir d'un seul point de vue : l'enfant, et en particulier les droits de l'enfant. On comprend la force de cette idée : l'enfant est fragile, il est innocent. Si nous respectons ses droits, nous aurons les guides nécessaires et suffisants pour ordonner autour de lui les responsabilités des adultes. Mais cette approche est illusoire et n'échappe pas toujours à une certaine démagogie sentimentale à courte vue.
> La famille n'est pas un groupe organisé seulement pour le bien de l'enfant, mais aussi pour le bien des adultes, pour celui des personnes âgées. C'est un système d'échange, de lien mutuel où chacun a des droits : les enfants, mais aussi les parents, les grands-parents, où chacun a des devoirs, les parents, les grands-parents, mais aussi les enfants.
> Comment croire que ces différents droits et devoirs puissent s'abolir dans les seuls droits de l'enfant ? » (Sénat – Rapport d'information 481 (97-98) – Commission des lois).

Il semble bien que l'enjeu du rapport n'est pas l'équilibre ni l'épanouissement de l'enfant. Ne sont cités que les droits des enfants mais pas leurs besoins, et quels sont les devoirs d'un nourrisson ? Nous avons à faire à une sociologue, *et aucun pédopsychiatre n'a été consulté*. D'ailleurs, la commission qu'Irène Théry a réunie et les experts auditionnés sont essentiellement constitués de juristes, d'administrateurs, de démographes et de sociologues. Pour eux les enfants et, *a fortiori*, leur santé mentale ne sont pas au centre du sujet.

Ce rapport va bien au-delà de l'approche objective des faits de société et présente un bon nombre de propositions de réformes juridiques qui seront largement entendues par le législateur.

Rapport Dekeuwer-Defossez

Rapport du groupe de travail présidé par Mme Françoise Dekeuwer-Defossez (professeur de droit), au garde des Sceaux, ministre de la Justice, *Rénover le droit de la famille : propositions pour un droit adapté aux réalités et aux aspirations de notre temps*, septembre 1999.

Ce rapport extrêmement approfondi évoque toutes les situations rencontrées dans le cadre de l'évolution de la famille et les problèmes qu'elles entraînent. Il apporte les réponses juridiquement acceptables. Ainsi la constitutionnalité de la loi qui en découlerait semblait garantie. Le parlement n'aurait guère plus qu'à entériner, laissant à chaque député, à chaque sénateur, en fonction de son approche personnelle, de ses références idéologiques, de ses valeurs, la possibilité de tenter d'amender pour limiter la réforme ou l'accentuer.

La commission était constituée de cent cinquante participants principalement juristes auxquels s'étaient joints des représentants de multiples professions et des membres de nombreuses associations d'orientations très diverses. Aucun pédopsychiatre n'y participait, seulement un psychanalyste. Il s'agissait pourtant de satisfaire l'« intérêt supérieur » d'enfants en difficulté.

Rapport Bruel

Rapport de M. Alain Bruel (président du tribunal pour enfants de Paris) au ministre du Travail et des Affaires Sociales, sous-direction de l'action sociale et de la famille – janvier 1996.

Ce rapport a abordé les problèmes de la famille sous l'angle du rôle de chacun des parents dans la construction de la personnalité de l'enfant. Il a fait appel à de multiples compétences dont celles de psychanalystes. L'enjeu était de réhabiliter le rôle du père. Nous ne pensons pas trahir sa pensée en disant qu'il s'appuie sur des considérations éminemment théoriques qui ont peu de rapport avec le vécu d'un enfant mais sont significatives des principes et de l'idéologie qui animaient les initiateurs de la future loi.

> « Les magistrats se rendent compte qu'ils ne sont pas seulement les arbitres d'un duel judiciaire (entre parents) mais aussi les interprètes d'une Référence qui transcende les intérêts individuels. Le recours excessif à l'expertise qu'illustrent les errements actuels pourrait sans doute être limité. »

On ne peut être plus clair : selon ce rapport, la prise en compte de l'avis des spécialistes de l'enfance devrait être limitée, car la fonction du magistrat ne serait pas de régler une situation individuelle dans l'intérêt personnel de l'enfant, mais d'appliquer à l'enfant une idéologie de référence qui vise la société dans son ensemble.

Rapport Robin-Rodrigo

Rapport d'information de Mme Chantal Robin-Rodrigo sur la proposition de loi relative à l'autorité parentale (délégation aux droits de la femme et à l'égalité des chances entre les hommes et les femmes).

Ce rapport a été effectué par une commission de parlementaires chargés de défendre les droits de la femme. Il ne faudra donc pas s'étonner qu'aient été pris en compte le rôle des mères et la situation de l'enfant. Dans ces conditions, en sus des juristes et des sociologues, on fit appel à un pédopsychiatre éminent (dont l'audition ne fut pas publiée). Les positions de cette commission ont été plus modérées, moins doctrinales. En ce qui concerne la résidence alternée, voici ce qu'observait le rapporteur :

> « L'action de certaines associations de parents qui prônent la résidence alternée paritaire a le mérite de dénoncer la situation actuelle. Cependant, cette forme de garde conçue de manière trop systématique risque de ne pas forcément tenir compte au mieux de l'intérêt de l'enfant apprécié par le juge lorsqu'il aura à statuer en cas de désaccord, et de s'imposer à l'un des parents contre son gré » (*Rapport d'information sur la proposition de loi relative à l'autorité parentale*, Délégation aux droits de la femme et à l'égalité des chances entre les hommes et les femmes, Ass. Nat., Rapport n° 3111, 6 juin 2001).

Rapports de la commission des lois

À terme, il apparaît que l'élaboration de la loi a scrupuleusement respecté les règlements administratifs. Mais parallèlement, tout le cheminement de son élaboration, le choix des rapporteurs, l'audition des commissions, le poids manifestement différent donné aux différentes conclusions, et au terme de la législature, l'urgence de la gestion puis du vote de l'Assemblée nationale n'ont probablement pas permis de donner aux besoins de l'enfant la place qui aurait dû leur revenir dans l'élaboration de son mode de vie. Les enjeux idéologiques et politiques ont eu sans doute un poids décisif dans la décision.

L'évolution de la proposition de loi

Au cours des navettes parlementaires la loi n'a cessé de se durcir sous la pression de divers réseaux de réflexion afin de rendre la résidence alternée pratiquement incontournable. On est donc passé d'une *possibilité* à une *incitation qui devient au fil du temps une quasi obligation* en dénaturant la proposition de loi initiale.

Conditions initialement posées

> « Le juge peut également être saisi par l'un des parents, un membre de la famille ou le ministère public à l'effet de statuer sur les modalités d'exercice de l'autorité parentale et notamment la résidence de l'enfant au domicile de l'un de ses parents ou en alternance chez chacun d'eux » (Art. 372-5).

Le rapporteur énonce les principes lors de la présentation de la loi à l'Assemblée nationale :

> « Le système de résidence alternée consacré par les nouveaux articles 372-3 et 372-5 est en fait une application concrète du principe de coparentalité. Elle n'impose pas un partage strict de la résidence de l'enfant entre les deux parents, mais permet également des formules souples correspondant aux actuels « droits de visite » élargis. Elle ne pourra, en tout état de cause, pas concerner tous les enfants. Elle suppose en effet une certaine proximité géographique des domiciles, une entente minimale des parents sur les choix éducatifs et une certaine autonomie de l'enfant. Comme le souligne le sociologue Gérard Neyrand, auteur d'un ouvrage intitulé *L'Enfant face à la séparation des parents. Une solution, la résidence alternée*, la résidence alternée n'est pas envisageable dans les séparations très conflictuelles » (Ass. nat., rapport N° 3117 par Marc Dolez, 7 juin 2001).

Les conditions requises étaient donc à l'origine les suivantes :

- volontariat des parents et pas de conflits entre eux ;
- médiation non imposée ;
- proximité géographique ;
- prise en compte de l'âge de l'enfant.

Conditions retenues au terme des navettes et de débats pourtant très critiques

Dès le 7 juin 2001, la commission des lois présentait l'amendement suivant inversant les références à la résidence chez l'un des parents et à la résidence alternée, afin de privilégier cette dernière formule, lorsque les parents ne sont pas d'accord sur la résidence de l'enfant.

La loi définitive reprendra cette profonde modification de la proposition initiale :

> « Art. 373-2-9. - En application des deux articles précédents, la résidence de l'enfant peut être fixée en alternance au domicile de chacun des parents ou au domicile de l'un d'eux.
>
> À la demande de l'un des parents ou en cas de désaccord entre eux sur le mode de résidence de l'enfant, le juge peut ordonner à titre provisoire une résidence en alternance dont il détermine la durée. Au terme de celle-ci, le juge statue définitivement sur la résidence de l'enfant en alternance au domicile de chacun des parents ou au domicile de l'un d'eux. »

Donc :

- la loi privilégie désormais la résidence alternée plutôt que la résidence chez un des parents (inversion de l'alternative proposée) ;
- les conditions requises n'étant pas explicitement formulées, la décision relève exclusivement de l'appréciation du juge ;
- en cas de désaccord (cas fréquent pour les couples qui se séparent), la médiation pourra être imposée ainsi que la résidence alternée. En pratique,

la loi est ainsi formulée que l'enfant, quel que soit son âge, déjà dans la pire des situations (séparation et mésentente parentales), peut se voir imposer en supplément l'obligation de changer régulièrement et fréquemment de cadre de vie.

Le 22 février 2002 la loi était votée. Dans l'urgence, les parlementaires ont été priés d'abandonner toute demande de modification telle que l'introduction dans la loi de la prise en compte de la violence conjugale (qui constitue aussi une violence sur l'enfant). La « loi TGV » allait donc être appliquée par les juges et la résidence alternée ordonnée au gré de leurs connaissances et de leur discernement, de leur capacité à s'abstraire des modes et des réseaux d'influence, mais surtout en fonction de leur personnalité et de leur conscience.

LA LOI ET SON INTERPRÉTATION

ARTICLES DE LA LOI DE MARS 2002 SUR L'AUTORITÉ PARENTALE (EXTRAITS CONCERNANT LA RÉSIDENCE ALTERNÉE)

Chapitre Ier – L'autorité parentale

[...]

Article 2

L'article 371-1 du Code civil est ainsi rédigé :

« *Art. 371-1.* – L'autorité parentale est un ensemble de droits et de devoirs ayant pour finalité l'intérêt de l'enfant.

« Elle appartient aux père et mère jusqu'à la majorité ou l'émancipation de l'enfant pour le protéger dans sa sécurité, sa santé et sa moralité, pour assurer son éducation et permettre son développement, dans le respect dû à sa personne.

« Les parents associent l'enfant aux décisions qui le concernent, selon son âge et son degré de maturité. »

Article 3

L'article 371-2 du Code civil est ainsi rédigé :

« *Art. 371-2.* – Chacun des parents contribue à l'entretien et à l'éducation des enfants à proportion de ses ressources, de celles de l'autre parent, ainsi que des besoins de l'enfant.

« Cette obligation ne cesse pas de plein droit lorsque l'enfant est majeur. »

Article 4

I. – Le premier alinéa de l'article 371-4 du Code civil est ainsi rédigé :

« L'enfant a le droit d'entretenir des relations personnelles avec ses ascendants. Seuls des motifs graves peuvent faire obstacle à ce droit. »

II. – Le deuxième alinéa du même article est ainsi rédigé :

☞

☞

« Si tel est l'intérêt de l'enfant, le juge aux affaires familiales fixe les modalités des relations entre l'enfant et un tiers, parent ou non. »

Article 5

[...]

II. – L'article 372 du même Code est ainsi rédigé :

« *Art. 372.* – Les père et mère exercent en commun l'autorité parentale.

« Toutefois, lorsque la filiation est établie à l'égard de l'un d'entre eux plus d'un an après la naissance d'un enfant dont la filiation est déjà établie à l'égard de l'autre, celui-ci reste seul investi de l'exercice de l'autorité parentale. Il en est de même lorsque la filiation est judiciairement déclarée à l'égard du second parent de l'enfant.

« L'autorité parentale pourra néanmoins être exercée en commun en cas de déclaration conjointe des père et mère devant le greffier en chef du tribunal de grande instance ou sur décision du juge aux affaires familiales. »

IV. – Les articles 373 et 373-1 du même code sont ainsi rédigés :

« *Art. 373.* – Est privé de l'exercice de l'autorité parentale le père ou la mère qui est hors d'état de manifester sa volonté, en raison de son incapacité, de son absence ou de toute autre cause.

« *Art. 373-1.* – Si l'un des père et mère décède ou se trouve privé de l'exercice de l'autorité parentale, l'autre exerce seul cette autorité. »

V. – Avant l'article 373-3 du même code, il est inséré un paragraphe 3 ainsi rédigé :

« § 3. De l'intervention du juge aux affaires familiales

« *Art. 373-2-6.* – Le juge du tribunal de grande instance délégué aux affaires familiales règle les questions qui lui sont soumises dans le cadre du présent chapitre en veillant spécialement à la sauvegarde des intérêts des enfants mineurs.

« Le juge peut prendre les mesures permettant de garantir la continuité et l'effectivité du maintien des liens de l'enfant avec chacun de ses parents.

« Il peut notamment ordonner l'inscription sur le passeport des parents de l'interdiction de sortie de l'enfant du territoire français sans l'autorisation des deux parents.

« *Art. 373-2-7.* – Les parents peuvent saisir le juge aux affaires familiales afin de faire homologuer la convention par laquelle ils organisent les modalités d'exercice de l'autorité parentale et fixent la contribution à l'entretien et à l'éducation de l'enfant.

« Le juge homologue la convention sauf s'il constate qu'elle ne préserve pas suffisamment l'intérêt de l'enfant ou que le consentement des parents n'a pas été donné librement.

« *Art. 373-2-8.* – Le juge peut également être saisi par l'un des parents ou le ministère public, qui peut lui-même être saisi par un tiers, parent ou non, à l'effet de statuer sur les modalités d'exercice de l'autorité parentale et sur la contribution à l'entretien et à l'éducation de l'enfant.

☞

« *Art. 373-2-9.* – En application des deux articles précédents, la résidence de l'enfant peut être fixée en alternance au domicile de chacun des parents ou au domicile de l'un d'eux.

« À la demande de l'un des parents ou en cas de désaccord entre eux sur le mode de résidence de l'enfant, le juge peut ordonner à titre provisoire une résidence en alternance dont il détermine la durée. Au terme de celle-ci, le juge statue définitivement sur la résidence de l'enfant en alternance au domicile de chacun des parents ou au domicile de l'un d'eux.

« *Art. 373-2-10.* – En cas de désaccord, le juge s'efforce de concilier les parties.

« À l'effet de faciliter la recherche par les parents d'un exercice consensuel de l'autorité parentale, le juge peut leur proposer une mesure de médiation et, après avoir recueilli leur accord, désigner un médiateur familial pour y procéder.

« Il peut leur enjoindre de rencontrer un médiateur familial qui les informera sur l'objet et le déroulement de cette mesure.

« *Art. 373-2-11.* – Lorsqu'il se prononce sur les modalités d'exercice de l'autorité parentale, le juge prend notamment en considération :

« 1° La pratique que les parents avaient précédemment suivie ou les accords qu'ils avaient pu antérieurement conclure ;

« 2° Les sentiments exprimés par l'enfant mineur dans les conditions prévues à l'article 388-1 ;

« 3° L'aptitude de chacun des parents à assumer ses devoirs et respecter les droits de l'autre ;

« 4° Le résultat des expertises éventuellement effectuées, tenant compte notamment de l'âge de l'enfant ;

« 5° Les renseignements qui ont été recueillis dans les éventuelles enquêtes et contre-enquêtes sociales prévues à l'article 373-2-12.

« *Art. 373-2-12.* – Avant toute décision fixant les modalités de l'exercice de l'autorité parentale et du droit de visite ou confiant les enfants à un tiers, le juge peut donner mission à toute personne qualifiée d'effectuer une enquête sociale. Celle-ci a pour but de recueillir des renseignements sur la situation de la famille et les conditions dans lesquelles vivent et sont élevés les enfants.

« Si l'un des parents conteste les conclusions de l'enquête sociale, une contre-enquête peut à sa demande être ordonnée.

« L'enquête sociale ne peut être utilisée dans le débat sur la cause du divorce.

« *Art. 373-2-13.* – Les dispositions contenues dans la convention homologuée ainsi que les décisions relatives à l'exercice de l'autorité parentale peuvent être modifiées ou complétées à tout moment par le juge, à la demande des ou d'un parent ou du ministère public, qui peut lui-même être saisi par un tiers, parent ou non. »

Article 6

I. – Après l'article 373-1 du code civil, il est inséré une division et un intitulé ainsi rédigés :

« § 2. De l'exercice de l'autorité parentale par les parents séparés »

II. – L'article 373-2 du même code est ainsi rédigé :

☞

« *Art. 373-2.* – La séparation des parents est sans incidence sur les règles de dévolution de l'exercice de l'autorité parentale.

« Chacun des père et mère doit maintenir des relations personnelles avec l'enfant et respecter les liens de celui-ci avec l'autre parent.

« Tout changement de résidence de l'un des parents, dès lors qu'il modifie les modalités d'exercice de l'autorité parentale, doit faire l'objet d'une information préalable et en temps utile de l'autre parent. En cas de désaccord, le parent le plus diligent saisit le juge aux affaires familiales qui statue selon ce qu'exige l'intérêt de l'enfant. Le juge répartit les frais de déplacement et ajuste en conséquence le montant de la contribution à l'entretien et à l'éducation de l'enfant. »

III. – Après l'article 373-2 du même code, sont insérés cinq articles 373-2-1 à 373-2-5 ainsi rédigés :

« *Art. 373-2-1.* – Si l'intérêt de l'enfant le commande, le juge peut confier l'exercice de l'autorité parentale à l'un des deux parents.

« L'exercice du droit de visite et d'hébergement ne peut être refusé à l'autre parent que pour des motifs graves.

« Ce parent conserve le droit et le devoir de surveiller l'entretien et l'éducation de l'enfant. Il doit être informé des choix importants relatifs à la vie de ce dernier. Il doit respecter l'obligation qui lui incombe en vertu de l'article 371-2.

« *Art. 373-2-2.* – En cas de séparation entre les parents, ou entre ceux-ci et l'enfant, la contribution à son entretien et à son éducation prend la forme d'une pension alimentaire versée, selon le cas, par l'un des parents à l'autre, ou à la personne à laquelle l'enfant a été confié.

« Les modalités et les garanties de cette pension alimentaire sont fixées par la convention homologuée visée à l'article Article 7.

La situation nouvelle créée par la loi

Ainsi, la législation actuelle crée, dans les cas de séparation parentale, une situation nouvelle marquée par plusieurs particularités.

Liberté d'appréciation laissée au juge

La plus grande liberté d'appréciation est laissée au juge aux affaires familiales, chargé du pouvoir exorbitant de décider de l'avenir d'un enfant. Point par point, article par article, la loi permet en effet de multiples interprétations. Ainsi, selon que le juge soit ou non pétri de culture humaniste, selon qu'il ait dans sa vie personnelle connu des situations douloureuses ou non, selon ses propres référents idéologiques, sa décision sera radicalement différente.

L'absence de critère limitant

Question d'un âge limite

L'absence de critère limitant la possibilité de résidence alternée doit être soulignée. Ainsi l'*âge de l'enfant*, base essentielle de l'organisation de sa vie — ce qui n'échappe à aucun parent — n'est simplement pas pris en considération.

Cette prise en considération de l'âge de l'enfant n'a pas semblé judicieuse... à la grande satisfaction d'un mouvement de pères qui affirment : « En dehors de l'allaitement, il n'existe aucune contre-indication médico-psychologique prouvée à une résidence alternée dès le plus jeune âge... L'âge limite recommandé descend : 12 ans, 7 ans, 3 ans, 18 mois, 9 mois... », et un théoricien des pères se réjouit que la résidence alternée ait été accordée pour des nourrissons de 14 mois (TGI de Paris), ou de 9 mois, (TGI de Compiègne). Notons que ces aberrations restent très fréquentes dans l'expérience de « L'Enfant d'Abord ».

Face à de tels excès, on ne peut que rendre hommage aux députés d'alors qui ont eu le courage de tenter de ramener leurs collègues à la raison. Mme Chantal Robin-Rodrigo, rapporteur de la délégation, les avait mis en garde :

> « Je maintiens ma position. On a évoqué, lors des auditions, le cas d'un enfant de deux ans qui, vous en conviendrez, ne pouvait pas s'exprimer. Le juge avait choisi le mode de garde alternée, et l'enfant passait une semaine chez sa mère, une semaine chez son père, à l'autre bout de Paris. On imagine les conséquences psychiques que cela pouvait avoir sur l'enfant, sans parler de la fatigue physique. Les pédopsychiatres l'ont bien confirmé » (Ass. nat, rapport n° 3111, 6 juin 2001).

On ne peut que déplorer que ces parlementaires n'aient pas été entendus. Les juges qui ne connaissent pas l'évolution psychologique ni les besoins du nourrisson et de l'enfant sont en situation d'ordonner sans limite une résidence alternée qui peut être catastrophique.

Non prise en compte du principal pourvoyeur de soins

La prise en compte de celui qui était le principal pourvoyeur de soins avant la séparation n'est pas indiquée comme critère. On sait pourtant qu'elle est son importance dans le ressenti d'un enfant jeune.

Non prise en compte du conflit parental

Pire encore : alors que la *mésentente* ou le *conflit parental* sont connus comme causes d'aggravation de la difficulté pour l'enfant de passer de l'un à l'autre, ces situations qui présentent un risque majeur sont indiquées explicitement dans le texte de loi comme justifiant la décision d'alternance :

> « *À la demande de l'un des parents* ou en cas de désaccord entre eux sur le mode de résidence de l'enfant, le juge peut ordonner à titre provisoire une résidence en alternance » (art. 373-2-9).

« L'intérêt supérieur de l'enfant »

« L'intérêt supérieur de l'enfant », censé guider la décision du juge, est une formule sans cesse rappelée dans les principes et les objectifs de la loi lors de sa préparation, mais son imprécision laisse place à toutes les interprétations et toutes les dérives. Le terme « intérêt supérieur de l'enfant » sera désormais utilisé comme « sésame » pour ouvrir la voie législative et recueillir l'assentiment de tous.

On rencontre cette formule des centaines de fois dans les rapports et les comptes rendus des débats du parlement. Cette valeur, à laquelle chacun n'a cessé de se référer pendant ces débats, a naturellement été associée à d'autres qui en précisaient les finalités diverses et parfois divergentes : « l'équilibre », « l'éducation », « la santé », « la sécurité », « la protection », « le bien-être », « le développement », « le respect de sa personne », « la stabilité » mais aussi la « résidence alternée ».

La notion d'intérêt de l'enfant devient plus ambiguë encore quand on y adjoint le qualificatif « supérieur ». Cette formule, « l'intérêt supérieur de l'enfant », est empruntée à la Convention internationale des droits de l'enfant (20 novembre 1989) qui s'impose à tous les pays signataires :

> « Dans toutes les décisions qui concernent les enfants... l'intérêt supérieur de l'enfant doit être une considération primordiale » (art. 3-1).

Le caractère « primordial » se voudrait rassurant, mais on peut noter que le recours à cette référence a été utilisé au cours des débats chaque fois que le bien-être et l'équilibre de l'enfant n'étaient plus pris en compte. Ainsi, les décisions les plus cruelles de résidence alternée pourront être admises en référence à des valeurs transcendantales (ou du moins que l'on voudrait telles), mais sans relation directe avec les besoins propres de l'enfant, ceux qui conditionnent sa santé physique et psychologique, son équilibre, son développement harmonieux.

Selon le juge Alain Bruel, auteur de l'important rapport déjà cité, ce principe a « suscité en France de profondes divergences d'appréciation ». Il faut dire que le législateur français, à l'instar d'autres pays du nord de l'Europe, a relié directement l'article 3-1 à d'autres articles :

> Art. 7-1 : « L'enfant a le droit de connaître ses parents et d'être élevé par eux. »
>
> Art. 9-1 : « Les états veillent à ce que l'enfant ne soit pas séparé de ses parents contre leur gré. »

> Art. 9-3 : « Les États parties respectent le droit de l'enfant séparé de ses deux parents ou de l'un d'eux à entretenir des relations personnelles et des contacts avec ses deux parents. »
>
> Art. 18 : « Les deux parents ont une responsabilité commune pour ce qui est d'élever l'enfant et d'assurer son développement. »

L'article 9 impose aux États de respecter « le droit de l'enfant séparé de ses parents ou de l'un d'eux, d'entretenir régulièrement des relations personnelles et des contacts directs avec ses deux parents, sauf si cela est contraire à l'intérêt supérieur de l'enfant ».

Comme on peut le constater, le respect de la Convention des droits de l'enfant n'implique pas le recours à la résidence alternée dès lors que les deux parents exercent l'autorité parentale et que des relations personnelles et des contacts directs ont lieu. De plus, lorsque cette Convention est invoquée pour justifier la résidence alternée, il est omis de préciser que ce texte s'appuie sur la Déclaration des droits de l'enfant adoptée par l'ONU en 1959. Cette déclaration indique dans son préambule que l'enfant, en raison de son manque de maturité physique et intellectutelle, a besoin d'une protection juridique appropriée ; et stipule dans son Principe 2 que « l'enfant doit bénéficier d'une protection spéciale qui lui permette d'être en mesure de se développer d'une façon saine et normale sur le plan physique, affectif, et intellectuel. Dans l'adoption de lois à cette fin, l'intérêt supérieur de l'enfant doit être la considération déterminante. » Or nous constaterons que la résidence alternée peut entraver le développement de l'enfant dans ses diverses dimensions et peut donc s'opposer absolument à « son intérêt supérieur ».

Pourtant, pour des raisons qui ne sont pas précisées, le législateur français a considéré que « la continuité et l'effectivité du maintien des liens de l'enfant avec chacun de ses parents » impliquent la résidence alternée. Il a donc souhaité que le texte incite, autant que faire se peut, les parents, mais aussi les juges, à privilégier ce mode de garde.

La formation des juges aux affaires familiales

La formation des juges aux affaires familiales est un sujet qui n'est pas abordé.

Ces juges ont pourtant une très lourde charge : interpréter des situations d'une très grande complexité et d'une grande diversité, juger de la validité de certificats émanant de spécialistes, lorsqu'il y en a, et prendre à terme des décisions graves pour l'enfant. Leur mission est donc très spécialisée et complexe, ce d'autant plus qu'ils n'ont aucune formation sur les besoins fondamentaux d'un enfant au cours de son développement – et qui plus est d'un enfant plongé dans une situation personnelle extrêmement difficile.

« Les parents associent les enfants aux décisions » (art 371-4)

Chacun comprendra que ce n'est qu'un vœu pieu. Quand il y a conflit et séparation des parents, il est peu probable que les parents soient les messagers impartiaux des vœux de leurs enfants. Comme le soulignera la présidente de la commission : « J'ai trouvé l'intention belle... mais un peu floue. »

« Le juge prend notamment en considération... les sentiments exprimés par l'enfant mineur (art 373.2.11) : c'est ce que prévoit la loi (art 388-1) :

> « Dans toute procédure le concernant, le mineur capable de discernement peut, sans préjudice des dispositions prévoyant son intervention ou son consentement, être entendu par le juge ou la personne désignée par le juge à cet effet.
> Lorsque le mineur en fait la demande, son audition ne peut être écartée que par une décision spécialement motivée. Il peut être entendu seul, avec un avocat ou une personne de son choix. Si ce choix n'apparaît pas conforme à l'intérêt du mineur, le juge peut procéder à la désignation d'une autre personne.
> L'audition du mineur ne lui confère pas la qualité de partie à la procédure. »

La mise en œuvre de la loi appelle plusieurs remarques. Nous citons pour mémoire celle de certains érudits à la solde des lobbies de pères qui nient le droit à la parole des enfants pour des raisons étymologiques : « *Enfant* vient du latin *infans* qui signifie celui qui ne parle pas. On veut donc faire parler ceux qui ne parlent pas. C'est déjà contradictoire dans l'esprit. »

Enfin, pour le cas fort hypothétique où un enfant viendrait à exprimer des souhaits peu conformes à l'idéologie à la mode, certains groupes de pression ont remis au jour la vieille invention non validée du « syndrome de l'aliénation parentale » : en fait un « non-syndrome » qui n'est pas reconnu par les spécialistes les plus compétents mais dont l'usage abusif illustre bien la dénégation systématique qui est opposée par certains à la parole et au vœu d'un enfant (voir p. 96).

Capacité de discernement et détresse de l'enfant

L'enfant doit être capable de discernement pour être entendu : il revient au juge d'apprécier cet âge limite qui est celui de la parole recevable. Mais, même avant ce stade du langage, les pédopsychiatres considèrent qu'un petit enfant s'exprime très clairement, et ceci dès la naissance. S'il n'a pas encore l'usage de la parole, il a mille façons de dire s'il est bien ou en détresse : tous les signes cliniques ou comportementaux devraient être pris en compte pour évaluer le vécu d'un enfant. Il faut vouloir être aveugle ou sourd pour ne pas percevoir ses messages. Des députés avaient prévu dans la loi la prescription d'un recours à un pédopsychiatre pour assister l'enfant lors d'une audition par le juge. La commission a refusé l'amendement sous le prétexte que

« la loi dit déjà que l'enfant peut être entendu assisté d'un avocat ou de la personne de son choix » (donc d'un pédopsychiatre !). Comme le fera remarquer, dépitée, une députée : *« À deux ans... ! »* mais nous pourrions ajouter : *« À six mois... ! »*.

La loi de 2002 a par ailleurs prévu que le juge puisse faire procéder à « d'éventuelles expertises ». Voilà qui est bien flou et incertain, mais qui permet d'éluder la question...

Nous constaterons dans la deuxième partie du livre à quelles situations intolérables et dangereuses pour l'enfant peut aboutir l'application ultralibérale et sans garde-fou de cette loi qui peut être dévastatrice.

Une loi qui donne lieu à de multiples interprétations

Limites et difficultés de la médiation

Que la séparation s'accompagne d'un désaccord entre les parents ne saurait constituer une situation exceptionnelle. Le législateur y a songé et au cours de la navette parlementaire, a imaginé un processus juridique qui semble inspiré de l'univers de Kafka. Pour peu qu'un juge adhère à cette machination, cela pourrait se résumer par la formule : « Vous êtes libres, concertez-vous afin que je puisse imposer la résidence alternée à celui qui ne se mettra pas d'accord avec l'autre. » L'esprit de la proposition de loi était pourtant tout autre puisqu'il s'agissait pour le juge de ne prononcer la résidence alternée que s'il y avait une bonne entente sur ce point entre les parents.

Médiation familiale et violence conjugale

Pour y parvenir, une mesure était préconisée : la médiation familiale. On peut dire que lors des premiers débats, cette possibilité offerte aux parents a bénéficié du soutien de tous. Plusieurs conditions étaient requises :

- il fallait l'accord des deux parents ;
- il ne fallait pas que des violences soient constatées : le député Richard Cazenave avait, reprenant la proposition de l'Assemblée nationale, proposé un amendement :

> « [...] à moins que les violences constatées au sein de la famille ne rendent cette mesure inappropriée » (Ass. nat., rapport n° 3619, 20 février 2002).

Le Sénat s'étant opposé à cette prise en compte de la violence, M. Bernard Roman, président de séance, a tenu à souligner que le rejet de ces amendements était avant tout motivé par le souci d'adopter rapidement la proposition de loi pour que le texte puisse entrer en vigueur. Cette référence à la violence a donc été refusée au nom de l'urgence. Ce sont en général les femmes qui en sont les victimes. Mme Robin-Rodrigo rappela les résultats de l'enquête ministérielle :

> « Pour la seule année 1999, 1,5 million de femmes, soit une femme sur dix entre vingt et cinquante-neuf ans, avaient été victimes de violences physiques, mais aussi fréquemment de lourdes pressions psychologiques. Ces femmes, soulignait l'enquête, vivent ou ont vécu une relation de couple qui atteint gravement leur personne, les maintenant dans un état de dépendance, de tension permanente, voire de peur. Ce sont les pires conditions pour envisager une médiation, qui ne pourrait se faire que sous la pression, la contrainte, la peur » (Ass. nat., 2e séance du 21 février 2002).

Mais la pression politico-médiatique était trop forte : on ne prêta pas attention à la voix de la sagesse...

Le rôle ambigu de la médiation judiciaire

Et le législateur la suivit sur cette voie : « Le juge peut leur enjoindre de rencontrer un médiateur. »

On passait alors de la médiation familiale à la médiation judiciaire. Certes la déontologie des médiateurs leur interdit toute partialité — fut-ce en faveur des juges —, mais le parent récalcitrant doit sentir au-dessus de lui comme une épée de Damoclès. Les membres de la Délégation aux droits des femmes et les personnalités auditionnées ne s'y sont pas trompés. Voici quelques-unes de leurs prises de position au cours des débats » (Ass. nat, rapport n° 3111, 6 juin 2001) :

Mme Martine Lignières-Cassou, présidente :

> « Si l'un des membres du couple fait échouer la médiation, quel rapport le médiateur va-t-il en faire au juge ? Quelle sera la relation entre le médiateur et le juge ? Quel rôle veut-on faire jouer exactement au médiateur dans la procédure ? Il me paraît également totalement inconciliable avec la déontologie et le processus même de médiation que le médiateur puisse rendre compte au juge. »

Mme Claire Hocquet :

> « Il faut que les gens aient le sentiment que ce n'est pas une médiation sous pression du juge. Ils ne doivent pas penser que le juge pourrait tenir compte des raisons de l'échec d'une médiation pour prendre sa décision, car ce serait une catastrophe : il n'y aurait plus de parole libre en médiation si chacun avait peur que celle-ci se retourne contre lui et donc, il n'y aurait plus aucune chance de résoudre le conflit. »

M. Hugues Fulchiron :

> « La formule retenue par la proposition est très ambiguë. On « enjoint » au couple de voir un médiateur qui l'informera sur la médiation. On donne ainsi l'impression que l'on ne veut pas forcer les gens à la médiation, mais qu'on

> se réserve la possibilité de les y contraindre ! La médiation forcée n'est pas une bonne solution. »

Mme Chantal Robin-Rodrigo *:*

> « Nous ouvrons là une brèche très importante. C'est l'enfant qui est concerné. On va confier à un médiateur, dont on ne connaît pas actuellement les qualités, la mission de déblayer le terrain et de construire quelque chose. Cela me gêne ! »

M. Richard Cazenave *:*

> « En effet, j'exprime la crainte que, dans le cadre de la procédure de médiation ouverte par le juge, des tentatives d'intimidation ne puissent être exercées à l'encontre du parent le plus vulnérable dans un contexte de violence familiale. »

Il a considéré que, dans un tel contexte, le principe de la résidence alternée devrait également être écarté.

La résidence alternée à l'essai

C'est ce que préconise désormais la loi :

> « À la demande de l'un des parents ou en cas de désaccord entre eux, le juge peut prononcer une résidence en alternance dont il détermine la durée » (art. 373-2-9).

Nous sommes bien loin de la clause de bonne entente. Cet article à l'évidence relève de la manipulation. Un parent en désaccord mais de bonne foi, s'il dépend d'un juge très favorable à la résidence alternée, ne peut que se voir opposer des raisons tout à fait légales.

« Vous êtes d'accord pour la résidence alternée, donc je vous l'accorde. »

« Vous n'êtes pas d'accord, donc je vous l'impose à titre provisoire. »

La présidente de l'association des avocats de la famille, Murielle Laroque-Ruelle, s'était alarmée de ce que « certains magistrats parisiens, face à des parents en conflit, fixent une garde alternée dans l'intérêt de l'enfant ». Mais, avait-elle prévenu : « S'il n'y a pas une concertation permanente, cela ne marche pas ! C'est même une situation rêvée pour continuer de se faire la guerre, au détriment de l'enfant... » (*Le Monde* du 25 nov. 2000).

Qui pourrait douter par ailleurs qu'un enfant qui subit une résidence alternée à l'essai ne risque pas de subir un traumatisme grave ? Des députés tels Mme Marie-Jo Zimmermann en étaient bien conscients et affirmaient que « les dommages subis par un jeune enfant pouvaient être considérables très rapidement » (Ass. nat., Délégation aux droits des femmes, compte rendu n° 37, mardi 5 juin 2001).

Et ce qui est *difficile à prendre en compte* bien que la loi le recommande : « Le juge prendra en compte... l'aptitude de chacun des parents à respecter le droit de l'autre » (art. 373-2-11) ainsi que « les liens de l'enfant avec l'autre parent ».

Mais qu'en est-il dans les faits ? Cette notion de « respect » est trop abstraite et quasiment impossible à évaluer pour être prise en compte par le juge.

Non-prise en compte de la violence par la loi

La violence psychologique

C'est la forme la plus insidieuse et très fréquente des persécutions. Enfants et parents en sont victimes.

Les enfants peuvent souffrir dès le plus jeune âge de propos de dénigrement entre les parents, des mots ou des formules insultantes. Parfois l'enfant est perturbé et déstabilisé par des menaces : « Bientôt tu vas changer d'école », « Je vais t'emmener dans un autre pays », « si tu ne veux pas de résidence alternée, tu ne me verras plus ».

Les mères ne sont pas épargnées et sont les plus nombreuses à en être les victimes. En cas de séparation, elles subissent parfois une guerre larvée. Marie-France Hirigoyen a analysé les « micro-violences » qui viennent saborder l'estime de soi, de telle sorte que les femmes finissent par trouver normaux des actes inadmissibles. Ce sont des violences psychologiques, c'est le dénigrement systématique, c'est dire à la personne qu'elle ne vaut rien, qu'elle ne fait rien de bien, qu'elle est moche... C'est l'interdiction bancaire par le mari d'une femme salariée, c'est l'argent du ménage qu'on lui jette à terre, ce sont les paroles méprisantes entre parents devant les enfants. Le harceleur sait en général faire alterner ce type de comportement avec des moments de douce apparence. Inutile de dire que les médiations ordonnées par le juge dans de telles conditions livrent en pâture une victime à son bourreau. Me Maryvonne Boulet-Ansquer, avocate, a constaté :

> « Là, le juge a une grande responsabilité. Il rencontre les personnes très rapidement. Devant quelqu'un qui dira oui, il aura tendance à prendre une décision rapide ne reflétant pas la situation. Proposer ou même enjoindre une information, cela peut, à ce stade, avoir des conséquences sur tout le reste de la procédure, quand il y a des violences conjugales et notamment psychiques. C'est le mot "enjoindre" dans la loi qui me gêne. On peut proposer, mais enjoindre a un caractère péremptoire. Enjoindre veut dire : "Vous n'avez pas le choix." Or enjoindre, dans des situations de violences, même une information, c'est terrible, parce que la personne dira amen » (Délégation aux droits des femmes, CR n° 11, mercredi 11 février 2004).

Pire, pour peu que le comportement de dominé (souvent de la femme) apparaisse trop clairement au juge, le parent concerné subit, dans certains cas, une double condamnation. Voici ce qu'a observé maître Maryvonne Boulet-Ansquer :

> « Un mari disait que son épouse était fragile psychologiquement, et... qu'il devenait violent à cause de cette "fragilité psychologique" de son épouse ! Donc, le juge... tire argument d'un comportement de l'épouse considéré comme fautif. Il écrit que la fragilité psychologique de l'épouse est une faute ! » (Délégation aux droits des femmes, CR n° 11, mercredi 11 février 2004).

Soulignons que le harcèlement psychologique ne s'adresse pas seulement aux femmes. L'homme aussi peut subir un harcèlement. Il n'existe pas d'étude statistique dans ce domaine, mais ces situations peuvent être extrêmement difficiles pour de bons pères.

La violence physique

Souvent plus visible que la violence psychologique, elle n'en demeure pas moins souvent ignorée des juges car pour l'institution judiciaire elle n'existe véritablement que lorsque des preuves absolues sont apportées.

Une femme meurt en moyenne tous les quatre jours sous les coups de son conjoint. Les spécialistes de ce problème pensent que ces chiffres sont sous estimés, des disparitions et des défenestrations, par exemple, n'ayant pas été élucidées.

Dans un article de *Libération* du 9 septembre 2004, Blandine Grosjean révélait que du 29 juin au 29 août 2004, vingt-neuf femmes au moins (une tous les deux jours) avaient été tuées par leur conjoint au moment de la rupture et dans l'indifférence générale. Un meurtrier sur six avait également tué ses enfants L'article précisait que, contrairement aux idées reçues, ces drames ne touchaient pas plus les milieux défavorisés ou d'origine étrangère que les autres.

L'enquête nationale sur les violences faites aux femmes (Enveff) réalisée en 1999, établissait que 10 % des femmes de 20 à 59 ans subissaient des violences conjugales : coups, tentative de meurtre, rapports sexuels imposés, mépris et... mises à la porte, chantage affectif sur les enfants. Ces chiffres cependant sont régulièrement contestés par certains intellectuels, certaines féministes et par les associations de pères. Le sujet est tabou.

Au cours de son audition à l'assemblée, Madame de Suremain (déléguée nationale de la Fédération nationale Solidarité-Femmes) attestait :

> « Pour qu'une plainte pour coups et blessures volontaires soit suivie par le parquet, il faut que l'agression ait entraîné une ITT de plus de huit jours. Les associations estiment que la constatation médicale des violences demeure insuffisante. Il en résulte, d'après les associations, une forte proportion de plaintes classées sans suite, le parquet décidant de ne pas poursuivre. » (Délégation aux Droits des Femmes – CR N° 11 – mercredi 11 février 2004)

Elle ajoutait :

> « Ce lien entre le pénal et le civil n'est pas fait. Quand on a la conception qu'au pénal ce sera bien sanctionné, au civil on va pacifier les choses et régler la vie conjugale, le problème des enfants, etc. Quant au pénal, ce n'est presque pas sanctionné, il n'y a pas cet équilibre au civil et, donc, les violences ne sont pas reconnues non plus » (Délégation aux droits des femmes – CR n° 11, mercredi 11 février 2004).

Le rapporteur, Mme Robin-Rodrigo avait pourtant supplié :

> « Les associations de femmes ont alerté les parlementaires sur la nécessité de maintenir la formule de l'Assemblée nationale, mais elles n'ont pas été écoutées. Je voudrais au moins, Madame la ministre, que vous preniez l'engagement de préciser, dans les textes d'application, que le juge doit prendre particulièrement en considération les situations de violences au sein de la famille » (Ass. nat., rapport n° 3619, 20 février 2002).

Mais Madame la ministre n'en a eu cure.

Une loi importante vient cependant d'être votée par le parlement (loi du 23 mars 2006) prévoyant des mesures pour que les agresseurs, auteurs de violences sévères et avérées quittent le domicile conjugal, mais il faudra du temps pour que son application vienne à bout de pratiques trop longtemps admises ou cachées. Plusieurs parlementaires ont souligné les effets désastreux de la violence conjugale sur les enfants. Ainsi M. Blisko, député a-t-il déclaré :

> « Pensons d'abord aux victimes. Nous avons raison de faire en sorte qu'elles soient toujours mieux protégées en cas de violences au sein du couple, en particulier quand ce sont les femmes et souvent, par voie de conséquence, les enfants mineurs. »

Cependant la loi s'est limitée à prévoir l'éducation des enfants au respect réciproque des deux sexes, à lutter contre les mariages forcés, à interdire le mariage des filles avant l'âge de dix-huit ans, à pénaliser lourdement le tourisme sexuel pédophile.

Si l'on admet par ailleurs que les mères n'échappent pas à la statistique, cela veut dire que de nombreux enfants connaissent cette agression insoutenable qu'est la violence exercée sur leur maman. De telles violences parentales font des ravages chez l'enfant, et laisser dans l'impunité des violences même légères revient à éduquer les enfants dans la loi du plus fort. Les femmes enceintes seraient des victimes particulièrement prisées des pervers violents.

L'expérience des associations de protection de l'enfance montre que les enfants rencontrent souvent la même situation. Les médias relatent chaque semaine une affaire dans laquelle des enfants ont été victimes de violences qualifiées de « crimes ».

Le devenir de la loi : le combat continue

Depuis que la loi du 4 mars 2002 a été votée et mise en place, on assiste à un combat permanent entre les tenants de sa radicalisation et ceux qui en dénoncent les excès parfois scandaleux.

Le camp des presque satisfaits

Dès que la loi a été votée, certaines associations de pères se sont félicitées de son vote. Certes, on déplorait qu'elle n'impose pas la résidence alternée dans tous les cas de conflits parentaux. Mais on garde bon espoir d'y parvenir pour peu qu'on prête foi aux déclarations des plus hauts responsables à l'issue de la XIe législature. Ainsi, à l'occasion du vote sur le nom patronymique, autre pan de la loi, le député Gérard Gouzes, l'un des rapporteurs, avait déclaré à l'Assemblée nationale :

> « La prochaine législature nous permettra, si les Français le souhaitent, de poursuivre les réformes que la société du XXIe siècle nous dicte d'entreprendre » (Ass. nat., jeudi 22 février 2002).

Mme Ségolène Royal, qui a donné son nom à la loi, loi proposée initialement par monsieur Jean-Marc Ayrault, avait projeté d'aller au-delà de la résidence alternée, préconisant « la résidence paritaire, mode d'organisation qui permet à chacun des parents, après une séparation, de conserver toute sa place auprès de l'enfant ». La ministre déléguée à la famille souhaitait la banaliser malgré les réticences des juges aux affaires familiales... À défaut, « la résidence alternée, plaide-t-elle, doit devenir un mode d'organisation de la vie de l'enfant aussi banal que les autres... Ce mode d'organisation, à l'instar de la "résidence habituelle" actuelle, pourrait même être imposé par les juges "avec discernement" à un parent récalcitrant lorsque l'autre y tient vraiment. Il faut remettre l'enfant au centre du dispositif. Au nom de quoi un parent pourrait-il s'opposer à la résidence alternée ? » interroge la ministre (*Le Monde*, 25 novembre 2000).

Depuis la publication de la loi, une association de pères exige, sous forme de pétition, une modification de l'article 372.5 :

> « La résidence alternée sera décidée chaque fois que les conditions éducatives et matérielles requises sont établies. En cas d'éloignement obligé des domiciles des parents, des alternances sur de longues durées seront programmées. »

La proximité des résidences parentales avait pourtant été annoncée comme une condition incontournable.

D'autres associations féministes ont tout lieu de se réjouir. « Voici des millénaires que nous avons les gosses sur le dos, disait sur Europe 1 l'une des responsables ; aux hommes maintenant ! » Un membre de la Délégation aux droits de la femme et à l'égalité avec les hommes avait tenu des propos plus mesurés mais explicites :

> « Mais quand les mères se retrouvent confrontées à des pères qui viennent revendiquer leurs droits, alors qu'elles se sont vues "confinées" dans leur rôle de mère ou qu'elles ont dû jongler pendant des années avec leur exercice professionnel et leur rôle de mère auprès des enfants, et que brutalement on leur annonce qu'elles devront partager tout cela, cela suscite des réactions. Il n'empêche que c'est peut-être aussi leur chance... » (Ass. nat., rapport n° 3111, 6 juin 2001).

Des députés et sénateurs, tant de droite que de gauche, tiennent un discours semblable, utilisant la même terminologie et les mêmes concepts : leur moyen d'expression est naturellement la proposition de loi, comme celle « visant à rendre effective la résidence alternée pour la garde d'enfants » (Pr. n° 1528 déposée le 8 avril 2004).

D'autres usent de la persuasion clandestine ou du débat bien orienté. Le moyen le plus insidieux consiste à rebattre les oreilles des auditeurs avec la chanson emblématique des pères frustrés. On organise aussi, aux heures de grande écoute, des débats répétés avec les partisans de la résidence alternée inconditionnelle.

Et dans ce groupe protéiforme se rencontrent aussi les tenants de l'égalité-identité des sexes qui voudraient voir abolir l'idée même de différences entre le père et la mère. Des besoins de l'enfant il n'est guère question.

Le camp de ceux qui mettent en garde et résistent

Ils sont les plus nombreux, mais pas forcément les plus organisés, ni les plus bruyants. Leur base de réflexion est dominée par le respect des besoins de l'enfant et la nécessité de lui apporter un cadre de vie sécurisant fondé sur la stabilité de l'environnement, des activités quotidiennes et des relations affectives.

Il y a tout d'abord la très grande majorité des papas qui sont conscients qu'offrir une double vie à leur enfant, avec deux foyers, deux modes de vie parfois contradictoires, voire deux écoles en alternance, ne peut que nuire à son bien-être et à son développement, et lui imposer le risque d'un profond déséquilibre psychoaffectif.

Les médias entreprennent aussi de grands débats contre les dérives de la résidence alternée. Il leur faut un réel courage, car certains participants invités à débattre s'efforcent systématiquement d'éluder les difficultés de l'enfant et orientent les débats vers les intérêts respectifs des pères ou des mères.

Il y a tous les responsables politiques (députés, sénateurs, ministres) qui savent s'abstraire des pressions et des modes pour ne considérer que l'intérêt véritable de l'enfant (celui qui est visible et accessible au peuple du bon sens et du cœur). Ce sont eux qui ont tenté de limiter les excès de la loi durant la navette parlementaire.

Comme on le voit, le débat demeure vif, mais le discours n'est toujours pas clarifié. L'intérêt de l'enfant reste pour beaucoup une formule vide de sens, la justice manque de repères et chaque magistrat statue à sa façon. Et dans les faits rien ne bouge. Chaque jour, des enfants sont soumis à un mode d'alternance dont la nocivité potentielle est reconnue.

Une parlementaire qui avait suivi tous les débats s'était à juste titre écriée : *« Et l'enfant, vous ne parlez pas de l'enfant ! »*

LES DÉCISIONS JUDICIAIRES

Les tribunaux et les juges

« Ni responsables ni coupables » : tels pourraient apparaître les juges aux affaires familiales chargés d'orienter l'avenir des enfants après la séparation parentale. En fait, trop souvent, il serait plus exact de dire « mission impossible ». La grande majorité des juges essaient d'être prudents. Mais ils se trouvent manifestement dans une situation souvent ingérable.

La loi de mars 2002 n'a aucun garde-fou, ne précise aucune condition qui pourrait les aider à prendre leurs décisions : âge de l'enfant, principal pourvoyeur de soins, mésentente et conflits parentaux, distance des domiciles, violences conjugales, école unique, etc.

Chaque situation est très individuelle et d'une grande complexité, et le juge n'a guère de moyen fiable pour distinguer la vérité et le poids de chaque argument.

En outre le nombre des dossiers à traiter, leur volume et leur difficulté ne permettent de consacrer que très peu de temps à chacun d'entre eux : selon un grand média, douze dossiers par matinée, soit cinq minutes par dossier dans un important tribunal de grande instance dont la principale activité concerne des problèmes de famille.

Les juges ont ainsi une mission très inconfortable : ils doivent prendre des décisions très graves sans en avoir véritablement les moyens... Il leur faut donc statuer, sur la base d'affirmations plus ou moins claires ou contradictoires d'avocats, d'enquêteurs ou psychologues, sur l'état et les besoins d'un enfant qu'ils ne connaissent pas. Sans en avoir les compétences, ils doivent aussi évaluer, quand il y en a, les arguments médicaux des experts scientifiques.

Tout est donc en place pour que s'établisse une forme de dépendance de fait des JAF (juges aux affaires familiales) qui ont tout intérêt à s'abriter derrière des rapports d'enquêteurs lorsqu'ils existent, ce à quoi les incitent les décisions politiques et la loi elle-même. Ainsi pourraient être finalement appliquées des décisions pré-établies conformes à la loi certes mais influencées principalement par une réflexion idéologique : tout cela sans relation directe avec les intérêts et les besoins de l'enfant qui en dépend.

Les experts et autres intervenants

Afin de l'aider à prendre sa décision, le juge peut ordonner une enquête sociale ou une expertise psychologique. Le rôle de ces enquêteurs ou experts consiste à préciser certains points de la situation vécue par l'enfant et ses parents. Ils sont choisis par l'institution judiciaire elle-même.

Des médiations peuvent être sollicitées. Les médiateurs ont la mission de rapprocher dans la mesure du possible les points de vue et les souhaits divergents des parents, à la recherche d'une solution consensuelle : tâche inutile s'il existe une bonne entente parentale, tâche fort difficile en cas de conflit.

Les certificats médicaux émanant de pédiatres ou de pédopsychiatres entrent dans le cadre des certificats de constatation qui obéissent à des règles précises fixées par la loi sous le contrôle du conseil de l'Ordre des médecins. Il faut préciser qu'un pédopsychiatre ne peut être consulté sans l'avis des deux parents. Des règles précises encadrent les modalités de la rédaction et le contenu du certificat qui doit se limiter à la présentation de constatations ou des paroles entendues sans désigner l'auteur présumé d'une maltraitance ou de sévices. La portée de ces certificats est ainsi limitée par l'interdiction de toute interprétation des faits ou de tout avis concernant les solutions éventuelles au problème de l'enfant. La justice, tant qu'ils n'émanent pas d'un expert mandaté, ne leur prête en général que peu de valeur.

Bien que les avis fournis au juge par un expert relèvent de compétences souvent très spécialisées, ils sont considérés comme des avis techniques qui ne s'imposent pas à sa décision ultime. C'est à lui que revient le soin d'interpréter les faits, d'établir sa conviction et de décider de l'organisation de la vie de l'enfant.

Comme dans d'autres domaines, les décisions de justice concernant les enfants de parents séparés nécessiteraient des connaissances très spécialisées : ici celle du développement affectif et psychologique de l'enfant, très variable en fonction de son âge et de son degré d'évolution, et qui peut faire l'objet d'une évaluation précise. On voit que la place de l'expert médico-psychologique pourrait à l'extrême, par le caractère parfois irréfutable de ses conclusions, « se substituer » à celle du juge dans l'élaboration des conclusions.

Les dossiers présentés dans la deuxième partie du livre vont montrer combien la difficulté de la pratique judiciaire et le caractère trop souvent inadapté des décisions peuvent aboutir à des situations éprouvantes, voire cruelles et déstructurantes pour l'enfant.

Deuxième partie

Des constatations quotidiennes

À quel âge commencent les droits de l'homme ?

Cette partie de l'ouvrage présente un certain nombre d'histoires d'enfants qui souffrent de façon visible et inquiétante de vivre un système de résidence alternée. Afin de ne pas alourdir excessivement le texte par la présentation de centaines de cas, nous n'avons retenu ici que quelques courriers adressés à l'association par des parents ; ces courriers n'ont fait l'objet d'aucune modification.

3

Les symptômes des enfants

DÈS sa création, « L'Enfant d'Abord » a été sollicitée par de nombreux parents et il est apparu rapidement que du nord au sud, de l'est à l'ouest du pays mais aussi dans plusieurs pays francophones les mêmes symptômes et les mêmes comportements pathologiques touchaient des enfants soumis à des modalités diverses de résidence alternée. Les parents, le plus souvent des mères, décrivent, chacune avec ses mots, ses images et ses symboles, des manifestations parfois très inquiétantes variables en nombre et en gravité d'un enfant à l'autre, d'un âge à l'autre, mais toujours de même nature :

- des accès de détresse au moment du départ chez leur père, avec agitation, cris et pleurs intenses ;
- puis l'attitude du visage figé, inerte et livide, le regard perdu dans le vide (« visage de mort » disent les mères) ;
- au retour, des manifestations d'agressivité vis-à-vis de leur mère ;
- puis le refus de la voir s'éloigner ne serait-ce que dans une pièce voisine ;
- l'alternance de « collage » et de rejet ;
- le refus d'aller au lit ;
- des réveils nocturnes répétés plusieurs fois, avec des hurlements d'angoisse ;
- une prostration ou, au contraire, une agitation.

On constate également des manifestations psychosomatiques :

- crise d'asthme ;
- eczéma ;

- maux de ventre ;
- vomissements, perte d'appétit ;
- diarrhée ;
- constipation ;
- fièvre inexpliquée ;
- fatigue, lassitude, état dépressif...
- Mais aussi parfois :
- le rejet de leur père, l'enfant fuit ou se cache à son arrivée
- ou des menaces de fugue ou de suicide chez des enfants de 7, 8, 9 ans...

LA RÉSIDENCE ALTERNÉE CHEZ LE TOUT-PETIT

Ces manifestations sont présentes, plus ou moins intenses et sévères, dans la totalité des cas qui nous sont soumis. Elles sont rigoureusement superposables à celles observées par de nombreux spécialistes lors des séparations mère-enfant dans d'autres circonstances que les séparations parentales et traduisent des troubles de l'attachement (voir ce chapitre). Mais ces troubles de l'enfant, dans l'ensemble très mal connus, sont bien souvent sous-estimés et négligés lors des enquêtes et des décisions judiciaires.

À une question écrite qui lui avait été posée, le rapporteur Mme Chantal Robin Rodrigo avait répondu :

> « Concernant le principe de la résidence alternée, je ne suis pas persuadée que ce système convienne nécessairement aux très jeunes enfants. [...] L'enfant a besoin plutôt d'une complémentarité des rôles qui ne peut se quantifier. La qualité du lien avec le père et la mère doit compter davantage. »

Le rapporteur déplorait également qu'aucune évaluation sérieuse des conséquences de la résidence alternée sur les enfants n'ait été faite depuis qu'elle a été mise en pratique en 1993. Mais nous avons reçu, pour notre part, des confidences de jeunes adultes qui ont vécu en résidence alternée organisée à l'amiable par les parents, la loi ne l'autorisant pas à l'époque, et qui en gardent un souvenir cauchemardesque (voir le témoignage de Marie, p. XIX).

L'acharnement législatif pour promouvoir la résidence alternée ne correspondait certainement pas à une demande massive des parents.

Mais après une nouvelle audition d'associations de pères très engagées et la publication de leurs assertions souvent fallacieuses, l'adhésion des parlementaires à la nouvelle proposition de loi a été obtenue, sans retenir les réserves émises fort justement...

Et nous pouvons aujourd'hui en mesurer les dégâts sur nombre d'enfants.

Témoignage

Ordonnance d'un juge pour un bébé de 5 mois et demi : « *[...] fixons la résidence de... en alternance au domicile de chacun de ses parents, par périodes d'une semaine... précisons que l'alternance s'effectuera chaque semaine sur la place du village devant le café x...*

Précisons que les vacances d'été se feront exceptionnellement par période de deux semaines selon les mêmes modalités... »

Les parents sont en grand conflit et le père agresse verbalement la mère lors des passages de l'enfant. Ils habitent en outre à une centaine de kilomètres l'un de l'autre !

Témoignage

« Voici ce que le juge a ordonné pour mon bébé qui a tout juste 11 mois :

Résidence chez la mère mais :

- du mercredi soir 18 heures au vendredi matin 8 heures toutes les semaines chez son papa ;
- du vendredi soir 18 heures au lundi matin 8 heures les premiers, troisièmes et cinquièmes week-ends de chaque mois chez son papa ;
- ainsi que la moitié de toutes les vacances scolaires dont un mois complet l'été !

Je suis désespérée, une semaine sur deux mon bébé d'à peine onze mois ne sera avec moi que deux soirs dans la semaine !!! Comment est-ce possible d'avoir de tels jugements. Aidez-moi je vous en supplie ! »

Des juges ne tiennent aucun compte de l'âge des enfants, séparent de tous petits enfants, des bébés de leur mère pour des périodes trop longues et de façon répétées.

Témoignage

« Ma fille a huit mois. Le juge a accordé à son père un système de résidence alternée et cela se passe mal. Elle pleure de l'heure de son retour 17 heures jusqu'au soir non stop, et refuse de s'approcher de moi. La nuit, elle se réveille plusieurs fois et il faut qu'elle se couche à côté de moi pour qu'elle finisse par s'endormir.

Que faire pour que le juge réalise que ma fille est encore trop petite pour se séparer de moi alors que son père ne s'en est jamais occupé depuis sa naissance et qu'il la confie ou à sa mère ou à ses sœurs. »

Il est intéressant, dans cette situation comme dans d'autres, de constater ce qui a été décrit précisément par les chercheurs Solomon et George : « *Les nourrissons ne considèrent pas que leurs parents soient capables de les consoler dans ces circonstances.* » Comme dans la majorité des cas qui nous sont soumis, les pères ne s'occupent que très rarement eux-mêmes de leur jeune enfant.

Ces bébés et très jeunes enfants sont alors soumis à une succession de « pourvoyeurs de soins ». On en connaît les effets très délétères.

> ***Témoignage***
>
> « Une résidence alternée a été imposée à ma fille âgée de vingt mois, à la demande de son père et malgré une attestation défavorable pour ce mode de garde de la pédopsychiatre qui la suit depuis la séparation.
>
> Le père a prétendu s'occuper de sa fille depuis sa naissance ce qui est complètement faux. Et ce n'est pas lui qui s'en occupe quand il l'a.
>
> Dès son premier retour elle a eu des gestes de violence envers moi. Elle me boude puis elle ne veut plus que je la quitte ne serait-ce qu'une minute. Elle ne veut pas aller au lit et se réveille plusieurs fois en hurlant et en appelant "maman".
>
> Je suis désemparée et indignée par cette décision et ses conséquences qui ne font que commencer.
>
> Vingt mois ? Nos enfants ne seraient-ils que des « testeurs » de cette loi de mars 2002 ».

À vingt mois, cette enfant a été soumise à une résidence alternée malgré l'avis défavorable du pédopsychiatre. Les troubles de l'attachement et le désespoir de l'enfant sont tout à fait caractéristiques : alternance de « collages » et d'opposition à la mère, troubles du sommeil et paniques nocturnes.

Ici, comme dans les exemples ci-dessous, on note la faible participation du père aux soins. Il n'est pas surprenant à cet âge que le principal donneur de soins ait été la mère, mais ce fait n'a pas été pris en compte dans la décision de garde : c'est un facteur important du désarroi de l'enfant.

> ***Témoignage***
>
> « Je viens de découvrir votre site et malheureusement ce que vit ma fille qui a deux ans maintenant, est exactement ce que vous décrivez. Tous les symptômes sont identiques. En vous lisant j'avais l'impression que quelqu'un connaissait notre vie et comprenait ce qui se passait.
>
> Elle n'avait que neuf mois lorsque son père et moi nous nous sommes séparés et le juge a statué sur une résidence alternée de 2 jours/2 jours. Cela fait un an et demi qu'elle vit ce rythme infernal. Les troubles ont commencé petit à petit. Aujourd'hui c'est arrivé à un tel point que lorsque l'amie de son père vient la chercher elle hurle littéralement qu'elle veut rester avec maman : « Moi veux pas papa, veux maman. » J'essaye de la raisonner, de lui dire tous les jeux qu'elle va faire avec son papa et là elle part dans sa chambre, claque la porte et va s'enfermer dans sa tente igloo.
>
> Lorsque j'essaie de lui parler, elle me répond : "J'ai dit s'il te plaît (de ne pas y aller) et merci" et lorsque je sors avec elle dans les bras, qui pleure, elle s'agrippe à la porte en s'agitant dans tous les sens et elle me dit "vilaine maman" et devant le portail la compagne de mon ex-ami klaxonne pour montrer son impatience !
>
> Le papa de ma fille ne vient jamais la chercher lui-même.

> Elle est donc suivie par un pédopsychiatre qui a convoqué son père pour l'informer de l'état de santé de la petite mais il n'a rien voulu savoir. Il reste sur ses positions et exige que la RA soit maintenue, parce que "c'est son droit".
>
> Personne ne veut entendre l'appel au secours de ma fille. Je ne sais plus quoi faire. Les tests passés avec la psychomotricienne démontrent qu'elle est très perturbée, très angoissée, j'en passe, la liste est longue...
>
> Le père refuse tout contact avec moi. Pour sa fille il n'assume rien. C'est son amie qui la garde car elle ne travaille pas. La petite passe plus de temps avec elle qu'avec moi car, bien obligée de travailler je la mets chez une nounou lorsque ce sont mes jours de garde alors que lui refuse de le faire, et pour cause, quand il travaille.
>
> Je suis seule devant cette grande machine "JUSTICE" et personne ne veut entendre et comprendre ma fille et ce qui se passe. J'ai vraiment besoin d'aide ».

Il ne faut pas oublier, et les statistiques le confirment, que la grande majorité des pères non divorcés non séparés passent encore très peu de temps dans les soins à leurs enfants (15 à 17 minutes en moyenne par jour).

Souvent l'un des parents manifeste le désir de se venger de l'autre parent. De tels parents utilisent la justice pour régler leur compte. Ils trouvent des officines pour les conseiller, pour monter des dossiers, et parfois y parviennent. Ils peuvent alors « gagner » leur procès et obtenir une résidence alternée. Mais nombre d'entre eux confient leur jeune enfant à la grand-mère paternelle ou à leur nouvelle compagne.

> ***Témoignage***
>
> « Nous avons une garde alternée depuis quelques mois. Nous habitons à 30 km l'un de l'autre. Mon fils âgé de quatre ans présente des troubles sérieux depuis le début.
>
> Lorsqu'il revient il est agressif avec moi, me tape puis surviennent des crises d'angoisse, il est agité et pleure. Il se réveille fréquemment la nuit en criant et veut dormir dans mon lit. À l'école il pleure souvent et ne s'intègre pas aux autres enfants. J'ai peur qu'il finisse par ne plus vouloir y aller.
>
> Durant une longue période il refusait de s'alimenter lorsqu'il devait partir chez son père. Il fait des crises d'eczéma, refuse d'aller à la selle. Lorsque son père vient le chercher il s'agrippe à moi en disant qu'il ne veut pas aller chez papa. C'est un véritable déchirement. Pourtant, nous parents devons être à l'écoute de nos enfants et leur permettre de grandir en s'épanouissant.
>
> La résidence alternée est une catastrophe pour mon fils. Que puis-je faire ? J'ai peur. Son père ne veut rien savoir. »

Le rejet du parent n'est que l'une des expressions de la souffrance des enfants. Mais c'est aussi l'un des aspects les plus évidents et les plus préoccupants. Dans notre expérience, il s'agit surtout du rejet du père qui apparaît lorsque celui-ci obtient de la justice d'avoir avec lui son enfant pendant la moitié du temps ou un temps trop long pour le ressenti de l'enfant, et quand cette disposition de partage n'est pas compatible avec la nature et la force des attachements créées avant la séparation. Il est manifeste que le jeune âge, des relations parentales faibles ou conflictuelles, la non-prise en compte du ressenti de l'enfant, de ses habitudes avant la séparation, favorisent aussi l'installation de cette réaction de rejet.

> ***Témoignage***
>
> « Ma fille a été soumise par le juge aux affaires familiales à une résidence alternée de 8 jours/8 jours quand elle avait deux ans. Elle a deux ans et demi aujourd'hui.
>
> Les symptômes qu'elle a présentés d'emblée n'ont cessé de croître : elle hurle littéralement quand son père vient la prendre, elle se débat.
>
> C'est tellement déchirant que je l'emmène la nuit sinon son père m'envoie les gendarmes.
>
> Elle se réveille toutes les nuits en pleurant et en appelant « maman ».
>
> Je ne peux même plus sortir sans être obligée de l'emmener avec moi, sinon elle a une crise de panique.
>
> Elle fait à nouveau pipi dans sa culotte, etc.
>
> J'ai écrit au juge. Des personnes qui ont assisté à ces départs bouleversants m'ont fait des attestations. Mais le juge a déclaré que "ma requête est irrecevable faute d'éléments nouveaux".
>
> Je suis atterrée. Que dois-je faire pour sauver mon bébé ? Son père ne veut rien savoir. »

Un partage à un rythme égalitaire ou inadapté du temps passé chez chacun des parents après la séparation est souvent ressenti par l'enfant jeune comme une frustration affective, d'autant plus que les pères ne changent pas leur rythme de vie après la séparation.

> ***Témoignage***
>
> « Le père de ma fille (5 ans et demi passés) a obtenu un droit de visite élargi.
>
> Les deux premières fois se sont bien passées. La troisième fois a été terrible. Elle ne voulait pas partir. Elle hurlait.
>
> Il lui a confisqué son doudou parce qu'elle me réclamait (je suis allée le récupérer moi-même). Le lundi suivant il l'a menacée de ne plus la ramener chez maman parce qu'elle m'avait raconté ce qui s'était passé.
>
> Il lui a même défendu de m'appeler maman et lui a demandé de m'appeler par mon prénom.
>
> Elle pleure toutes les nuits et reste prostrée parfois des heures alors que c'était une enfant volontaire et gaie. Elle se renferme petit à petit sur elle-même, elle devient dépressive.
>
> Que dois-je faire ? À qui puis-je m'adresser ? »

Le conflit qui accompagne le plus souvent les séparations pousse ces pères à un comportement délétère pour leur enfant et fréquemment relaté :

- refuser ou jeter le « doudou » qui vient de chez la mère, objet transitionnel dont on sait l'importance car il permet à l'enfant de ne pas avoir le sentiment d'avoir perdu sa mère ;
- changer sur le pas de la porte les vêtements de l'enfant mis par la mère ;
- refuser les informations qui concernent la vie de l'enfant : heures des repas, de sieste ou habitudes particulières etc. « Je fais ce que je veux quand c'est mon tour de l'avoir et ça ne te regarde pas », disent-ils ;
- refuser tout contact entre la mère et l'enfant, qu'il soit visuel ou téléphonique, etc.

En un mot : effacer la mère en voulant effacer ou « punir » la femme qui a demandé la séparation.

Comme nous l'avons vu précédemment la loi recommande pourtant : « Le juge prendra en compte l'aptitude de chacun des parents à respecter le droit de l'autre » (art. 373-2-11) ainsi que « les liens de l'enfant avec l'autre parent ». Mais dans les faits cette notion de « respect » ou de « non respect » est en réalité impossible à évaluer. Dans toutes ces situations, c'est un véritable clivage physique mais surtout psychique auquel est soumis l'enfant. On peut en deviner les conséquences à terme.

La plupart du temps, les pères affirment que l'enfant va bien quand il est chez eux, même si certains acceptent de reconnaître, parce qu'il y a des témoins, que les transitions posent quelques problèmes. Mais certains sont sincères, ce qui les amène à accuser leur ex-compagne de vouloir « exclure le père » ou de « manipuler l'enfant » : c'est un argument qui porte à chaque fois.

La révolte et l'indignation s'ajoutent alors au désarroi de ces mères. Les tensions et conflits entre les parents *s'aggravent* alors dangereusement pour l'enfant.

Témoignage

« Depuis que la résidence alternée a été imposée à ma fille âgée de 5 ans et demi, celle-ci est couverte d'eczéma de la tête aux pieds. On ne peut même plus la doucher.

Son père ne veut rien savoir.

J'ai fait appel de cette décision et les débats ont été nauséabonds, répugnants : on n'a pas parlé de l'enfant ou plutôt si, l'avocat du père parlait de "prétendues" souffrances psychologiques, que j'avais un comportement inquiétant, dangereux pour l'enfant ! mère possessive à l'extrême, qui désirait couper l'enfant de son père et de tout contact social ! et que si le tribunal décidait de transférer la garde chez moi, la mère, il était à craindre un "syndrome d'aliénation parentale", etc.

La psychologue du TGI n'a rien fait pour apaiser les choses, au contraire, elle est pro-résidence alternée et prend parti pour le père, alors que je l'avais rencontrée avec ma fille et qu'elle avait reconnu que l'enfant souffrait.

> Le juge a maintenu la résidence alternée en ordonnant une enquête médico-psychologique.
>
> Je suis révoltée, écœurée. Jusqu'où va-t-on aller dans le délire des juges et leurs psychologues fonctionnaires ? Je suis désespérée. Je constate que les mères qui veulent protéger leur enfant sont accusées d'être déséquilibrées et possessives !!!
>
> Ma fille n'aura qu'à continuer son traitement à la cortisone au nom des droits de son père.

L'eczéma est un symptôme souvent présent et le signe psychosomatique d'une souffrance psychique.

Père qui refuse sa paternité et/ou revient après plusieurs mois ou années

Il y a des situations fréquentes dont certains juges mais aussi des intervenants du système judiciaire ne tiennent pas compte, sans doute au nom du lien biologique qui prévaut aujourd'hui de façon quasi idéologique. Il n'est pas rare en effet que des pères prennent « la fuite » soit au moment où leur compagne annonce sa grossesse ou durant celle-ci, soit à la naissance de l'enfant ou dans les mois qui suivent. Les jeunes femmes se sentent alors profondément trahies, méprisées, abandonnées et se retrouvent seules à un moment très important de leur vie alors qu'elles ont besoin, plus qu'à d'autres, d'être accompagnées, épaulées. Tous les professionnels en périnatalité savent combien ces instants sont à prendre en considération pour le bien-être psychique futur du bébé et de sa mère et la sécurité du lien qui va les unir. Elles font souvent face à ces situations grâce à l'aide de leur propre famille et à leur instinct de protection pour leur enfant. Lorsque le père se ressaisit rapidement, il est souhaitable de lui redonner sa place, mais de façon très progressive, auprès de son enfant qui ne le connaît pas. Mais ne serait-il pas nécessaire d'accompagner la jeune mère pour lui expliquer l'intérêt, le bienfait de cette démarche pour l'enfant ? En effet ces mères ne comprennent pas la décision qu'on leur impose et sont révoltées par ce qu'elles ressentent comme une décision de mépris à leur encontre et l'exigence d'une soumission docile aux états d'âme d'un homme, d'autant que les droits accordés sans précaution aux pères dans ces situations-là provoquent maints symptômes chez les enfants.

Mais les choses deviennent plus graves lorsque ces pères réapparaissent subitement dans la vie de leurs enfants après deux, trois, quatre ans, voire plus d'absence. Nombre de ces enfants se sont attachés à un père de substitution, nouveau compagnon de la mère, qui a pris soin d'eux. Ce sont alors de véritables drames humains que provoque la justice lorsqu'elle ne tient pas compte de ces réalités.

Témoignage

« C'est un appel au secours. Voici mon histoire.

Ma fille a été très désirée autant par son papa que par moi. Mais au fil de ma grossesse, mon mari est devenu distant et ne se préoccupait pas du tout de l'arrivée de notre bébé. Sur le coup je ne me suis pas inquiétée.

À la naissance, il a semblé le plus heureux des hommes mais dès notre retour de la maternité tout a changé et c'est là que tout commence. Il a commencé par être dérangé par les pleurs du bébé, puis par être excédé. Il n'allait jamais ni la consoler ni la bercer, trop fatigué, disait-il, par son travail. Il refusait de lui donner un bain ou de l'habiller. L'excuse était que j'étais plus rapide que lui. Pendant trois mois où nous avons vécu tous les trois, il ne s'est pas occupé d'elle une seule fois.

Il est parti après une scène de violence terrible envers moi parce que je lui ai demandé de nous emmener chez le pédiatre : la petite avait une gastro-entérite et cela contrecarrait les plans de sa soirée (il partait chaque week-end et rentrait très tard le soir).

Alors qu'elle n'avait que sept mois et qu'elle ne connaissait quasiment pas son père, le juge aux affaires familiales a ordonné :

- résidence chez son père un week-end sur deux du samedi au mardi matin ;
- tous les mercredis soir jusqu'au jeudi ;
- et la moitié des vacances scolaires.

C'est terrible. Dès le premier week-end tout a changé.

Elle, qui faisait ses nuits depuis longtemps, se réveille plusieurs fois en pleurant. Je la retrouve parfois assise dans son lit les yeux fermés et les larmes qui coulent sur ses joues.

Elle recommence à réclamer le biberon. Elle s'est mise à faire des poussées d'eczéma qui passent au bout de quelques jours. Au retour de chez son père, elle a souvent un important érythème fessier qui m'oblige à l'emmener chez le pédiatre.

Quand je vais la donner à son père, elle me supplie du regard et au retour elle me boude systématiquement pendant plusieurs heures.

C'est une maman désespérée qui fait appel à vous. »

Dans ce cas comme dans plusieurs autres, à l'arrivée du bébé, le père a fui devant ses responsabilités, mais la justice lui a cependant accordé des droits inadaptés à la situation.

Témoignage

« Pourquoi la justice n'écoute pas les enfants. Après avoir eu ma fille, le père nous a abandonnées. J'ai obtenu les droits parentaux exclusifs ainsi qu'une pension alimentaire qu'il n'a jamais payée. Il a eu un droit de visite qu'il n'a jamais exercé, et j'ai élevé seule ma fille jusqu'à ses trois ans. J'ai refait ma vie à ce moment-là et depuis quatre ans c'est mon compagnon qui a élevé ma fille. Les liens entre eux sont ceux d'un père et d'une fille. Récemment le père géniteur s'est manifesté, mais mon enfant ne veut pas en entendre parler. Elle ne le connaît pas du tout. J'ai donc fait appel pour retirer les droits de visite du père mais la juge a ordonné une enquête sociale et une visite dans un lieu neutre. Ma fille refuse de s'y rendre. Le rapport d'enquête sociale ne nous est pas favorable : en effet l'enquêtrice dit que la discussion avec l'enfant était théâtrale, que mon conjoint n'est pas le père et qu'il devait se contenter de n'être que le beau-père ! Depuis cette affaire ma fille est en échec scolaire, elle est très, très perturbée. Je ne sais plus quoi faire. J'ai l'impression que personne n'écoute mon enfant et que les autorités ne se soucient que du bien-être du père qui lui pourtant ne s'est pas soucié de l'enfant pendant sept ans. Il est en train de briser ma fille qui me parle maintenant, à 7 ans, de suicide !!!

Que pouvez-vous me conseiller pour sauver ma fille ? La justice est folle. »

Ce cas est exemplaire de la perturbation psychique importante que provoque chez cet enfant de sept ans l'idéologie du lien biologique qui oblige cette fillette à avoir des relations avec son géniteur qui ne peut être perçu par elle comme père. Là aussi, devant cette épreuve à laquelle le pouvoir judiciaire la soumet, l'enfant menace de se suicider.

Témoignage

« Française qui vit en Belgique, je suis maman d'une petite fille qui aura bientôt quatre ans. Son père biologique ne l'a pas reconnue à la naissance et n'a jamais cohabité avec nous. Il ne l'a vue qu'une dizaine de fois et a complètement disparu de sa vie depuis qu'elle a quinze mois.

Il y a deux ans je me suis mariée et mon mari a reconnu ma fille qui l'appelle « papa ». Notre famille est heureuse et équilibrée.

Mais l'apprenant, le géniteur de ma fille entamait une action en justice en avril 2005 pour obtenir des contacts avec l'enfant et établir sa paternité. Le juge a conclu qu'il avait existé un lien d'affection entre l'enfant et son géniteur (ce qui est faux et nous faisons appel) et elle a commis un psychologue pour mener une expertise sur l'intérêt de l'enfant.

Cet expert constate que l'enfant a « oblitéré » son père biologique, qu'elle ne connaît que mon époux comme père et qu'elle est par ailleurs très épanouie. Cependant, au nom de « l'intérêt » de l'enfant, il préconise une reprise des contacts avec le père biologique ! Je m'oppose à un tel postulat.

Je ne cacherai jamais son histoire à ma fille, mais je considère que son intérêt est de confirmer son attachement évident avec son père légal et affectif et non d'introduire à son âge un géniteur qu'elle ne connaît pas et qui vit par ailleurs une vie dissolue à la morale douteuse.

Nous sommes convaincus que ce serait, au nom de la vérité biologique, une grande perturbation pour le développement psychique et affectif de l'enfant.

Pouvez-vous nous aider : références dans la littérature, noms de pédopsychiatres ou autres contacts. Nous sommes désemparés ! »

Ici encore, nous sommes bien dans l'idéologie du lien « biologique » qui occulte l'impact que pourra avoir une telle décision sur le psychisme d'une enfant de quatre ans à peine.

Résidence alternée chez des enfants plus grands

Désespoir, dépression, menaces de fugues ou de suicides, rejet du père

De nombreuses mères nous appellent, très angoissées, car leur enfant éprouve un tel mal-être, un tel refus de la résidence alternée à laquelle la justice les soumet brutalement, sans préparation, qu'ils plongent dans une dépression ou émettent des menaces de fugues ou de suicide, parfois souhaitent la mort de leur père qui refuse de les entendre : des enfants de sept, huit, neuf ans.

Témoignage

« Je suis aux abois, désemparée. À la suite du procès que m'a fait mon ex-mari, cinq ans après notre divorce, le juge a imposé une résidence alternée, une semaine sur deux.

Mon fils rentre en 6e avec un an d'avance et a été jugé épanoui et équilibré.

Depuis l'instauration de cette RA (résidence alternée) mon fils a deux coiffures, deux vestiaires, deux éducations différentes pour ne pas dire opposées, et bientôt deux sexualités !!!

Son comportement a changé : nervosité, absence, refus de participer aux activités qu'il aime bien... Il est déprimé.

La médiation qui m'a été imposée tente de me faire accepter par tous les moyens cette résidence alternée et ne contredit jamais mon ex-mari.

L'intérêt de l'enfant n'est jamais mis en avant ! Où est-il dans ces conditions ?

Merci de vos conseils. »

Chez un enfant déjà grand, la résidence alternée peut être très mal tolérée. Dans ce cas précis mais comparable à bien d'autres, la mésentente parentale, le clivage entre deux modes de vie contradictoires et cependant de temps égal amènent l'enfant à un état dépressif auquel s'ajoute une difficulté probable d'identification sexuelle.

Témoignage

« Ma fille a 7 ans et demi. Je lutte, mais en vain, avec la justice pour tenter de lui faire comprendre que le désir du père c'est bien, mais que l'enfant n'est pas un objet.

Résultat : NÉANT. Le juge ne lui laisse aucun choix, au nom des droits du père.

Ma fille est en grande souffrance. Son comportement est en dent de scie. Elle hurle et trépigne dès que l'on parle de son père. Elle est en difficulté scolaire et refuse plus que jamais de se rendre chez lui.

En apprenant qu'elle devait partir pour un mois d'été elle a tenté de se noyer.

Elle vit dans un univers morbide et demande comment les gens se suicident.

Que puis-je faire pour protéger mon enfant ? Je risque une sanction pénale si je ne l'envoie pas chez son père.

> Peut-on opposer une souffrance morale et physique à une obligation juridique ??? »

Le désespoir et la dépression construisent chez ces enfants un univers morbide et suicidaire bien perçu par leur mère. L'idée de la mort peut troubler l'esprit de l'enfant et mener comme ici à des pensées, voire à des gestes suicidaires. Dépression et idées de suicide ne sont pas exceptionnelles : on les retrouve dans bien d'autres cas.

> ***Témoignage***
>
> « Je suis désemparée, je cherche de l'aide.
>
> Je suis maman d'un enfant de 8 ans souffrant d'une maladie génétique qui lui impose de nombreuses visites médicales.
>
> Son papa nous a quittés il y a un an et demi et a demandé une résidence alternée que le juge lui a accordée malgré le mauvais état de santé de notre fils.
>
> Depuis, mon fils est perdu, épuisé, dépressif. Il n'arrive pas à suivre ce rythme imposé par son papa. Il refuse les activités de loisirs qu'il faisait auparavant selon son rythme.
>
> Son père nie la situation et a porté plainte au conseil de l'Ordre des médecins contre le pédiatre qui a fait un certificat qui déconseillait la résidence alternée.
>
> Mon fils m'affirme qu'il voudrait vivre avec moi, mais qu'il a peur de le dire à son papa et ne veut pas lui faire de peine...
>
> La seule chose que je peux faire pour l'instant c'est me rendre le plus disponible possible pour m'occuper de mon fils.
>
> Merci de l'aide que vous pourrez m'apporter. »

À la séparation parentale s'ajoute ici pour l'enfant la mise en place d'une vie en alternance et la négligence d'une maladie chronique grave – qui plus est contre l'avis d'un médecin spécialiste.

Quant à l'avis du pédiatre, est-il un abus de pouvoir ? ou répond-il à la nécessité de porter assistance à un enfant en danger ?

> ***Témoignage***
>
> « Aidez-moi, aidez mon fils, je vous en supplie.
>
> Il a huit ans et son père après quatorze procédures a fini par obtenir une résidence alternée.
>
> J'ai passé ma grossesse seule, j'étais seule pour ma césarienne, et trois mois après sa naissance le père nous a mis à la porte. J'ai dû vivre dans un hôtel avec mon bébé. Quand il a eu dix mois j'ai connu mon mari actuel qui nous a aidés, soutenus, aimés. Jusqu'aux deux ans de mon fils son père ne s'en est jamais, jamais occupé, n'a jamais versé un sou pour lui. Puis, quand il a appris que j'allais me marier, il s'est déchaîné. Il a exigé des droits sur notre fils, Il me menaçait, m'insultait, agressait mon mari.
>
> Il a obtenu un droit de visite et d'hébergement classique mais il m'a avertie qu'il me « pourrirait » la vie jusqu'à la fin de mes jours. Pour des raisons

professionnelles j'ai dû déménager et j'ai été contrainte par le juge de faire 350 kilomètres aller et autant au retour pour amener l'enfant à son père, un week-end sur deux. Enceinte de ma dernière petite fille, je n'ai pas pu continuer à faire tous ces trajets. J'ai demandé au père de mon fils un arrangement. Il a catégoriquement refusé et porté plainte sur plainte pour non-présentation d'enfant alors que j'avais un certificat médical disant qu'il fallait que je cesse toutes ces heures de voiture. Et le juge lui a accordé la résidence alternée, confirmée en appel.

Mon fils est dans un état effroyable. Il a maigri, il a très peur de son père, ses résultats scolaires ont chuté de façon vertigineuse. Il me dit que souvent il part à l'école sans avoir déjeuné car son père n'a pas le temps de le lui préparer.

Son père le laisse souvent à sa propre sœur ou à un monsieur dont mon fils ne connaît même pas le nom. Il se fait taper par son père et par sa tante, et menacer s'il me le répète. Son père refuse que je l'appelle quand il est chez lui.

Le juge m'a même reproché que mon fils soit plus attaché à mon mari qui s'en est occupé depuis qu'il a dix mois, qu'à son père ! Mon fils me supplie d'arrêter tout ça, il ne cesse de pleurer, ne veut plus sortir de la maison, parle de le tuer ou se tuer. C'est effroyable, inhumain.

Je suis effondrée. Comment des choses pareilles peuvent se produire ? Je vous en prie, aidez-moi à sauver mon fils, il est encore si jeune. »

Souhait de la « mort » du père

Cela nous est très fréquemment relaté. Les mères sont paniquées d'entendre leur enfant souhaiter la mort de leur père : « Tant mieux si cette mouche elle meurt elle sera plus obligée d'aller chez son papa » (trois ans) ; « Je voudrais que papa soit mort (ou se tue) dans un accident de voiture », « Je voudrais que papa, il meure » (cinq, six, sept ans ; plusieurs exemples) ; « Qu'est-ce que tu as de la chance que ton papa soit mort » (un petit garçon de 6 ans et demi à une petite camarade dont le papa est mort d'une rupture d'anévrisme). Ce même petit garçon disait à sa mère : « Dis, maman pourquoi c'est les enfants qui sont punis quand les parents divorcent ? » ; « Maman, achète-moi une trousse de chimiste, comme ça, je pourrai empoisonner papa » (sept ans).

Certes ces enfants ne souhaitent pas la mort réelle de leur père, et nous rassurons vivement leurs mères. Elles reconnaissent d'ailleurs souvent que leur enfant a de l'affection pour lui : « Pourtant il (ou elle) aime son père » ajoutent-elles. Mais cela traduit la grande souffrance de tous ces enfants sous le poids qu'on leur demande de supporter en leur imposant un mode de vie qui ne leur convient pas.

Certains enfants cependant finissent, au fil du temps, par rejeter complètement leur père, telle cette fillette de dix ans et demi en résidence alternée depuis quatre ans qui oppose aujourd'hui un refus total de partir chez son père. Elle explique bien ce qu'elle lui reproche : « Tu ne fais jamais attention à moi. Tu te moques toujours de ce que je ressens, de ce que j'éprouve. Tu m'imposes tout le temps ce que toi tu ressens, tu veux, ou tu as envie... » En réaction, le père de cet enfant dépose plainte sur plainte pour non présentation d'enfant alors que lui-même refuse de la violenter pour l'obliger à l'accompagner. Sa mère doit comparaître en correctionnelle, ce qui amplifie encore le rejet que la fillette manifeste pour son père. Elle menace aujourd'hui de s'ouvrir les veines...

Souvent ces pères-là font preuve non d'autorité mais « d'autoritarisme » ou revendiquent « leurs droits ». Ils imposent leur loi à l'enfant sans la moindre attention à ce que ce dernier ressent. Dans le cas cité ci-dessus le père répond à sa fille qui affirme ne plus vouloir aller chez lui : « Mais c'est la loi, Liliane, tu es obligée de venir... » Ce qui n'est sûrement pas la meilleure façon de la convaincre.

Il faut rappeler que les dossiers soumis à « L'Enfant d'Abord » émanent de toute la France et de pays francophones, avec des histoires multiples mais des symptômes presque toujours identiques. Ceci suffit à répondre à certains groupes de pression, peu préoccupés par l'enfant mais fervents défenseurs de la résidence alternée égalitaire, qui ont tendance à nier la réalité de ces souffrances psychologiques !

Il serait fastidieux de dénombrer tous les cas recueillis et tous les signes cliniques observés chez ces enfants soumis à d'authentiques maltraitances psychologiques. « L'Enfant d'Abord » n'a ni la mission ni les moyens d'établir une étude statistique sérieuse à partir des nombreux cas d'enfants qui la sollicitent. Mais il est évident que leur nombre croissant doit amener les autorités à agir de façon urgente, afin de ne pas poursuivre chez les enfants la décision de mesures aux effets pour le moins imprévisibles.

Il faut souligner que les troubles sont souvent ignorés ou occultés par les juges, d'où le maintien de la décision initiale malgré ses effets défavorables. Ce mépris de l'état inquiétant d'un enfant est loin d'être un fait isolé.

Il faut avoir assisté à la scène déchirante de la séparation de l'enfant avec sa figure d'attachement pour réaliser la gravité de sa maltraitance. Là encore, le rejet d'un parent trop contraignant, trop peu investi avant la séparation et qui soumet un enfant à « son droit » est une réaction prévisible qui n'est pas réservée au nourrisson ni au tout petit enfant, et qui n'est justifiée par aucune « aliénation » de l'autre parent.

La loi cependant prévoit :

> « Art. 373-2-11. – Lorsqu'il se prononce sur les modalités d'exercice de l'autorité parentale, le juge prend notamment en considération :
> « 1° La pratique que les parents avaient précédemment suivie ou les accords qu'ils avaient pu antérieurement conclure ;
> « 2° Les sentiments exprimés par l'enfant mineur dans les conditions prévues à l'article 388-1 » ;

Nous voyons, au travers des quelques exemples ci-dessus et de ceux qui viennent, qu'il n'en est rien bien souvent. Nous sommes ici en face de situations quasi expérimentales.

Les enfants qui ont à vivre des rythmes d'alternance inadéquats, répétés, qui plus est dans un climat conflictuel, à un âge auquel l'idée de partage du temps ne signifie rien, sont en grande souffrance. Ne pas prendre en compte celui qui représentait le principal pourvoyeur de soins avant la séparation, ne pas prendre en compte le ressenti de l'enfant, provoque les mêmes réactions. Très rapidement sont survenus chez les uns et les autres des troubles psychologiques sérieux et un rejet parfois violent des contacts avec leur père.

4

En cas de conflit, comme à l'amiable

La rétention d'enfant par leur père avant tout jugement

La rétention de jeunes enfants par l'un des parents au moment de la séparation est de plus en plus souvent relatée. Dans notre expérience il s'agit plus souvent de pères qui semblent être conseillés par certaines associations, voire des avocats. En effet dans le langage juridique il n'existe pas « d'enlèvement » d'enfants entre parents tant qu'une décision judiciaire n'est pas intervenue.

Dans certains cas, cette stratégie a pour objectif d'inscrire l'enfant à la crèche ou à l'école proche du domicile paternel et d'inciter ainsi le juge à laisser la garde de l'enfant à son père en fondant sa décision sur le critère des « pratiques antérieures » comme le préconise la loi...

Témoignage

> « Mon bébé a été enlevé par son père à l'âge de sept mois. Le juge a pris la décision d'imposer malgré ces faits et l'âge de ce bébé une résidence alternée. Les relations avec son père sont épouvantables. Il n'accepte pas que mon bébé ait une mère et des frères (J'ai deux enfants d'un précédent mariage). Cette résidence alternée est un désastre pour mon enfant : c'est effroyable. Pour le bien de mon fils, pour son équilibre, j'envisage de me retirer, de m'effacer en demandant une révision de la garde pour n'avoir mon enfant qu'un week-end sur deux. Qu'en pensez-vous ? J'ai tellement besoin de vos conseils. »

Nous avons dissuadé cette maman de son projet, mais l'enfant a été maintenu en résidence alternée malgré les faits et plusieurs mères nous ont confiés avoir envisagé d'« abandonner » leur enfant au père pour ne plus avoir à supporter sa souffrance.

Témoignage

« Mon ex-compagnon est venu prendre notre fille à la crèche sans me prévenir. Ma fille a 12 mois et il refuse de me la ramener jusqu'à l'audience qui a lieu dans deux mois. Je suis désemparée. Il refuse que je lui parle au téléphone ou que je lui rende au moins une visite. Les gendarmes ne peuvent rien faire puisqu'il n'y a pas de décision de justice.

Aidez-moi je vous en supplie. »

Dans ce cas présent, et compte tenu des démarches qu'avait entreprises la maman sur nos conseils, l'avocat du père lui a vivement recommandé de rendre l'enfant ce qui fut fait au bout d'un mois de rétention. Le bébé mit beaucoup de temps avant de retrouver un équilibre satisfaisant.

Certains pères ne rendent pas l'enfant à la fin des vacances d'été et le scolarisent à l'école près de leur domicile. Lorsque l'audience arrive le juge entérine parfois la situation de fait.

Témoignage

« En 99, j'ai eu une petite fille avec mon conjoint de l'époque. Notre relation à partir de là a été très mauvaise. Lorsque je lui disais de réagir, il me répondait : "Moi, je voulais un enfant rien d'autre... maintenant que je l'ai, tu peux partir."

Nous nous sommes séparés sans légaliser cette séparation.

Pendant deux ans notre fille allait voir son père régulièrement et de façon souple. Puis un jour, après l'avoir posée chez son père, celui-ci m'a téléphoné pour me dire : "Tu l'as bien vue ? parce que tu ne la reverras plus."

Et pendant quinze jours je n'ai pas revu ma fille qui avait tout juste 2 ans et demi... Pas de nouvelles, pas de téléphone... Je ne savais même pas si son père ne l'avait pas emmenée ailleurs.

Il me l'a ramenée sans aucune explication. Et tout a basculé.

J'ai entrepris des procédures dans l'urgence. Mais le JAF lui a accordé une "garde élargie" :

Du mardi au jeudi et du vendredi au lundi. Cela veut dire que je ne voyais ma fille de trois ans au moment du jugement que :

- deux soirs par semaine ;
- deux week-ends sur cinq et aucun jour férié.

Dès le début de cette garde « pour le bien de l'enfant » ma fille s'est mise à aller très mal. Elle pleurait tous les jours, faisait cauchemars sur cauchemars, refusait d'aller à l'école, avait systématiquement mal au ventre, vomissait, ne jouait plus avec les autres enfants...

> Comme son état empirait je l'ai montrée à une psychologue qui a pu constater les troubles importants que ce nouveau mode de garde avait engendrés.
>
> Alors que j'ai essayé d'en parler à son père, il m'a répondu : "Je passerai le reste de ma vie à pourrir la tienne."
>
> Aujourd'hui, à six ans bientôt ma fille est dans un état très très alarmant. Elle est dans un état d'anxiété permanent, se renferme complètement sur elle-même. Elle est en pleine dépression.
>
> J'ai écrit au président de la République. (On m'a répondu que la loi était la loi !!!)
>
> J'ai écrit au ministre de la justice. (On ne m'a même pas répondu !!!)
>
> IMPUISSANTE je ne peux que constater le désarroi de ma fille, sa souffrance, sa déprime :
>
> mais les "DROITS" du père sont garantis !!!!!
>
> Merci de votre aide. »

Certains hommes ne prennent une compagne que pour avoir un enfant, d'autres acceptent difficilement la séparation et refusent que leur ex-conjointe refasse sa vie. C'est alors une guerre déclarée à travers l'enfant. Alors que le conflit, à l'origine, était censé empêcher la garde alternée, il devient maintenant un critère favorable pour punir le parent qui ne la souhaite pas.

> ***Témoignage***
>
> « Ce message est un appel de détresse car cela fait trente-huit jours que je n'ai pas vu mon fils de cinq ans et demi. Son père le cache et refuse que je le voie sous prétexte que je l'ai inscrit dans une autre école que lui souhaitait. Pourtant, c'est lui qui voulait cela au départ, puis il a changé d'avis et a voulu la garde partagée et maintenant il veut la garde complète. Il ne s'est jamais occupé de notre fils, ne lui a jamais changé la moindre couche, jamais donné un biberon, jamais emmené chez le médecin, jamais acheté un vêtement et maintenant il se découvre père au bout de cinq ans et demi. C'est de l'injustice.
>
> Il avait signé une déclaration sur l'honneur comme quoi il me rendrait XXX, mais je viens de recevoir un recommandé me disant qu'il ne me rendrait pas notre fils mais que je pourrais l'appeler tous les jours pour jouer mon rôle de mère ! Comme si le rôle d'une mère consistait à avoir son fils au téléphone une fois par jour... Donc j'appelle tous les jours mon bébé et il me dit : "Maman quand tu viens me chercher ?", je lui réponds que j'aimerais bien tout de suite mais que je ne sais pas où il est et que son père ne veut pas que je vienne. Et là, mon fils se met à pleurer à chaudes larmes et me supplie : "Viens me chercher, je veux que tu viennes" et hop, le téléphone coupe !
>
> Mon fils m'a dit aussi qu'il devait prendre l'avion avec son papa mais qu'il n'a pas pu parce qu'il n'avait pas de carte d'identité. Prendre l'avion, mais pour aller où ?
>
> Voilà ce que je vis au quotidien ; c'est pour cela que je viens vers vous, pour avoir des conseils pour savoir comment faire pour récupérer mon fils.
>
> Je suis désemparée. »

Dans cet exemple, comme dans d'autres, on mesure une fois de plus combien la notion de « respect de l'autre parent » peut être trompeuse. C'est suite à un accord oral avec le père que la mère a changé son fils d'école, mais le père accuse la mère de l'avoir fait sans son consentement !

ENFANTS JEUNES RETIRÉS À LA GARDE DE LEUR MÈRE

De plus en plus fréquemment, des décisions judiciaires retirent la garde de jeunes enfants à leur mère pour la confier au père sous des prétextes qui sont bien éloignés de l'intérêt de l'enfant et sans s'assurer que le père s'était investi auparavant dans les soins parentaux ou va s'investir après la décision de justice qui leur octroie la garde de l'enfant :

- mère qui est mise à la porte, n'ayant d'autre choix que de rejoindre sa famille ;
- mère qui s'éloigne d'un conjoint violent ;
- mère qui est mutée professionnellement ou qui suit son nouveau conjoint lui-même muté par son entreprise ;
- mère qui reprend des études ;
- mère sans emploi qui trouve un travail qui l'éloigne du domicile paternel, alors que le chômage sévit, et que toutes les statistiques montrent que ce sont les femmes qui ont majoritairement les emplois les plus précaires et souvent les plus mal payés, que ce sont les mères qui abandonnent leur travail pour élever les enfants.

On peut souligner, non sans ironie, qu'un des arguments clé de certaines féministes, repris par les hommes pour défendre la résidence alternée, est la « liberté » retrouvée par les femmes afin de pouvoir faire carrière, refaire leur vie et penser à leur épanouissement personnel. C'est oublier de leur préciser que c'est au prix d'un choix :

- *rester assignée à résidence auprès du domicile paternel ;*
- *ou laisser l'enfant, quel que soit son âge, au père.*

On peut aussi souligner combien le travail parental assumé massivement par les mères avant la séparation n'est crédité d'aucune reconnaissance, d'aucune valeur ou d'aucun poids par certains juges.

Voici quelques exemples.

Témoignage

« Je suis passée hier en conciliation devant un JAF de... pour fixer les mesures de garde de ma fille de quatre ans. La juge m'a interdit de partir à... et me contraint à renoncer à une promotion pourtant importante financièrement sinon la garde de ma fille sera confiée totalement à son père. Ce dernier ne s'est jamais occupé d'elle. Que dois-je faire ? Comment de telles choses sont possibles ? Je suis désemparée. »

Cette mère a décidé de renoncer à sa promotion professionnelle, pourtant importante financièrement, pour épargner son enfant.

Témoignage

Madame P. est lasse d'être négligée, voire méprisée, par son mari qui ne pense qu'à sa carrière, qu'à gagner de l'argent et qui n'est jamais présent pour sa femme et ses enfants, y compris le week-end :

« J'ai désiré, allaité huit mois, élevé mes petits bouts, j'ai pris un congé parental de dix-huit mois pendant que mon mari accédait à une profession libérale extrêmement rémunératrice. J'ai tout laissé de côté pour organiser la vie quotidienne de toute la famille, malgré un mari et père toujours absent. Mais j'étais devenue un "meuble domestique". J'ai voulu que mes enfants soient fiers de leur mère, alors j'ai repris mes études et passé des concours. Mon mari n'a pas apprécié et plusieurs fois il m'a insultée me disant : "Casse-toi avec tes mômes." Et je suis partie alors que mes enfants avaient moins de trois et cinq ans... J'ai dû faire un stage de trois mois à... qui m'éloignait du domicile de mon mari. Il a saisi le tribunal... »

Le juge aux affaires familiales n'a pas tenu compte de tous ces éléments, de l'âge des enfants, ni des pratiques antérieures et ordonne la garde totale des enfants à leur père car : *« Le père se trouve être celui des deux parents qui a la situation professionnelle la plus stable »*.

Ce père qui ne s'était jamais occupé auparavant de ses enfants n'est pas davantage présent pour eux et ce sont soit les grands-parents paternels soit une jeune fille au pair qui s'en occupent aujourd'hui.

Voici ce que nous a écrit cette mère indignée :

« Instabilité professionnelle !!! J'imagine les dérives à venir : mère au chômage, obligée de déménager, en CDD... quelle que soit la stabilité affective et sociale qu'elle aura créée pour ses enfants ! Que va penser ma fille quand elle sera en âge d'avoir des enfants ? Rester bien sage à la maison, ne pas passer trop de concours, être soumise à son mari quoi qu'il fasse ou alors risquer, grâce à la complicité d'un juge, d'être répudiée par un père qui la privera de ses enfants même tout jeunes, comme au bon vieux temps !!! Je suis sous le choc. Monsieur profite de tous ses attributs de réussite à laquelle il a pu s'adonner sans égard pour sa famille et surtout ses enfants, et les divers plaisirs qui vont avec (belle stabilité). Je suis effectivement dans une situation financière précaire par rapport à lui, mais en plus mes enfants vont mal et je dois lui verser une pension alimentaire. »

Témoignage

« Je tiens à vous faire part de ma rage et de ma révolte.

Je viens d'apprendre la décision de la cour d'appel de... décision du juge (qui regardait sa montre pendant le plaidoyer de mon avocat lui disant de se dépêcher) qui ordonne la garde totale de mes deux petites filles de cinq et six ans à leur père. Elles ne verront leur maman que la moitié des vacances scolaires ! Argument du juge : l'école et les petits camarades. Rien sur le fait que c'est moi qui m'en suis toujours occupée et toujours toute seule. J'ai vécu un cauchemar avec mon mari et depuis notre séparation, c'est pire : insultes permanentes, chantage au suicide, harcèlement, bourrage de crâne des enfants : "Maman est une voleuse, une menteuse, elle vous a abandonné, son amoureux est un méchant monsieur qui va vous faire du mal, il faut jeter les jouets qu'il vous offre, etc."

J'ai été mutée sur... mais à la fin des vacances leur père conseillé par une association de pères a refusé de rendre les enfants, m'empêchant de les voir et les a scolarisées près de chez lui et le juge n'en a pas tenu compte. Les enfants hurlent au téléphone qu'elles veulent me voir, mais leur père leur arrache le combiné et dit : "C'est dégueulasse ce que tu fais, si tu continues à les faire pleurer comme ça, j'arrêterai de te les passer."

C'est insupportable d'entendre ces deux petites filles crier leur désespoir. Je ne pourrai les voir qu'aux vacances de la Toussaint et cela fera trois mois qu'elles auront été coupées radicalement de leur mère qui pourtant s'en est toujours occupée seule. C'est inacceptable, c'est révoltant !!! »

Confier la garde de jeunes enfants à des pères qui ne se sont jamais investis suffisamment avant la séparation et ne s'investissent guère plus après provoque une grande détresse chez les enfants, d'autant plus qu'ils sont plus jeunes. Leur développement, leur équilibre futur sont profondément compromis.

Récit

Madame C. et son mari se séparent alors que leurs deux enfants ont quatre et six ans et demi. Une première ordonnance fixe la résidence des enfants chez la mère et ordonne une enquête sociale, qui, compte tenu des distances sera divisée en deux. Le père ne verse aucune pension alimentaire et c'est la mère qui paie les voyages des enfants lorsqu'ils se rendent chez leur père.

L'enquête sociale faite au domicile maternel en un lieu où ils ont toujours vécu, affirme que les enfants souhaitent rester avec leur mère, qu'ils sont bien intégrés à leur école avec d'excellents résultats ainsi qu'à leur environnement.

L'enquête faite au domicile paternel affirme que le père s'est toujours beaucoup plus impliqué dans l'éducation des enfants que la mère (les éléments du dossier démentent totalement cette affirmation) mais il est vrai que le père accuse son ex-femme d'être instable (elle a dû suivre une formation professionnelle de quatre mois !) qu'elle est sans ressource (elle paie tout l'entretien des enfants !) et qu'elle ne peut que nuire à ses enfants... L'enquêtrice du père conclut au transfert des enfants chez lui.

Le juge suit ses conclusions et statue sur le changement de résidence des enfants, la mère ayant la totalité des grandes vacances scolaires. Il lui impose par ailleurs une pension alimentaire de 900 euros. Lorsque Madame C. reçoit l'ordonnance, les enfants sont déjà partis pour les grandes vacances chez leur père (juillet et août) que le juge a volontairement maintenues en l'état. Il savait pourtant que les enfants ignoraient et n'étaient pas préparés à ce changement y compris scolaire et qu'ils n'allaient pas revoir leur mère avant de nombreux mois : Il est inutile de poser la question du bien ou mal-être de ces enfants.

Cette obsession de l'égalité parentale au détriment de l'enfant pousse des pères suivis parfois par certains juges à ordonner des résidences alternées par périodes d'un an avec changement d'école annuel pour des enfants encore très jeunes.

Exemple

Ainsi Madame F. divorcée a dû s'éloigner du domicile paternel car elle a refait sa vie et suit bien évidemment son nouveau compagnon qui a été muté. Le père de leur enfant de cinq ans exige une résidence alternée annuelle qui a été accordée par le juge. Ainsi cet enfant part pour un an chez son père à la rentrée scolaire puis reviendra passer un an chez sa mère en changeant d'école et ainsi de suite. Le père travaille dans le milieu du spectacle et part en tournée régulièrement pour des périodes de trois ou quatre mois. Ce sont donc les grands-parents paternels, âgés, qui garderont cet enfant durant les absences de leur père, alors que la mère dans ce cas précis ne travaille pas. Le parent qui n'a pas la garde durant l'année verra son enfant pendant les vacances scolaires.

Résidences alternées consensuelles

La grande majorité des cas qui nous sont soumis font suite à une décision judiciaire imposée alors qu'il y a un conflit parental. Mais de nombreux parents séparés amicalement, organisent eux-mêmes l'alternance de résidence de leur enfant et en modifient le rythme, toujours à l'amiable, si ce dernier ne convient pas à l'enfant. Certains cependant nous sollicitent pour avis.

Se présentent, alors, deux cas de figure :

- les pères et mères nous appellent ensemble pour être conseillés au mieux ;
- les mères nous appellent seules, car les pères refusent tout changement, affirmant et parfois en toute bonne foi, que l'enfant va bien. Ce sont aussi parfois des pères qui prennent l'initiative.

Des souffrances en dehors de tout conflit

Voici quelques exemples des appels à l'aide que nous recevons.

Témoignage

« Mon mari et moi sommes séparés depuis que notre petit bout avait deux ans et des poussières. Nous avons établi une résidence alternée comme suit : lundi et mardi chez papa, du mercredi au vendredi chez maman, week-end chez papa, lundi mardi chez maman, mercredi à vendredi chez papa, week-end chez maman. Dans la journée ce sont les parents de son papa qui le gardent et il va à la crèche une ou deux matinées par semaine.

Notre fils va avoir trois ans. Ce qui m'inquiète aujourd'hui c'est qu'il se réveille au moins une fois par nuit (pour avoir tétine, boire, et même dormir avec moi). Apparemment cela arrive très peu chez son papa. Il demande souvent à me téléphoner le soir avant de se coucher. Il s'alimente assez peu, est très constipé et a de l'eczéma. Souvent il me tape ce qu'il ne fait pas avec son père. Quand il est à la maison, il me suit partout et refuse de jouer seul. Je m'interroge sur le rythme d'alternance. Faut-il le modifier et comment ?

Son papa et moi nous entendons très bien et notre fils n'est pas un sujet de discorde.

Nous voulons que tout soit fait pour le mieux, pour lui.

Merci de vos conseils ».

Une très bonne entente parentale, de judicieux conseils permettront de modifier le rythme qui ne convient pas à l'enfant tout en sachant qu'il faudra agir avec tact, sans idée préconçue et se laisser guider par les réactions de l'enfant lui-même.

Témoignage

« Après notre séparation, nous avons opté, mon mari et moi, pour une résidence alternée d'une semaine/une semaine pour notre fils âgé de vingt-quatre mois. Nous étions convaincus que c'était ce qu'il y avait de mieux pour lui.

Mais depuis le début, S. se réveille la nuit deux à trois fois : il est assis dans son lit, il hurle, il panique, il a du mal à respirer et j'ai beaucoup de difficulté à le calmer. Il se rendort et se réveille quelques heures plus tard. Ces troubles du sommeil persistent encore aujourd'hui de la même façon et avec la même intensité. Il lui arrive aussi de vomir la nuit. Son père me dit que tout se passe bien chez lui.

Quand S. revient de chez son papa il reste plusieurs heures figé, les yeux dans le vide, sans parler, sans répondre à ce que je lui dis. On dirait un visage de mort et c'est effrayant.

Maintenant il devient de plus en plus agressif avec moi, il me frappe avec la main et fait colère sur colère, mais il ne supporte pas que je sorte de son champ de vision. Il ne veut même plus aller chez sa nourrice. Enfin, depuis quelque temps il ne m'appelle plus maman mais papa, tati, mamie. Il ne m'appelle maman que lorsqu'il a besoin de moi. J'ai vraiment très peur maintenant.

Son père doute de ce que je lui dis, puisque tout va bien chez lui. Peut-il vous appeler ? »

On mesure combien il est important d'informer les pères sur les symptômes que peuvent présenter les enfants qui ne supportent pas le rythme d'alternance auquel ils sont soumis. Ces symptômes se manifestent surtout au domicile maternel même si l'enfant semble aller bien chez son père.

Témoignage

« Divorcés à l'amiable avec un avocat commun qui nous y avait incités, alors que ma fille avait trois ans à l'époque, nous avions instauré une résidence alternée.

Mais combien je le regrette aujourd'hui.

Pendant longtemps, les premières années de RA, elle revenait très agressive avec moi, insolente. Elle avait de gros problèmes de sommeil et d'endormissement.

Ma fille a aujourd'hui 9 ans : elle est hyper-anxieuse, hyper-émotive, elle a des périodes de tics ainsi que des migraines sévères. Elle passe encore, régulièrement, des nuits difficiles avec cauchemars. Et plein de signes qui me font penser à une grande détresse.

Son père n'a rien voulu savoir mais a quand même accepté que je la fasse suivre par un psychologue.

Voilà c'est un témoignage que je vous apporte et puis cela me fait du bien d'en parler. »

Ce témoignage est significatif tant il démontre les conséquences possibles à long terme des ruptures du lien mère-enfant dans le jeune âge. Combien d'enfants concernés aujourd'hui s'en sortiront mieux que cette fillette ? La question reste posée.

Témoignage

« Nous avions convenu, le père de ma fille (2 ans et demi) et moi, d'une garde alternée.

Mais j'ai eu tort. Ma petite fille va mal. Son père l'adore mais ne respecte pas ses besoins les plus élémentaires. Elle n'a pas de lit ni de chambre pour elle. Son père la fait dormir avec lui.

Elle est gavée de bonbons et de Mac-Do. Il tente de lui faire faire la sieste devant la télé, sans résultat bien sûr ou alors elle s'endort à 17 ou 18 heures. Ma fille vit chez son père dans des conditions d'hygiène épouvantables. Je la récupère chaque semaine, ni propre ni coiffée, les ongles noirs. Mais surtout, lorsque je la visite chez son père, elle est triste, triste... elle est perdue. Et à la rentrée elle va aller dans deux écoles différentes, car nous habitons à 40 km l'un de l'autre. Je veux faire marche arrière, mais mon avocate me dit que le problème c'est que j'étais d'accord pour mettre en place cette résidence alternée.

Je n'en peux plus de voir ma fille en si grande souffrance, et son père ne veut rien savoir. Il m'insulte même maintenant.

Aidez-moi, s'il vous plaît. Aidez-nous ».

Le père refuse « d'entendre » la souffrance de l'enfant rapportée par la mère, il croit à un subterfuge maternel et cette situation engendre un conflit parental. C'est par ailleurs un cas parmi quelques autres où un enfant est scolarisé dans deux écoles différentes. Et il est vrai qu'il est dans la pratique, souvent difficile de faire marche arrière lorsqu'une résidence alternée a été mise en place par une convention parentale.

> ***Témoignage***
>
> « Je vous rappelle comme convenu. La maman de mon fils est ici et entend ce que vous dites.
>
> Je vous rappelle la situation. Nous nous sommes séparés, notre fils avait un peu plus de trois ans et demi et nous avons décidé une garde alternée d'une semaine chacun. Mon fils ne semble pas le supporter. Il a beaucoup de troubles chez sa maman et il ne cesse de me demander quand il verra maman lorsque c'est mon tour de l'avoir, surtout le soir quand c'est l'heure de le mettre au lit. J'adore mon fils mais je ne veux pas lui nuire.
>
> Que nous conseillez vous ? »

Ce père que nous avons suivi a accepté de modifier le rythme d'alternance, acceptant l'idée que la présence physique de sa maman était importante pour son petit garçon. Aujourd'hui tout se passe bien et les relations père-enfant n'ont cessé de se renforcer.

Ces cinq histoires montrent des troubles de l'attachement caractéristiques qui sont apparus très vite après l'installation en pleine entente des alternances par les parents. Dans ces cas-ci, la perception et le vécu de ces enfants installés dans une situation de résidence alternée sont les véritables causes des troubles observés, et non dus à un conflit entre père et mère. Ceci doit être souligné et démontre que l'absence de conflit parental n'empêche pas la survenue de troubles chez l'enfant.

Nous avons observé plusieurs cas de ces souffrances de l'enfant dans des résidences alternées consensuelles.

La distinction de deux formes différentes de résidences alternées (consensuelle et imposée) est faite par plusieurs auteurs (Seidenman, 1997 ; Lye, 1999...). Même si l'organisation de l'alternance par les parents avec le souci commun du bien-être de l'enfant apparaît a priori comme un élément favorable, les études publiées sur ce sujet montrent en fait que les échecs de la garde alternée demeurent fréquents lorsque l'alternance résulte d'un consensus parental (Steinman, 1981 : présence de troubles dans 25 % des cas ; Furstenberg, 1991 ; Zorza, 1995...). Leurs travaux confirment les observations faites par « L'Enfant d'abord » telles que nous les avons rapportées ci-dessus.

Rôle du juge lors des résidences alternées consensuelles

Le rôle du juge lors des résidences alternées consensuelles est ainsi défini : en fonction de son appréciation personnelle, il « homologue la convention si elle préserve l'intérêt des enfants ». Cette condition amène trois remarques :

1. La jurisprudence prouve que les juges, pour de multiples raisons, entérinent le plus souvent la convention, l'intérêt de l'enfant étant supposé essentiellement pris en compte par les parents. Selon Mme Claire Hocquet, c'est le cas dans la région parisienne où, dit-elle, *« je ne pense pas que des parents qui sont d'accord pour mettre en place une résidence partagée ou alternée soient encore confrontés à un refus du juge qui déciderait que ce n'est pas conforme à l'intérêt de l'enfant »* (Ass. nat., rapport n° 3111, 6 juin 2001).
Or les parents, même de bonne foi, peuvent, avec la meilleure bonne volonté du monde, précipiter leur enfant dans une situation terriblement déséquilibrante. Ainsi ce jeune garçon de dix ans dont l'histoire nous a été rapportée : ses parents avaient spontanément organisé une résidence alternée annuelle entre leurs deux domiciles distants de sept cents kilomètres. Cet enfant, excellent élève de primaire, allait peu à peu se fermer à l'école, exprimer sa révolte. En classe, il gesticulait sans cesse, tombait de sa chaise, son écriture était devenue illisible, il agressait constamment ses camarades et ses professeurs. Ses résultats devenaient ceux d'un enfant déficient intellectuel. Au nom de grands principes, ces parents « modernes » avaient traumatisé leur enfant, détruit sa joie de vivre, compromis son développement psychoaffectif et ses chances de réussite scolaire.

2. D'autres parents arrivent au même résultat mais avec une approche essentiellement égoïste du problème. La convention leur sert alors à masquer un « conflit de désintérêt ». Dans ce cas leur motivation est de se libérer des contraintes parentales afin de vivre en toute liberté ce qu'ils considèrent comme une vie de célibataire retrouvée ou pour privilégier leur promotion sociale. Les cas ne sont pas si rares. Certains parlementaires en ont même fait un argument massue pour promouvoir la résidence alternée. Et certains magazines féminins comme *ELLE* (20 février 2006, p. 146) donnent en exemple une mère qui déclare que, grâce à la résidence alternée, « une semaine sur deux, j'ai découvert les délices de la vie en solo : pas de courses à faire, pas de dîner à préparer, pas de maison à ranger... J'ai des aventures sans lendemain, cela me fait du bien ».

3. Certains juges enfin, considérant que l'intérêt de l'enfant passe par la résidence alternée, refusent une convention – ou tentent de la repousser — si elle prévoit la résidence chez l'un des parents. Un tribunal de

Normandie a ainsi tenté d'ordonner une résidence alternée à des enfants de quatorze et seize ans, sans les avoir consultés et en contradiction avec la convention « familiale ». Les parents habitent à plusieurs centaines de kilomètres l'un de l'autre. Le bloc familial, uni en la circonstance, a finalement convaincu le juge d'accorder la résidence des enfants à la mère. Ils n'ont donc pas eu à changer d'école.

Les pères qui demandent conseil

De nombreux pères qui ont des difficultés pour accéder à leur enfant, nous demandent conseil sur les démarches à suivre et n'hésitent pas à faire appel à nous. Certains sont inquiets car la mère de leur enfant présente une pathologie : alcoolisme, schizophrénie ou négligence grave vis-à-vis de l'enfant. Ils ont souvent des difficultés pour en apporter la preuve à la justice.

Certains nous contactent parce que leur fils de dix ou onze ans a envie d'aller vivre chez eux et leur mère s'y refuse. D'autres encore ont des problèmes d'ordre financier. La séparation paupérise les membres d'un couple. Lorsqu'un père a une pension alimentaire à payer et que les trajets pour aller chercher ses enfants sont à sa charge, il peut avoir de grandes difficultés à trouver un logement suffisant pour les recevoir. Dans des villes comme Paris, par exemple, c'est un réel problème pour certains pères qui n'ont plus les moyens de recevoir correctement leurs enfants.

Cependant, la grande majorité des pères qui font appel à nous, et qui ont, eux, un grand sens des responsabilités, veulent des conseils sur le meilleur rythme de garde.

Il y a pourtant chez nombre d'entre eux une grande anxiété quant à l'inconnue que représente l'après-séparation dans le lien qu'ils vont avoir avec leur enfant. Ils ont besoin d'être rassurés et avouent souvent aussi leurs difficultés de faire la part des choses entre leurs sentiments, voire leur ressentiment, pour leur conjointe et l'intérêt de leur enfant. Une question revient fréquemment lorsqu'il s'agit de jeunes enfants : pourquoi mon fils, ma fille aime-t-il mieux sa mère que moi ?

Il nous faut alors leur expliquer qu'un enfant, dans les situations normales, n'aime pas mieux ou davantage sa mère que son père, mais qu'un petit a besoin de la présence physique de sa mère et ce d'autant plus que le père n'a pas été très impliqué dans les soins précoces. Leur expliquer aussi longuement que « l'attachement » d'un petit à sa mère ne fait pas de celle-ci un meilleur parent que le père. Et nous leur répétons que la quantité de temps passé avec leur enfant a moins d'importance que la qualité de temps qu'ils vont lui consacrer.

5

Certificats médicaux, enquêtes sociales et expertises psychologiques

LA SITUATION DES MÉDECINS

Il s'agit d'un réel problème. Un problème épineux. Tout d'abord parce qu'il n'est pas toujours facile d'établir un diagnostic de perturbation psychique chez l'enfant. D'autre part, parce que dans le cadre de l'autorité parentale partagée, aucun parent ne peut, en principe, faire suivre un enfant par un psychologue ou un pédopsychiatre sans l'autorisation de l'autre parent. Lorsqu'un enfant ne va pas bien, le premier réflexe des mères est de consulter son pédiatre ou son médecin généraliste. Certains médecins qui connaissent bien l'enfant pour le suivre depuis longtemps et qui constatent des problèmes, en attestent par un certificat médical. Ils peuvent être alors sanctionnés par le conseil de l'Ordre, sur plainte des pères, pour avoir omis de les prévenir. Mais nombre de pères, avertis et invités oralement ou par lettre recommandée avec accusé de réception, à rencontrer le pédopsychiatre qui a examiné l'enfant, refusent de s'y rendre. D'autres s'y rendent mais refusent de prendre en compte les observations du médecin qui concernent les symptômes de l'enfant. Un problème éthique sérieux se pose alors au médecin :

- établir un certificat que la mère pourra présenter en justice, qui atteste la souffrance de l'enfant et prendre le risque d'une sanction du conseil de l'Ordre si le père porte plainte ;

• s'en abstenir mais se faire complice de maltraitance.

Des médecins refusent aujourd'hui d'établir le moindre certificat médical, alors que des juges demandent aux mères de faire la preuve que l'enfant va mal. Pourtant la loi donne obligation aux médecins de signaler toute souffrance d'enfant, ce que rappelle la circulaire Perben du 7 juillet 2004[1]. Dans le cadre de l'amélioration de la protection de l'enfance, le gouvernement a présenté ce document réalisé en collaboration avec l'Ordre des médecins et les associations de protection de l'enfance. Il rappelle que l'article 44 du Code de déontologie impose au médecin de signaler les sévices à enfants dont il a connaissance. Le problème est que le législateur en introduisant la notion de « sévices » semble exclure du devoir de signalement les causes plus banales et juridiquement légales de la pathologie d'un enfant. En effet, l'article 226-14 du Code pénal délie le médecin du secret professionnel et autorise le signalement des sévices dès lors qu'il n'en dénonce pas l'auteur. Il reste encore bien du chemin avant que tout médecin informe les institutions concernées de la souffrance d'un enfant subissant des conditions de vie jugées normales, voire préconisées par la justice. Ce signalement type devrait pourtant, dans tous les cas de souffrance avérée, permettre au médecin de respecter son obligation de signalement, tout en restant dans le cadre légal qui lui est imposé.

Paradoxalement, lorsque des médecins en établissent un, certains juges n'en tiennent pas compte car le certificat médical ne leur semble pas probant, même s'il est complété par des signalements émanant d'autres institutions comme les services scolaires.

Un exemple parmi d'autres

Madame P. passe une grossesse seule, son compagnon l'ayant délaissée car il ne souhaitait pas l'enfant. Il part à l'étranger et ne demande aucune nouvelle. Il revient un mois avant l'accouchement. Il n'a plus d'argent, pas de logement et demande à être hébergé par la jeune femme. Celle-ci se laisse abuser, voulant croire encore à la construction d'une famille. Lorsque le bébé a quatre mois le père disparaît à nouveau et revient trois mois plus tard.

La maman saisit le juge aux affaires familiales pour que les modalités de garde soient clairement établies. Alors que le juge savait que le bébé ne connaissait pas son père, il lui octroie d'emblée un week-end sur deux, ajoute le mardi jusqu'au mercredi (l'enfant est pris et ramené chez la nourrice), et la moitié des vacances scolaires.

Le père qui faisait de gros travaux dans un appartement nouvellement acquis, ne prend pas l'enfant et ne le voit qu'épisodiquement au domicile maternel jusqu'à ses douze mois. Les travaux sont finis lorsque huit jours de vacances scolaires arrivent. Le père prend l'enfant.

1. Et la fiche qui l'accompagne : il s'agit d'un signalement type à l'usage des médecins.

Lorsque la maman lui téléphone, il reconnaît que cela est difficile pour l'enfant, qu'il réclame sa mère, disant « maman » sans cesse, que son sommeil est perturbé, etc.

Le retour de l'enfant au domicile maternel est catastrophique. Il pleure, il se roule par terre dès que sa mère s'éloigne, il la tape, refuse d'aller dans sa poussette, dort jusqu'à seize heures d'affilée... « un bébé perdu », décrit sa mère.

Elle demande au père de l'enfant de l'accompagner chez le pédopsychiatre qu'elle a consulté avec son fils. Il refuse en disant : « C'est sûr que si c'est pour entendre qu'il faut que je le prenne moins ça ne m'intéresse pas. »

Les vacances d'été s'approchant, Madame P. saisit le juge, munie d'attestations décrivant l'état de l'enfant à ses retours et un certificat médical du pédopsychiatre qui a examiné l'enfant à plusieurs reprises. Ce certificat précise : « *J'ai vu en consultation à plusieurs reprises l'enfant... né le... âgé de treize mois... Une première fois le... avant la séparation d'avec sa mère prévue pour la fin du mois.*

J'ai constaté à cette date chez l'enfant une bonne relation avec sa mère, accordage tonique et affectif de qualité (Stern). Il recherche les bras de sa mère, s'y laisse aller avec un bon ajustement tonique et postural, a avec elle des interactions animées, adaptées, avec un plaisir réciproque et des échanges verbaux riches et joyeux...

Sa mère représente pour l'enfant une base de sécurité. Ce n'est que bien calé dans ses bras qu'il peut vraiment explorer la relation avec l'autre...

Je revois l'enfant le..., quelques jours après le séjour d'une semaine chez son père.

Ce que je constate durant cette consultation :

L'enfant est sérieux, peu communicatif, demande beaucoup les bras de sa mère où il se replie...

En conclusion : sur ces deux mois d'observation, il apparaît que sur un fond de bon développement général l'enfant âgé de quinze mois maintenant a gardé de la séparation prolongée d'avec sa mère une grande sensibilité à la séparation avec elle. Son développement psychomoteur actuel n'en semble pas entravé. Néanmoins, on sait que ces angoisses précoces de séparation peuvent faire le lit de pathologies importantes à l'âge adulte et il serait prudent, au nom du principe de précaution, de ne pas faire subir à cet enfant des épreuves de séparation qui déborderaient ses capacités d'élaboration, créant une fragilité dans sa construction psychique. Il est donc important de ne pas aller trop vite dans l'alternance de la garde et de suivre l'enfant dans ce qu'il nous indique de sa tolérance.

Une séparation d'un mois durant les vacances d'été qui correspondent à la disponibilité sociale des adultes et non pas au rythme de la maturation psychique de l'enfant serait sans doute beaucoup trop longue pour qu'il la vive sans souffrance, sans risque de perte de tous ses repères, sans risque de la constitution d'un syndrome dépressif, ou de la fragilisation dommageable de son lien d'attachement avec sa mère... »

Et voici l'argumentaire du juge aux affaires familiales dans l'ordonnance rendue :

« *[...] Mme P. indique que cette séparation d'une semaine a été très perturbante pour son fils qui a mal vécu sa séparation d'avec sa mère.*

> *Elle se fonde sur une consultation pédopsychiatrique pour demander le réaménagement du droit de visite et d'hébergement du père.*
>
> *Présent à l'audience M. souligne que Mme P. malgré ses déclarations d'intention entend être l'unique parent de son fils...*
>
> *Il convient de relever que les analyses du Dr S. ont été établies sur la seule foi des seules déclarations de Mme P. et sur ce qu'elle a dit avoir constaté du comportement de l'enfant au retour de chez son père.*
>
> *En conséquence, ces analyses sont partielles et peu probantes...*
>
> *Mme P. exagère un comportement normal de son fils qui, comme tout être humain, a besoin d'un temps d'adaptation face à un nouvel environnement et à un père qu'il eut peu l'occasion de connaître jusque-là.*
>
> *Persister dans un tel comportement de dramatisation excessive ne manquera pas d'obérer à terme les relations de l'enfant avec son père et de mettre en péril son développement futur.*
>
> *[...]*
>
> *Disons que le père recevra l'enfant à son domicile :*
>
> - *la première, troisième, cinquième fin de semaine du vendredi soir chez la nourrice, à la crèche ou à la sortie de l'école jusqu'au dimanche 19 heures ;*
> - *les deuxièmes et quatrièmes jeudis soirs 18 heures au vendredi matin chez la nourrice ou à l'école.*
> - *moitié des vacances scolaires*
>
> *[...] Condamnons Mme P. aux entiers dépens de l'instance. »*

On constate une fois de plus, combien l'éternel cliché de la mère qui veut « exclure le père » ou « garder l'enfant pour elle » est d'une efficacité redoutable, quels que soient les symptômes ou danger auxquels est soumis l'enfant et qui ont été parfaitement observés et explicités par la pédopsychiatre.

Rappelons que le père avait refusé de se rendre à la consultation.

Enquêtes sociales et expertises psychologiques

Rappelons ce que dit la loi :

> « Avant de se prononcer définitivement, le juge peut éventuellement ordonner des expertises, des enquêtes et une contre-enquête. »

La Délégation des droits des femmes avait proposé qu'avant toute décision définitive le juge puisse ordonner une enquête sociale, dont le but serait d'« évaluer les conséquences sur le développement de l'enfant du mode de garde retenu à titre provisoire ».

Il faut savoir que dans ces cas « provisoires » l'enfant a eu à subir pendant une durée certaine les éventuelles contre-indications (voire les sévices) que les expertises et les enquêtes pourraient ultérieurement révéler, d'autant plus que seuls des spécialistes sont à même de mesurer les conséquences psychiques subies par l'enfant. Est-ce la meilleure solution ?

Si les enquêtes sociales ou expertises psychologiques sont parfois ordonnées par un juge aux affaires familiales pour éclairer sa décision, nous pouvons constater combien certaines sont partiales ou tendancieuses, quelques fois faites par des personnes inaptes à juger de la santé mentale d'un enfant ou à appréhender ce que cache chaque situation particulière. Enfin, il n'est pas toujours facile de diagnostiquer chez l'enfant, en fonction de son âge et de son tempérament, les problèmes posés par le mode d'hébergement, sauf à le voir de nombreuses fois et dans des circonstances différentes.

Il arrive, à cause du déficit de praticiens, qu'un pédopsychiatre expertise un parent puis son enfant en vingt minutes. Ses conclusions sont alors très honnêtement floues et ambiguës. Mais pour peu qu'elles ne tranchent pas suffisamment, qu'elles concluent à une incertitude, à des hypothèses, certains juges les interprètent comme une caution pour prononcer la résidence alternée.

Plusieurs de ces enquêteurs ou de ces experts se contentent de recueillir les dires, voire les accusations, parfois graves de chacun des parents vis-à-vis de l'autre sans vouloir ou pouvoir en vérifier la véracité. Puis ils voient l'enfant quelques instants en présence de chacun des parents. Mais surtout, ils n'accordent guère de crédit à ce que décrivent les mères des troubles que présentent leurs enfants.

Un autre paramètre, pourtant très important, n'est jamais pris en compte lors de ces enquêtes ou expertises, l'état émotionnel des mères. En effet, alors que les pères se présentent le plus souvent calmes et maîtres d'eux-mêmes, les mères sont fragilisées, déstabilisées par les symptômes que manifeste leur enfant, le jour, la nuit, durant des mois, qui les angoissent et les bouleversent. Elles en veulent souvent au père des enfants de ne pas ouvrir les yeux ou de s'entêter et mettent un espoir fou dans ces enquêtes tout en les redoutant : sans doute ont-elles l'impression de passer un examen capital pour le devenir de leur enfant. Cœur et esprit se télescopent, inhibant les unes, rendant trop prolixes les autres. Peu trouvent la juste mesure.

Exemple

Madame T. a vécu maritalement pendant huit ans avec son compagnon. Ce dernier l'a obligée à avorter par deux fois, ne se sentant pas prêt à être père.

La troisième fois elle refuse et naît le petit S.

Le père de cet enfant ne supporte pas ses pleurs. Il ne supporte pas davantage l'allaitement au sein qu'il ressent comme un barrage entre lui et sa compagne. Le couple se dégrade et se sépare.

Une première ordonnance (l'enfant a 10 mois) ordonne un mode d'hébergement progressif :

- résidence chez la mère ;

- tous les samedis et mercredis de 9 heures à 19 heures chez le père durant deux mois puis un week-end sur deux du samedi 18 heures au dimanche 18 heures.

Le père fait appel de cette décision et, alors que l'enfant n'a que seize mois, le juge ordonne une résidence alternée d'une semaine/une semaine chez chacun des parents.

L'enfant commence à présenter de graves crises d'asthme qui nécessitent plusieurs hospitalisations. Ses nuits sont agitées, il se réveille fréquemment en criant et en réclamant sa mère. Les départs pour aller chez son père provoquent des cris et des pleurs intenses.

Sa courbe de poids fluctue de façon importante : il perd du poids chez son père, en reprend chez sa mère. Le carnet de santé indique :

- 28 février : 15 kg ;
- 7 mars : 13 kg ;
- 14 mars : 14,9 kg, etc.

Une psychologue qui suit l'enfant à l'hôpital où il a été hospitalisé pour une crise d'asthme sévère établit un certificat : «... *J'ai pu constater une situation parentale conflictuelle nuisant au bien-être de cet enfant.*

Il semble que les crises d'asthme et les troubles du sommeil sont apparus depuis la mise en place de la résidence alternée. Ces troubles sont connus pour être révélateurs d'anxiété chez les enfants.

On note une stagnation de la courbe de poids pendant plusieurs mois ce qui est peut-être aussi significatif d'une perturbation.

[...] Par ailleurs, la qualité des relations précoces mère-enfant permettant l'attachement est primordiale pour le bon fonctionnement psychologique futur de l'enfant.

Pour que cet attachement à la mère se fasse, le lien mère-enfant doit être continu. Les séparations à répétition sont donc délétères et peuvent être à l'origine de troubles psychologiques ultérieurs.

Cet enfant est gardé par trois personnes différentes, ce qui ne favorise pas un lien d'attachement stable et sécure.

De plus il n'y a pas de concordance éducative entre les deux parents, ce qui peut être source de confusion chez lui. »

Devant tous les symptômes que présente son enfant la mère saisit à nouveau le juge. Celui-ci ordonne une enquête sociale. Après avoir recueilli les dires de chaque parent, l'enquêtrice affirme qu'il n'y a aucune perturbation chez l'enfant. Certes, note-elle, « *il a des gestes agressifs avec chacun de ses parents (nous les accaparons) ce qui n'existe pas à la crèche où il évite les conflits avec les autres enfants. La seule difficulté relevée chez lui se situerait au moment de la séparation. Cette difficulté irait en grandissant. Il manifesterait une anxiété au moment de quitter sa mère (pleurs, cris) qui, selon le père, s'apaiserait relativement rapidement. Si tout est fait (par le père) pour apaiser cette anxiété et l'aider à la gérer, il ne semble pas en aller de même du côté maternel. Cette angoisse semble être une réponse à l'angoisse maternelle. Madame T. a même l'impression que son fils lui en veut de le laisser... On constate chez elle une grande inquiétude centrée sur la santé de son fils, l'essentiel de son discours a pour objet le fait que l'enfant serait toujours malade et perdrait du poids à chacun des séjours chez son père... Le développement de l'enfant se poursuit de façon harmonieuse. On ne constate pas de perturbation tant sur le plan intellectuel, moteur ou affectif...* ». Et elle conclut : « *[...] La résidence alternée permet une stabilité dans la continuité des relations que l'enfant entretient avec ses deux parents. De plus, de par sa présence en continu sur plusieurs jours, le père délie la relation fusionnelle mère-enfant, qui, si elle perdurait serait préjudiciable à la construction du moi autonome de l'enfant.* »

L'enfant n'a alors que deux ans... ! Les crises d'asthme, les pertes de poids indiquées par le pédiatre n'inquiètent pas l'enquêtrice.

Quelques mois plus tard et devant l'état de son fils, cette jeune mère l'emmène en consultation chez une pédopsychiatre connue et réputée pour son sérieux et ses compétences en santé mentale infantile. Voici le certificat qu'elle rédige après plusieurs visites de l'enfant : « *J'ai vu S. en consultation à plusieurs reprises, soit le lendemain du retour de chez son père puis quatre jours après son retour chez sa mère.*

Au lendemain du retour de chez son père :

- *Sur le plan somatique : S. est fébrile, a le visage fatigué, les traits tirés, le teint pâle, les yeux boursouflés et cernés, le nez qui coule.*
- *Sur le plan psychique : il se montre désorganisé, refuse mes propositions de jeu, jette les jouets. Il peut être calmé par sa mère. Il accepte de dessiner et fait des formes circulaires qu'il dénomme « escargots ».*
- *Consultation du... Après quatre jours passés chez la mère :*
- *Sur le plan somatique : l'enfant est rétabli, a le teint clair, le visage et les yeux reposés et son nez ne coule plus.*
- *Sur le plan psychique : il se montre souriant, vif, intéressé, stable dans ses activités qu'il peut mener de manière continue en accord avec son âge, capable de jeux symboliques : il attache les wagons d'un petit train qu'il joue à faire rouler en émettant des sons adaptés, puis va regarder le jeu de dînette qu'il commence à manipuler tandis que sa mère et moi parlons. Madame T. annonce alors à son fils qu'il va aller chez son papa le lendemain. L'enfant devient subitement violent, jette tous ses jouets en l'air, tire la langue, crache, s'agite. Sa maman réussit à le calmer par la parole et en le prenant dans ses bras. Il pourra se remettre au dessin, qui sera cette fois également marqué par la violence car il va d'abord empoigner le feutre dont il va donner des coups au papier avant d'accepter de tracer des traits.*

Il est clair que l'évocation du séjour chez le père a provoqué une rupture et une désorganisation du cours de la pensée et un état émotionnel de refus et d'agressivité violents comme on peut en voir dans des états de traumatisme psychique.

En conclusion : ce qu'il m'a été donné de constater dans le cours de mes consultations va donc dans le sens des affirmations de Mme T. mère de l'enfant, à savoir que le fait de la séparation d'avec sa mère crée chez S. un état de perturbation psychique ».

Mais rien n'y fait : le juge occulte les certificats médicaux et suit les conclusions de l'enquêtrice : il maintient la résidence alternée une semaine/une semaine.

Au printemps qui précède les trois ans de l'enfant, Mme T. prévient le père par lettre recommandée que l'enfant est inscrit à telle école. Le père n'en tient pas compte, et inscrit son fils dans une deuxième école proche de son domicile.

Ainsi durant un an, cet enfant, si petit, fréquente deux écoles, a deux pédiatres, deux lieux de vie sans communication de l'un avec l'autre. Et cet exemple est, hélas, loin d'être unique.

Devant l'attitude irréductible du père et pour protéger son fils, Mme T. a décidé de déménager pour se rapprocher du domicile paternel afin de le scolariser dans une seule école. Cette démarche l'éloignait pourtant de son lieu de travail. Et pour rétablir un lien sécurisé avec l'enfant, pour l'apaiser, le rassurer en étant complètement disponible pour lui, elle a décidé de ne travailler qu'une semaine sur deux, avec toutes les contraintes financières et d'organisation qu'impose un tel aménagement.

L'exemple ci-dessus démontre que deux certificats médicaux pourtant bien argumentés n'ont pas été pris en compte par le juge, mais aussi que l'enquêtrice n'avait pas une compétence qui lui permettait de remplir sa mission de façon responsable.

Autre exemple qui concerne pourtant une résidence alternée organisée dans un premier temps par les parents eux mêmes.

Exemple

« Bonjour Madame,

Je n'en peux plus. J'ai deux enfants C., dix-neuf mois et K., cinq ans dans dix jours.

Depuis un an nous avons organisé une résidence alternée au rythme de trois jours/quatre jours une semaine puis l'inverse la semaine suivante.

Depuis plusieurs mois mon fils K. se plaint et dit que c'est trop lourd pour lui, il veut rester avec moi et voir son père différemment. Le petit ne va pas bien non plus.

Pour être sûre de son choix, je lui fais rencontrer sa pédiatre seul. Très rapidement elle me certifie que c'est son choix, un désir profond. Elle affirme que mon fils est en grande souffrance, qu'il faut réagir vite et le faire suivre régulièrement. (Vous pouvez la contacter : Dr S..., pédiatre à..., qui exerce aussi à l'hôpital.)

D'autant que le père ne respecte pas le planning, ne participe ni à la cantine ni à la crèche, ne prévient pas l'école ou la crèche quand il n'y met pas les enfants (c'est une crèche familiale et la nounou attend). Il se présente contre moi aux élections de parents d'élèves alors que je suis déléguée depuis l'entrée de mon fils à l'école.

Mais le pire, ce sont ses insultes à mon égard et devant les enfants : « Maman ne trouvera jamais de mari, elle est trop chiante » ; « Qu'elle aille se faire tirer, elle nous fera moins ch... », etc.

Ce sont des propos qui ont été répétés par mon fils à sa pédiatre.

Bref, c'est devenu invivable pour nous trois.

J'ai donc demandé une révision de la garde : une catastrophe.

La JAF [juge aux affaires familiales] ordonne d'abord une enquête sociale.

Le rapport de l'enquêtrice contient des erreurs lamentables, des fautes inadmissibles (aux dires de mon avocat) et surtout des hérésies démenties formellement par l'éducatrice de la crèche avec une lettre du CCAS de ma commune à la JAF pour s'insurger des propos rapportés. La pédiatre de mes enfants fait une attestation de quatre pages, disant que tous ses propos avaient été détournés pour arranger la sauce du papa.

Bref, forte de plus de cent pièces qui attestent de ma bonne foi en ce qui concerne mes enfants et de la désimplication du père dans leur entretien, nous passons à nouveau devant le JAF. Mon avocate argumente avec documents et preuves à l'appui, pour rien. La seule chose que fait la JAF, c'est nous « engueuler » parce qu'on ne peut plus se voir en peinture. Elle sermonne Monsieur car il a trois chats et que les deux enfants y sont allergiques, elle me gronde avec virulence car je pointe du doigt toutes les choses qui ne vont pas chez Monsieur.

Pour finir elle nous annonce qu'elle a l'intention d'ordonner une résidence alternée d'une semaine/une semaine.

Rien n'y fait : la garde alternée est maintenue, sans autre précision que d'affirmer que je suis possessive et angoissée.

Mon fils K. est effondré. Il ne comprend pas pourquoi les grands ne l'écoutent pas. Jeudi soir, alors qu'il était chez son père, il lui a dit qu'il était très en colère parce qu'il ne l'écoutait pas. Son père lui a répondu : « C'est comme ça et c'est tout ».

Que dois-je faire ? Comment sortir de cette situation ? Mes enfants vont mal ».

Et en effet le dossier qu'elle nous fait parvenir confirme tous ses dires.

Exemple

Un an après s'être rencontrés, Mme H. et son ami M. N. décident de vivre ensemble et restaurent une petite maison située dans le jardin de la propriété familiale de M. N.

À la suite du décès du père de M. N., la mère de celui-ci fait une dépression et le jeune couple est de plus en plus présent auprès d'elle. Neuf mois plus tard Mme H. accouche de son premier enfant. Devant reprendre son travail, elle cherche une assistante maternelle mais le père de l'enfant exige que ce soit sa propre mère qui le garde. Petit à petit, il institue que le bébé dorme chez sa grand-mère. La nuit, lorsqu'elle entend sa fille pleurer dans l'audio-baby, la jeune maman est obligée de traverser le jardin pour aller s'occuper d'elle. Cette situation finit par créer des tensions dans le couple.

M. N. travaille beaucoup, jusqu'à 16 heures par jour y compris le week-end (il dirige une usine).

Les relations entre la belle-fille et la belle-mère se dégradent. Cette dernière en effet s'approprie l'enfant, décidant, malgré l'avis de la mère, ce qui lui paraît bon pour elle. Par exemple, alors que l'enfant n'a que 9 mois, sa mère, malgré son opposition, la retrouve plusieurs fois attachée sur le pot par sa grand-mère afin de lui apprendre la propreté. Elle s'oppose à ce que sa petite-fille fasse l'expérience de la halte-garderie. La jeune mère retrouve parfois sa fille couchée pour sa sieste avec sa grand-mère et la chemise de nuit de cette dernière comme doudou, et la surprend par deux ou trois fois en train de se faire appeler « maman »...

M. N. lui-même affirme à ses amis que sa fille est l'anti-dépresseur de sa propre mère.

Quelques mois plus tard Mme H. est enceinte de son deuxième enfant. Alors que M. N. lui avait fait la promesse de déménager dans un appartement plus grand, il lui annonce qu'il ne quittera pas sa mère.

Quinze jours avant son accouchement et à la suite d'une énième dispute concernant le logement, M. N. et sa mère demandent à la jeune femme de quitter les lieux avec sa fille âgée de 22 mois. Il est 22 heures, elle ne peut partir. Le lendemain il lui demande de rester et lui fait de nouvelles promesses. Mais le temps passant, le second enfant étant né, rien ne bouge : le père refuse toujours de quitter sa mère.

Après de nouveaux épisodes fort douloureux, Mme H. décide de quitter le père de ses enfants et dans un premier temps n'a pas d'autre choix que d'aller vivre chez sa propre mère.

Le père lui fait alors des menaces : lui faire perdre son travail, ne pas lui rendre les enfants...

Trois mois plus tard un premier jugement ordonne une résidence alternée une semaine/une semaine à titre provisoire pour six mois et une enquête sociale : l'aînée a alors trois ans et la plus jeune 18 mois.

Les trois premières semaines d'alternance se passent à peu près bien. Mme H. a trouvé un logement et les enfants sont ravies. Puis elles commencent à manifester leur désarroi : pleurs intenses au moment de partir chez leur père, refus d'y aller, l'aînée se cache dans les toilettes, court dans la rue, refuse de parler au téléphone à son père, supplie sa mère de ne pas la laisser partir. Ces scènes se manifestent aussi à l'école le lundi matin et l'institutrice dit elle-même à la mère qu'il faudrait organiser différemment la garde car sa fille aînée est triste et absente les semaines où elle est chez son père.

La plus petite, enfant jadis calme, devient agitée, a des accès de colère violente. Les premiers jours de chaque retour de chez son père, elle ne veut plus s'endormir seule et se réveille plusieurs fois la nuit en appelant sa mère. Elle la tape ou au contraire elle ne peut disparaître de sa vue ne serait-ce que dans une pièce voisine, elle frappe tous ceux qui l'approchent.

Tout le comportement des deux enfants est modifié, et elles rentrent épuisées après la semaine chez leur père (qui avoue partir tous les week-ends avec elles, du vendredi 20 heures 30 au dimanche soir minuit). Elles mettent plusieurs jours à retrouver leurs repères.

Leur père ne veut rien savoir et sa seule réponse est : « Je n'ai jamais perdu un procès, je gagnerai celui-ci aussi. »

Ce n'est que neuf mois plus tard que le rapport d'enquête sociale est rendu, et il faut encore attendre un mois la date d'audience, alors que le jugement provisoire avait une durée de six mois.

L'enquêtrice, comme à l'habitude, se contente de rapporter les propos de chacun : Mme H. dit son inquiétude devant les symptômes de ses enfants. M. N. les minimise affirmant que le refus des enfants de venir avec leur père ne s'est produit que quelques fois en allant les chercher à l'école et, sans doute, « *il y a du bourrage de crâne du côté de la mère* », affirme-t-il...

Il ajoute : « *Mon ex-amie a une philosophie de vie totalement différente de moi. Elle, elle veut l'assurance, le train-train, des horaires fixes, la stabilité et moi je ne peux pas lui apporter ça. Je ne suis pas ce profil-là ! Je suis un entrepreneur, je me bats...* »

À propos des enfants : l'enquêtrice les a vues chacune avec chacun des parents. La plus jeune lui paraît colérique mais elle trouve cela normal.

L'aînée, quatre ans, et après un an de résidence alternée, dit qu'elle veut rester chez maman. Quand elle la revoit avec son père elle affirme « qu'elle veut rester une semaine chez papa une semaine chez maman. »

En conclusion elle note : « *Il apparaît que les enfants semblent entièrement pris dans le conflit qui oppose les deux parents, au point que l'aînée est capable de dire devant sa mère ce qu'elle a envie d'entendre, du moins ce qu'elle croit qu'elle souhaite entendre, et de dire devant le père ce qu'il veut entendre ou du moins ce qu'elle croit qu'il veut entendre.*

Raison pour laquelle madame H. se plaint que sa fille pleure et crie lorsqu'elle doit se rendre chez son père, alors qu'il est plus probable qu'elle pleure et crie dans le but de montrer à sa mère à quel point elle est une bonne fille qui n'aime pas son papa comme elle croit que sa maman le veut.

Il est probable, par conséquent, que les pleurs de l'enfant chaque fois qu'il doit partir chez son papa, proviennent d'un malentendu. Madame H. étant une jeune femme apparemment bien équilibrée qui ne poursuit pas le but de détourner ses enfants de leur père mais qui éprouve une réelle panique devant la propre panique de sa fille. Laquelle ne sachant plus qui aimer afin d'être aimée en retour est submergée par l'angoisse.

Il est vraisemblable également que « les terribles colères » dont fait preuve la plus jeune enfant, aux dires de sa mère, ne sont probablement elles aussi, que des manifestations de l'angoisse de l'enfant face à la situation de séparation de ses parents, face à son très jeune âge qui ne lui permet pas de poser toutes les questions auxquelles elle aimerait avoir des réponses, et face également au dilemme que connaissent nombre d'enfants de divorcés qui se demandent s'ils ont encore le droit d'aimer leurs deux parents... »

Et elle prône le maintien de la résidence alternée.

Ordonnance du juge aux affaires familiales :

«... *L'attitude adoptée par l'aînée et expliquée par l'enquêtrice ne saurait dans ces conditions constituer un obstacle au maintien de la résidence alternée alors que par ailleurs aucun autre trouble du comportement n'est démontré, la directrice de l'école confirmant pour sa part que l'enfant est aujourd'hui performante sur le plan scolaire. Madame H. prétend encore que l'efficacité de la résidence alternée suppose l'entente des parties, laquelle n'existerait pas en l'espèce. Elle ne peut se prévaloir de sa propre hostilité à la résidence alternée pour voir fixer la résidence chez elle et imposer ainsi à tous sa propre volonté... Le manque de stabilité allégué du père n'est enfin confirmé ni par l'enquête sociale* (ce qui est faux, puisqu'il dit lui-même à l'enquêtrice qu'il ne peut apporter la stabilité demandée par son ex compagne) *ni par pièces versées aux débats.* »

Et le juge maintient la résidence alternée, en imposant qui plus est, un partage par moitié des vacances scolaires dont un mois complet l'été pour chaque parent.

L'enquêtrice est psychologue mais ne connaît manifestement pas la notion d'« attachement ». Il y a dans ce dossier des témoignages de personnes qui ont assisté à l'intense détresse des enfants au moment du départ, y compris celui de l'institutrice, mais pour le juge, c'est implicitement la mère qui en est responsable, alors même que ces enfants sont encore tout petits.

Le père reconnaissait que c'est sa propre mère qui s'occupait de tout, ne cessait de répéter qu'il était lui-même un « fonceur » n'aimant pas la routine, les horaires fixes, la stabilité... L'enquêtrice et la juge n'ont pas réalisé que l'alternance de ces très jeunes enfants ne se faisait pas, de fait, entre la mère et le père, mais entre la mère et la grand-mère.

C'est du reste ce que nous pouvons constater dans la grande majorité des cas qui concernent les jeunes enfants.

Exemple

M. T. et Mme F. ont un début de vie commune très heureux : projet de maison, avoir un enfant...

Elle attend très vite un bébé. C'est à ce moment-là que son compagnon prend ses distances avec elle. Il rechigne à reconnaître l'enfant, et attend la veille de l'accouchement pour le faire. Leurs conditions de vie commune sont difficiles : ils manquent d'argent et ont un appartement trop petit.

À la naissance du bébé le père est peu présent, il part des week-ends entiers. Elle se sent abandonnée, fatiguée et déprimée, et se fait suivre par une psychologue.

Quelque temps plus tard il lui annonce qu'il ne veut plus vivre avec elle, et qu'elle doit partir. L'enfant a alors cinq mois. Dans un premier temps, elle se fait héberger avec son bébé par des amis et retourne ensuite chez ses parents, dans le nord-est. Elle n'a pas de travail et accepte un poste dans une grande ville mais éloignée, poste dont la souplesse du rythme lui permet tout de même de rester chez ses parents (n'ayant pas de revenus pour accéder à un logement sur le champ). Le père lui reproche de ne pas être restée à proximité et la menace de ne pas lui rendre le bébé. Elle hésite alors et a peur de le lui confier. Elle n'accepte plus qu'il l'emmène.

Alors que le bébé n'a pas huit mois, le père saisit le juge aux affaires familiales qui ordonne une enquête sociale et un droit de visite et d'hébergement d'une semaine par mois chez son père qui doit venir chercher son fils.

Les conséquences sont immédiates sur l'enfant : des crises de larmes inopinées, une grande agitation lorsqu'il retrouve sa mère, des réveils nocturnes plusieurs fois au cours de la même nuit, un état de prostration. Ces symptômes se calment au bout de plusieurs jours et recommencent à chaque retour du bébé.

Et au fil des mois l'enfant présente un attachement désorganisé à sa mère, fait alternativement d'attirance, de collage et de rejet violent, puis de détachement.

L'enquête sociale est faite quand l'enfant a dix-huit mois.

Là aussi l'enquêtrice note les affirmations de chacun, puis elle voit l'enfant en présence de chaque parent : « *[...] Il est vif et éveillé. Il ne présente pas de difficultés particulières si ce n'est que des deux côtés il est noté un moment difficile à chaque "passage".*

Les deux parents donnent beaucoup d'amour à leur fils. Mme F. est pour l'instant aidée par ses parents. L'inconnue de ses conditions de vie à venir laisse des interrogations.

Il ne m'apparaît aucune contre-indication à ce que l'enfant puisse résider de manière habituelle chez son père. Il pourra lui donner des conditions de vie permettant son épanouissement. Dans cette hypothèse le droit de visite et d'hébergement de la mère devra être le plus large possible et les trajets partagés. »

Voici la décision du JAF (l'enfant a deux ans) : « *Le garçonnet se présente comme un enfant très éveillé, mais qui connaît des troubles psychosomatiques. Sa mère a connu des conditions de vie instables et a généré par son éloignement géographique des difficultés pour laisser à M. T. sa place de père. Elle pourra utilement bénéficier d'un soutien psychologique notamment pour travailler la place de chacun des parents autour de l'enfant et de la relation mère-fils.*

Ces éléments justifieraient la fixation de la résidence de l'enfant au domicile de son père.

Mais le jeune âge de l'enfant nécessite des relations rapprochées avec sa mère. Il y a donc lieu d'organiser un système de résidence alternée en tenant compte des impératifs professionnels de Mme F. L'enfant ira donc :

- *les week-ends pairs chez le père, les week-ends impairs chez la mère du samedi 9 heures au dimanche 19 heures ;*
- *tous les lundis, mardis, mercredis chez le père ;*
- *tous les jeudis et vendredis chez la mère, le jeudi à partir de 9 heures jusqu'au vendredi 19 heures lorsque Mme F. n'a pas son fils le week-end qui suit.* »

Les relations mère-enfant qui, selon le juge lui-même, doivent être rapprochées, compte tenu du jeune âge de l'enfant, se résument à deux jours une semaine sur deux, quatre jours l'autre semaine. Il suit en cela les conclusions de l'enquête sociale. Cette mère, comme beaucoup d'autres, est implicitement soupçonnée de vouloir exclure le père.

Pourtant les enquêteurs ou les juges aux affaires familiales pourraient comprendre qu'une jeune femme qui est mise à la porte par son conjoint, ou qui fuit une vie insupportable n'a d'autre choix que de se réfugier dans sa famille qui n'est pas toujours proche géographiquement, ou chez des amis qui veulent bien l'accueillir. Et bien évidemment, ces jeunes mères emmènent leur enfant avec elle.

Dans ce cas précis, et devant le comportement pathologique de son enfant qui lui faisait payer ce qu'il ressentait comme un abandon, cette jeune mère elle aussi a pensé préférable pour l'équilibre de son enfant de « l'abandonner » à son père. Ici aussi, le père très pris par ses activités professionnelles confiait l'enfant à la garde de différentes personnes. C'est ainsi que la maman a croisé son fils tenant la main du facteur à qui le père l'avait confié et qui l'emmenait dans sa tournée.

Souvent la revendication d'une garde alternée auprès de la justice n'est qu'un moyen de se venger de l'autre parent. Ces parents peuvent alors « gagner » leur procès et obtenir une résidence alternée, mais une fois l'euphorie passée, la plupart confient leur jeune enfant à la grand-mère paternelle ou à leur nouvelle compagne.

Exemple

V. et J.-P. se marient alors qu'ils sont encore tous deux étudiants. Une première crise secoue le couple lorsque J.-P. annonce à sa femme qu'il a une liaison avec une de ses collègues.

Les choses rentrent dans l'ordre et V. attend son premier enfant.

À la naissance de sa fille, V. qui a trouvé du travail, un poste de cadre dans une entreprise, négocie ses horaires pour être très présente auprès de son bébé qui est gardé par une assistante maternelle de neuf heures à seize heures.

À la naissance du second enfant, un garçon, une crise profonde secoue à nouveau le couple : J.-P. ne rentre jamais avant une ou deux heures du matin, part la journée entière sans que sa femme sache où il se trouve. Les rares soirées passées au domicile le sont devant son ordinateur ou la télévision. V. demande le divorce.

Alors qu'elle apporte les preuves que J.-P. ne s'est jamais occupé de ses enfants qui ont alors trois ans pour l'aînée, dix-huit mois pour le second, le jugement de non-conciliation ordonne une résidence alternée de huit jours/huit jours à titre provisoire, moitié des vacances scolaires et instauration d'une enquête sociale. Obligation est faite à la jeune femme de quitter le domicile conjugal dans un délai de deux mois en laissant tout le mobilier à son conjoint, tout en continuant à payer la moitié des traites de crédit du dit logement.

Dès le début les enfants présentent les symptômes habituels : ce sont des pleurs déchirants au départ chez leur père. L'aînée, enfant facile et sociable, devient difficile. Elle avait acquis la propreté mais fait à nouveau pipi dans sa culotte. Elle tombe sans arrêt malade : rhume, rhinite, toux, etc. Elle ne fait plus une nuit complète, veut coucher dans le lit de sa mère ou exige que sa mère reste auprès d'elle. Puis elle devient agressive, tape son frère, casse ses jouets, refuse que sa mère le prenne dans les bras et exige d'être portée elle aussi. Elle s'enferme dans un monde imaginaire de contes de fées, de jeux de rôles. Elle refuse de parler à son père au téléphone. Elle refuse de plus en plus aussi, d'y aller tout en affirmant qu'il va pleurer si elle n'y va pas. Enfin, lors de certaines activités elle se plaint de ne plus pouvoir marcher. Il faut alors la porter.

L'école dans laquelle elle est scolarisée depuis dix-huit mois convoque le père et la mère pour les alerter sur le comportement agressif et destructeur de l'enfant et leur conseille de ne plus la scolariser temporairement afin de la faire évoluer dans un noyau familial auprès de son petit frère.

La semaine suivant cette convocation, le père, à l'insu de la mère, scolarise l'enfant à l'école publique près de son domicile. La maman, devant les troubles de ses enfants, fait appel en incident. Le juge décide cependant de maintenir l'enfant dans cette école pour « l'éloigner du conflit parental ».

Le plus petit montre une immense détresse dès qu'il doit partir avec son père. Ses pleurs et ses cris sont si déchirants que son père ferme les fenêtres de la voiture pour que des témoins éventuels ne puissent entendre. Là aussi le bébé se réveille toutes les nuits, refuse que sa mère s'éloigne. Il présente des plaques d'eczéma sur le visage et les mains.

La maman décide de prendre un congé parental pour être auprès de ses enfants et le petit va mieux sauf la veille des départs chez son père, et au retour de vacances scolaires : il est alors impossible de le mettre au lit dans sa chambre. Il est paniqué, appelle sans cesse sa mère, « voir maman » en sanglotant, et ne peut s'endormir que dans ses bras.

Sa mère décrit son visage figé au regard fixe comme étant celui d'un « autopilote ».

Cette jeune femme, accusée elle aussi d'être une mère possessive, trop fusionnelle et angoissée, donc pathologique, avait consulté un neuropsychiatre connu qui l'avait examinée : «... *Nous avons vu Mme V... à de multiples reprises. Tous les paramètres cognitifs, affectifs et éthiques ont été minutieusement examinés, au seul plan de ma discipline.*

La structure mentale de Mme V... ne révèle pas la moindre pathologie. La souffrance qu'elle éprouve et qu'elle exprime dans cette situation déchirante qui lui est imposée résulte de son appréhension du devenir psychique de ses enfants, si cette situation se pérennisait.

Cette appréhension, cette inquiétude, parfaitement légitimes, l'atteignent de plein fouet sans qu'il faille retenir une plongée dépressive ou une surcompensation de type névrotique. »

En ce qui concerne les enfants :

« *[...] L'éloignement avec leur mère, même s'il est relatif et nuancé par la garde alternée, constitue un arrachement dans la mesure où il déstabilise, de par sa discontinuité résultant des ruptures répétées, d'une façon incontournable et indiscutable les relations affectives mère-enfant dont toute la communauté scientifique internationale a reconnu l'existence et le ciment.* »

La jeune mère consulte par ailleurs un pédopsychiatre. Mais tout est rejeté par le juge de la mise en État selon les arguments qui suivent : « *[...] L'enquête sociale n'a pas été rendue. La mère verse aux débats des certificats médicaux du Dr... tendant à établir que la résidence alternée est dangereuse pour les deux enfants compte tenu de leur âge.*

Cependant ces certificats établis par un médecin qui n'est pas pédopsychiatre (le Dr... est neuropsychiatre) *et dont les termes trop catégoriques, posent question, sont contredits par un certain nombre d'attestations* (présentant le père comme très bon père) *et même par le certificat du Dr... pédopsychiatre qui affirme que "dans la situation actuelle il ne m'est pas possible de dire les conséquences psychologiques induites par tous ces changements pour les deux enfants".* » Elle poursuit en indiquant que « *la séparation et les conflits parentaux font souffrir les enfants.*

Dans ces conditions il est difficile de faire la part dans la souffrance ressentie par les enfants de ce qui est lié à la séparation des parents, au conflit parental et aux divers changements subis (école, habitation de la mère) et des éventuelles difficultés liées à la résidence alternée.

Dans l'attente du rapport d'enquête sociale et de l'avis d'un pédopsychiatre expert il est prématuré de modifier la résidence alternée qui avait été fixée. Il convient au contraire de maintenir pour l'instant cette mesure pour permettre à tous les professionnels d'évaluer la situation avec du recul.

L'aînée restera scolarisée dans l'école choisie par son père pour lui permettre de s'éloigner du conflit parental. [...] Il n'est pas inéquitable de laisser supporter à Madame V. les frais irrépétibles qu'elle a exposés à l'occasion de la procédure. »

Le pédopsychiatre ne contredisait en rien les dires du neuropsychiatre. Il notait simplement et à juste titre qu'il était impossible à ce jour de connaître les conséquences psychologiques ultérieures éventuelles.

L'expert nommé par le juge reçoit ensemble parents et enfants. Il note dans son rapport, et en le regrettant, que ces derniers aient été amenés par leur père chez qui ils résidaient, avec crayons à dessin et papier, ce qui ne cadre pas avec la stratégie de l'expertise. Il souligne également qu'il a eu des pressions de la part du père avant celle-ci.

Il trouve la réaction émotionnelle de la mère « *hors proportion face aux difficultés de ses enfants, puisque tout tend à prouver pour elle-même et par là pour emporter conviction de l'autre que le système de garde alternée est néfaste pour ses enfants* ».

Il insiste sur « *le conflit parental qui pourrait s'entendre comme sévices psychiques nécessitant une transmission du dossier au juge des enfants, afin que soit instaurée une mesure d'AEMO* (assistance éducative en milieu ouvert) *à moins que la poursuite abusive desdits conflits n'impose le placement des enfants en famille d'accueil* ».

Et en conclusion : « *Ainsi ne peut-on conclure que ses arguments qui avaient poussé le juge aux affaires familiales à décider en faveur de l'hébergement alterné sont peut-être ceux qui doivent être maintenus aujourd'hui, tant il est vrai que, lorsque l'on ne sait pas quoi faire dans une situation, le mieux est encore de ne rien faire. Tout choix, dans cette situation, entraînera de lui-même sa part d'avantages et sa part d'inconvénients.* »

L'expert n'a pas examiné les enfants. Il s'est contenté de les observer avec leurs parents.

Les symptômes que présentent les enfants et décrits par la mère ne l'interpellent pas, mais il juge l'inquiétude de cette maman hors de proportion et il suggère même que les enfants soient placés en famille d'accueil !

Une anecdote souligne son *a priori* : au moment du départ, les deux enfants demandent à déjeuner avec leur mère. Leur père, qui les a amenés car ils sont en résidence chez lui pour la semaine, se sent obligé d'accepter. Mais l'expert se demande s'il ne s'agissait pas d'une mise en scène préméditée par la mère.

Dans ce dossier, c'est l'enquête sociale cette fois, qui a permis de sauver les enfants. En effet l'enquêteur a pris la peine de venir assister à plusieurs départs des enfants mais aussi à certains retours. Il a par ailleurs démontré que le père des enfants se mettait en compétition avec la mère. Le juge a suivi ses conclusions en modifiant le rythme d'alternance. Il a surtout modifié le nombre de nuits. Les enfants se sont très mieux portés, même si la petite fille a dû être suivie longtemps par un pédopsychiatre.

6

Les maltraitances

Violences conjugales et garde d'enfant

Les violences conjugales sont bien présentes et bien fréquentes sous différentes formes : physiques, psychologiques et morales. *Dans tous les cas qui nous sont soumis, elles représentent 50 % à 60 % environ des motifs de séparation.*

Il s'agit de violences physiques (gifles, coups de pieds, crachats, et une constante : prendre sa conjointe par le cou et la plaquer contre un mur) et plus souvent encore de violences psychologiques d'hommes dominants, qui soumettent leur compagne à leurs diktats. Ils appartiennent aux classes moyennes ou supérieures. Ces violences sont souvent improuvables bien que chacun s'accorde à dire qu'elles sont de plus en plus fréquentes.

Ces hommes-là n'acceptent pas la rupture d'initiative féminine, et nous retrouvons toujours les mêmes menaces :

- « tu as voulu partir je vais te le faire payer cher » ;
- « tu as voulu partir, je te pourrirai la vie » ;
- « tu as voulu partir, pour moi tu es morte et je ferai en sorte que tu sois morte pour les enfants ».

Enfin certaines menaces beaucoup plus fréquentes qu'on ne l'imagine — comme des menaces de suicide et de tuer l'enfant — effraient les mères qui en sont victimes.

Mais, comment apporter la preuve en justice de tous ces comportements ? Nombre de jeunes femmes sont terrorisées par les menaces de leur conjoint et n'osent pas se rendre à la gendarmerie. D'autres, appartenant à des milieux sociaux plus aisés, n'osent parler de ce qu'elles subissent, par honte mais aussi en pensant qu'on ne les croirait pas. Les plaintes, lorsqu'il y en a, sont souvent classées sans suite et les mains courantes sont inefficaces.

Rien n'est explicitement prévu pour que soit prise en compte la violence conjugale dans les décisions de garde d'enfant. C'est pourtant autour de ce dernier, au moment des séparations que naissent et se développent les conflits les plus violents. Les mères deviennent alors les otages du conjoint violent ou dominant, les enfants l'instrument dont il se sert. Les remises de l'enfant sont alors à haut risque...

Nous avons plusieurs exemples de résidences alternées ordonnées dans ces conditions. Nous en présentons quelques exemples. Le premier cas pour lequel nous disposons de toutes les pièces et d'un volumineux dossier constitue une illustration extrême de la non-prise en compte de la violence conjugale et de ses conséquences sur l'enfant.

Histoire de L. M.

L. est maman d'une petite fille de 5 ans. Victime de la violence de son compagnon, elle quitte le foyer conjugal. En dépit de trois certificats médicaux assortis de 10 + 8 jours d'ITT ses plaintes seront considérées par le juge comme diffamatoires et elle sera menacée d'une amende de 45 000 € assortie de cinq ans de prison. Il y avait pourtant trois certificats médicaux concordants effectués par trois médecins différents dont un légiste.

En dépit de cette violence, le père obtient la résidence alternée pour son enfant. Comme il est médecin, qu'il ne peut normalement s'occuper d'elle, il tente désormais d'obtenir de la justice le placement de l'enfant dans une famille d'accueil.

Les parents et l'enfant ont été expertisés par un psychiatre : expertise favorable en ce qui concerne la maman. Quant au père, il a menacé l'expert s'il envoyait son expertise. L'expert mandaté a donc envoyé une lettre de renonciation au juge dont voici un extrait :

« *Madame le juge,*

[...] J'ai de nouveau reçu un appel téléphonique chargé de menaces de la part du docteur X. Cela m'inquiète beaucoup étant donné les doutes qu'il avait exprimés à plusieurs reprises concernant ma compétence d'expert et mon impartialité. Je redoute fortement qu'il ne se retourne contre moi après l'éventuelle remise de mon rapport et engage une procédure à mon encontre, soit dans le conseil de l'Ordre des médecins soit dans une juridiction quelconque...

J'ai exposé la nature de ces difficultés au président de la chambre des experts près la cour d'appel de... dont je dépends. Celui-ci m'a conseillé la plus extrême prudence dans cette situation. Il m'a suggéré de vous demander de bien vouloir procéder à mon remplacement dans cette affaire [...]. »

Ces menaces à l'égard de l'expert, pas plus que ses actes de violence à l'égard de sa compagne, ne seront prises en compte. La résidence alternée a été imposée.

La justice, à la demande de la maman, a ordonné que les parents se livrent à une médiation familiale. Monsieur M. a tout fait pour que la médiatrice bénévole y renonce. La maman demande alors une médiation judiciaire par un médiateur professionnel. Le père a une autre stratégie et s'y oppose, considérant, avec l'appui de l'éducatrice désignée, que le conflit doit conduire à placer l'enfant dans une famille d'accueil : le jugement sera prochainement rendu. Et l'on sait que les juges s'abritent de plus en plus derrière les rapports des travailleurs sociaux qui se voient ainsi investis d'un pouvoir effrayant. L'éducatrice a déjà prévenu l'enfant (avant le jugement) qu'elle allait sans doute partir dans une famille d'accueil... Et le chef du service AEMO a, quant à lui, affirmé à la maman — et devant témoins — qu'il demanderait le placement de l'enfant si elle faisait appel des ordonnances du juge, la privant ainsi du droit élémentaire qui s'offre à tout justiciable.

Constat : obtenir le placement de l'enfant est l'ultime vengeance à la disposition des harceleurs et des pervers. Hélas, il est parfois des oreilles pour les entendre !

Témoignage

« Je suis cadre supérieur, maman de deux enfants de quatre ans et un an.

Après une année 2003 atroce, passée sous les reproches incessants, les insultes quotidiennes puis finalement les coups en présence des enfants j'ai engagé une procédure de divorce.

Mon mari, furieux, ne l'a pas accepté et m'a signifié qu'il me le ferait payer cher et même très cher a-t-il ajouté. Et il a demandé la résidence alternée qu'il a obtenue, après avoir refusé de ramener notre bébé à la fin des vacances, en prétendant que je m'en étais désintéressé.

Mes enfants sont dans un état pitoyable, ne cessent de pleurer, de faire des cauchemars.

Le petit vomit et a de la diarrhée sans arrêt, il n'a pas pris un gramme depuis plusieurs mois et se laisse dépérir. Le plus grand ne cesse de pleurer et supplier avant chaque départ : "Je veux rester avec ma maman."

Je ne peux enfiler un manteau sans déclencher des crises de panique.

Lorsque j'en parle avec leur père, sa seule réponse est : "Tu as voulu partir. Je t'avais prévenue", ou bien : "Tant pis pour toi, je t'avais avertie." Il continue de me menacer et m'insulter devant les enfants, s'attaque à ma voiture, sans témoins bien évidemment. Que puis-je faire ? Comment faire la preuve de ses odieux comportements ? Aurais-je dû rester "la chose" de cet homme, pour protéger mes enfants ?

La justice fait sur mes enfants de l'expérimentation animale. J'en suis scandalisée.

Pouvez-vous m'aider à sortir mes enfants de cet enfer ? Je suis révoltée. »

Les violences du père ont continué après la séparation, lors des passages des enfants.

Le plus jeune enfant âgé d'un an a montré une importante détresse dès l'installation de la résidence alternée. À la suite de vomissements et de diarrhées à répétition, sa courbe de poids chutant, il a dû être hospitalisé. Celui de quatre ans présente tous les symptômes habituels : détresse au moment du départ, réveils nocturnes, collage à sa mère... Malgré cela le juge a maintenu la résidence alternée, tout en ordonnant une expertise psychologique.

> ***Témoignage***
>
> « Bonsoir
>
> Par ce mot je vous demande de m'aider à aider ma fille.
>
> Séparée depuis quatre ans et demi de son père, j'ai saisi la justice pour l'autorité parentale. Mais celui-ci ne voyait pas ça comme ça. Il m'a menacée de mort et je me suis cachée pendant six mois tellement j'avais peur.
>
> Et là, monsieur demande la garde totale de la petite, sous prétexte que j'ai éloigné ma fille de son père, alors qu'il n'a jamais donné un sou pour elle, ne s'y est jamais intéressé et j'ai l'impression que la justice est de son côté.
>
> Ma fille, qui plus est, ne veut plus du tout le voir, elle en a peur pour l'avoir vu me menacer et me taper devant elle.
>
> Je vous en supplie, aidez-nous. »

Dans ce cas-là nous avons perdu de vue la maman et ne savons pas ce que la justice a décidé pour l'enfant.

> ***Témoignage***
>
> « Bonjour
>
> J'ai été victime de violences conjugales durant toute ma grossesse et j'ai fini, la peur au ventre, par quitter le père de ma fille lorsqu'elle avait quatre mois.
>
> Aujourd'hui elle a douze mois et le juge a ordonné un droit de visite élargi. Je suis effrayée de constater qu'un tel mode de garde peut être ordonné, même en cas de violences conjugales.
>
> Doit-on se faire frapper à vie ou risquer la mort lorsqu'on a un compagnon violent ?
>
> Je vais faire appel mais j'ai besoin de conseils.
>
> Je vous remercie. »

Même lorsque des violences conjugales ont été avérées, les juges ordonnent des droits de visite et d'hébergement, voire une résidence alternée au profit du père selon l'argument que « l'homme est violent, mais peut être un bon père » !

Nous présentons un dossier qui concerne des violences surtout psychologiques mais aussi physiques. Il est particulièrement intéressant car il démontre plus que d'autres le contrôle qu'exerce un tel homme et son côté manipulateur. La justice, pourtant, n'en a tenu aucun compte. Or ces hommes, après la séparation, continuent à travers l'enfant, à maintenir un contrôle sur leur ex-conjointe et sa vie.

Récit

Le beau-frère par alliance de madame P. nous appelle pour sa belle-sœur en grande difficulté.

Il nous expose avec force exemples qu'elle était mariée à un homme très rigide, dominant, lui imposant ses volontés dans tous les actes de la vie quotidienne, la coupant de sa famille et amis, mais toujours très charmeur vis-à-vis des personnes extérieures. Elle avait décidé de le quitter. L'annonce du départ de sa femme avait provoqué une scène de grande violence au cours de laquelle il l'avait brutalisée durement provoquant divers hématomes (constatés par un médecin). Sous les menaces elle avait accepté une résidence alternée pour leur fille âgée de trois ans.

Comme l'enfant présentait des troubles alimentaires, du transit, du sommeil et bégaiement, elle avait saisi le tribunal.

Lors de la première audience une expertise psychologique était ordonnée par le juge.

Notes de l'expert :

À propos du père : « *Il a un manque de flexibilité... Il est avant tout stratégique dans le contrôle de l'autre et des situations... il est prêt à ne "rien lâcher"... il est convaincu de la justesse de tous ses choix et a toujours réponse à tout... Il reconnaît avoir préparé deux versions, l'une au "cas où ça se passerait bien", l'autre au "cas où ça se passerait mal"... Il estime que la mère peut faire les trajets (30 minutes aller, autant au retour)... il ment sur le kilométrage qui sépare son domicile du lieu de travail de la mère. Il demande une médiation, mais à la remarque qu'il s'agit aussi d'une recherche de compromis, il estime avoir consenti assez d'efforts comme ça...* »

À propos de la mère : « *Mme P. se présente comme une personne assez calme et posée, réservée... elle est très respectueuse de notre méthodologie d'entretien... elle dit que par instinct de survie elle a préféré minimiser tout ce qu'elle a vécu... elle ne souhaite plus de résidence alternée qui provoque différents symptômes chez l'enfant, obligeant en outre ce dernier à faire près de 300 km par semaine... et permet à son ex mari de continuer à exercer un contrôle sur sa vie.* »

À propos de l'enfant seule : « *Elle montre une grande inhibition face aux deux parents réunis... par contre seule avec l'un ou l'autre elle semble plus épanouie.* »

L'enfant avec son père : « *M. P. s'est rendu à notre rendez-vous avec de nombreux jeux et jouets pour sa fille... Les dessins et les épreuves proposés en présence de son père n'ont été réalisés qu'après beaucoup d'insistance... Les relations observées entre le père et la fille semblent bonnes... M. P. propose à sa fille une vie sociale active... il nous confie partir avec des témoins en vacance afin qu'ils puissent attester qu'il n'empêche pas l'enfant de répondre au téléphone à sa mère...* »

L'enfant avec sa mère : « *Alors que l'enfant est dans notre cabinet avec son père, elle ne se montre pas du tout pressée de la rencontrer. Par contre elle prend l'initiative de lui faire des dessins : "C'est pour ma maman." Mais dès que son père est à distance, elle se jette dans ses bras et lui manifeste toute son affection et la joie de la retrouver : "Maman je t'aime beaucoup" dit-elle.* »

L'expert note en conclusion que l'enfant a fini par se faire à la situation de deux foyers, mais que le conflit est trop prégnant pour elle, les domiciles parentaux trop éloignés.

Le père amène l'enfant à de multiples consultations médicales, pour « *faire la preuve que l'enfant va bien* » et demande des attestations. Puis, peu avant l'audience, il amène sa fille chez un médecin qui atteste : « *Cette petite fille de quatre ans et demi m'a été amenée par son père qui me dit que l'enfant souhaite une consultation avec le Dr X... pédopsychiatre... Voici ce qu'elle m'a dit en sortant avec son père de mon cabinet : "Il faut que le Dr X. écrit une grande lettre... parce que maman me veut que pour elle et papa a peur qu'il me voie plus... elle veut qu'il fasse trop de kilomètres, je suis coupée en deux..."* »

Qu'un enfant de quatre ans et des poussières demande, de son propre chef, une consultation avec un pédopsychiatre, semble aller de soi pour ce médecin.

Il est à noter qu'aucun des deux médecins qui ont vu l'enfant à plusieurs reprises, toujours en présence de son père, n'a vu la mère avec sa fille. Mais les deux médecins notent cependant l'importance du conflit parental et le mal-être de l'enfant.

Malgré tous ces éléments, le juge a ordonné le maintien de la résidence alternée.

Un jour, lors d'une réunion de famille l'enfant dit à sa mère : « Maman faut que je te demande pardon.

— Pourquoi ? demande sa mère.

— Parce que j'ai dit du mal de toi au docteur.

— Et pourquoi as-tu fait ça ?

— Pour faire plaisir à papa. »

Et aujourd'hui encore, cet homme continue à vouloir exercer un contrôle sur son ex-femme, au nom de l'enfant : il exige qu'elle se rapproche de son domicile pour que l'enfant soit moins fatiguée par les trajets lorsqu'elle est chez sa mère, lui demande des changements d'organisation qui l'arrangent, demande à l'enfant des renseignements sur la vie de sa mère, etc.

Ce sont là des situations dont nous avons fréquemment connaissance alors que le système judiciaire les ignore parce qu'il lui est très difficile de les percevoir. Pourtant, il y a des violences physiques importantes et prouvées par des certificats médicaux qui sont aussi occultées par la justice.

Exemple

Madame G. est mariée à un homme qui a été battu par son père lorsqu'il était jeune. Si les premières années du mariage ont été à peu près calmes, son premier acte de violence a lieu au quatrième mois de grossesse de l'aîné de ses deux enfants : premier certificat médical. Son mari exige qu'elle s'arrête de travailler. À partir de cet instant le couple part à la dérive.

Elle quitte enfin son mari après une scène de grande violence où il la roue de coups et lui entrouvre sa cicatrice de césarienne. Elle appelle une voisine qui l'amène au service des urgences de l'hôpital. Le médecin qui l'examine constate : « *hématome de la région occipitale, une cervicalgie, un œdème de la paupière supérieure droite, un hématome du bord cubital de l'avant bras droit, de la face antérieure de la cuisse droite ainsi qu'une sensibilité pariétale abdominale ».*

Le lendemain un médecin de l'unité de consultation médico-judiciaire constate à son tour : *« un traumatisme crânien, une entorse cervicale, des lésions de violence dans les zones de défense, avec un retentissement psychologique chez une jeune femme ayant accouché récemment ».*

Et il conclut à une incapacité totale de travail de quinze jours. Elle porte plainte.

La difficulté, dans ce genre d'affaire, tient au fait qu'il n'y a pas de coordination entre la justice pénale qui instruit les affaires de coups et blessures et la justice civile dont dépendent les juges aux affaires familiales. Bien souvent les avocats font traîner les procédures au pénal pour que la justice aux affaires familiales se prononce avant celles-ci.

Trois mois plus tard donc, le juge aux affaires familiales statue sur un droit de visite et d'hébergement classique au profit du père et ordonne une enquête sociale.

L'enquêtrice est psychologue. Elle relève les dires de l'un et l'autre des parents : lui, accuse sa femme d'avoir subi un inceste étant jeune, de ne pas bien s'occuper des enfants, d'être brutale avec l'aîné. Elle accuse son mari de harcèlement et de violences, elle est encore sous le choc des violences subies. Elle affirme également avec une attestation à l'appui que l'ex-femme de son mari a elle aussi subi des violences. Elle signale à l'enquêtrice un fait divers dont celle-ci ne tient pas compte alors qu'il lui aurait permis de mieux comprendre la situation si elle avait pris le temps de le vérifier : des policiers étaient venus au domicile de Madame G. prendre des renseignements sur son mari. En effet, ce dernier avait agressé un journaliste sur un périphérique, cassant la vitre arrière de son véhicule dans lequel se trouvaient ses enfants. Madame G. lui avait téléphoné pour lui demander une attestation, mais il avait refusé, désolé, avouant qu'il avait peur pour sa femme et ses enfants car il considérait que l'homme était « un fou dangereux » (il semble, du reste qu'il ait retiré sa plainte depuis).

L'enquêtrice note dans son rapport : *« Madame G. dit avoir pris contact avec le propriétaire du véhicule dont le numéro de téléphone lui aurait été donné par le commissaire de sa région. Elle reste mystérieuse et secrète concernant cette histoire à laquelle nous ne savons pas quel statut lui donner. »*

L'enquêtrice n'auditionne comme témoin que la mère du mari qui bien évidement certifie que son fils n'est pas violent. Elle ne voit par ailleurs les enfants qu'en présence du père, jugeant inutile de les voir en présence de la mère.

Elle conclut que madame G. *« tient un discours contradictoire ayant tendance à fabuler en faisant une fausse interprétation des faits réels et que son vécu persécutif est un produit de son esprit ».*

Elle conseille, cependant, que les contacts avec monsieur soient le plus réduits possibles tout en affirmant que *« la résidence alternée des enfants lui semble être la mesure qui convient au mieux à l'intérêt des enfants ».* Au moment de son rapport les enfants ont à peine onze mois pour le plus jeune, trois ans pour l'aîné !

Au cours de l'audience suivante Madame G. demande une contre-enquête, mais elle lui est refusée. L'argumentaire du juge n'effleure même pas les violences avérées par certificat médical, et ne fait qu'insister sur un conflit de couple « qui semble plus empirer que s'apaiser ». Malgré ce conflit qu'elle juge important elle impose une résidence alternée, suivant en cela les conclusions de l'enquêtrice : les enfants ont alors précisément quatorze mois pour le petit et moins de trois ans et demi pour le plus grand.

Ce n'est que quelques mois plus tard que le jugement pour coups et blessures est donné condamnant Monsieur G. à trois mois de prison avec sursis et mise à l'épreuve. Monsieur G. reconnaît l'altercation avec sa femme mais nie avoir donné les coups, il fait donc appel de ce jugement.

Ce que peu d'intervenants savent et qui nous est parfois rapporté, sont les menaces en tous genres que font subir certains hommes sur les témoins et parfois même les médecins. Ces derniers demandent alors à la mère de ne plus venir en consultation, ne pouvant plus suivre les enfants sereinement. Il n'y a donc plus alors de possibilités de faire reconnaître les faits.

Dans le cas ci-dessus la mère a obtenu en appel la révision du droit d'hébergement des enfants en attendant une nouvelle enquête sociale et expertise médico-psychologique des parents et enfants.

Violence et paternité

Les enfants spectateurs

« L'homme est violent mais il peut être un bon père » est-il souvent dit.

Écoutons les remarques de Mme de Suremain :

> « Ceci a des répercussions importantes sur notre conception de l'autorité parentale. Nous avons beaucoup bataillé en 2002 autour de la nécessité de mentionner dans la loi les violences conjugales, comme une exception, dans la résidence alternée, par exemple. Nous ne l'avons pas obtenu. Considérer qu'un homme violent peut être un bon père, alors qu'il a imprimé dans la psychologie de ses enfants le non-respect de la loi, c'est complètement contradictoire. C'est lui permettre le harcèlement. »

Or on sait aussi que les violences sur la mère exercées devant des enfants petits peuvent avoir les mêmes effets que si elles étaient imposées à l'enfant lui-même (Kéren, 2005).

Le plus étonnant et le plus scandaleux est le cloisonnement de la justice dans ce domaine. Un père condamné pour faute lors de son divorce parce qu'il a agressé la mère de ses enfants peut obtenir du juge aux affaires familiales l'autorité parentale et bien sûr un droit de visite et d'hébergement non encadré, voire une résidence alternée

Nous résumerons en un seul exemple la souffrance de ces enfants, leur peur aussi, à travers ce témoignage d'une petite fille de onze ans aujourd'hui.

Témoignage

Son père alcoolique et violent avait battu sa mère, allant jusqu'à tenter de l'étrangler.

Une plainte et une attestation médicale avaient conduit la justice à prononcer le divorce aux torts exclusifs du mari. Mais le père se vit octroyer des droits de visite et d'hébergement élargis sur l'enfant.

Cette enfant va chez son père, contre son gré et la « peur au ventre ».

Elle vient de faire son « testament » qu'elle a adressé à sa mère :

« Testament de Laura

Je veux que tous mes biens reviennent à ma maman. Si quelqu'un a besoin de mes organes pour guérir, qu'il les prenne. Je veux me faire enterrer dans la tombe des S... à L... en compagnie de ma peluche.

Je refuse que mon père assiste à mon enterrement car il a battu ma mère et moi-même. Je ne vois pas pourquoi quelqu'un qui m'a fait du mal autant physiquement que moralement doive assister à mon enterrement.

Message pour ma maman :

Maman je veux que tu sois heureuse ! La plus belle chose qui me soit arrivée c'est d'être ta fille ! Je ne veux pas que tu sois triste !

Tu sais quels sont les gens que j'aime. Embrasse-les très fort de ma part.

Je t'aime plus que tout.

Je t'aime maman.

Laura [le prénom a été changé]. »

Cette enfant est suivie par un pédopsychiatre impuissant à la protéger. Sa famille maternelle, bouleversée a conclu : « Que faire ? Les professeurs du collège ne tarissent pas d'éloges pour cette petite fille brillante qui compense son mal-être par un investissement scolaire exceptionnel.

Elle n'a que onze ans et elle est condamnée à vivre dans la peur, mais personne ne l'entend.

Comme Dylan l'était avant de mourir, elle est enjouée, elle plaisante.

Oui, mais jusqu'à quand ?

À quoi doit-on s'attendre ?

Nous voici seuls avec ce cauchemar. »

Non-présentation d'enfants

Ici comme ailleurs les préjugés sont bien présents. Une mère qui refuse de présenter un enfant à son père est toujours considérée comme une mère abusive qui cherche à exclure le père. Pourtant s'il y a des non-présentations d'enfants injustifiées, dans de nombreux autres cas, il y a des raisons qui, à leurs yeux, justifient la décision de ne pas présenter leur enfant :

- homme violent ;
- menaces de mort sur l'enfant ;
- menace d'enlèvement ;

- père immature et négligent ;
- père toxicomane ;
- père alcoolique ;
- soupçons d'attouchements, etc.
- enfants qui refusent totalement, d'aller chez leur père, et que les mères refusent de violenter physiquement pour les y obliger.

Ces mères, aujourd'hui, risquent la correctionnelle et des peines de prison alors que les enfants peuvent être confiés à la garde totale de leur père ou placés en famille d'accueil.

Exemple

Madame D. se sépare de son mari alcoolique. Ses enfants avaient alors six ans et huit ans.

Lorsque le père vient chercher ses enfants, il est très souvent saoul et madame D. refuse qu'il les emmène en voiture. Elle saisit le tribunal.

Le père porte plainte pour non-présentation d'enfants et récuse l'accusation d'alcoolisme.

Cependant un rapport d'expertise médico-psychologique le confirme : *« yeux injectés, langue chargée, tremblement digital qui évoquent une imprégnation alcoolique chronique ».*

Ce rapport atteste également le grand mal-être de l'aîné : il se plaint que « son père est toujours saoul et a failli l'étrangler ».

L'expert, neuropsychiatre, est surpris par le caractère morbide de ses dessins et y voit une perturbation affective importante, due certainement à la scène de violence qu'il a subie.

Malgré le jugement qui impose des droits au père, les enfants refusent d'y aller : nouvelles plaintes du père pour non-présentation d'enfants.

En réponse le juge accuse la mère de vouloir évincer le père et décide de placer les enfants de douze ans et quatorze ans aujourd'hui, en famille d'accueil.

Leur mère qui les a élevés seule jusqu'à présent ne les voit qu'un week-end sur deux... Et les enfants, bien sûr, vont de plus en plus mal.

Très souvent, des mères refusent de laisser leur bébé ou leur jeune enfant à leur père parce qu'elles savent qu'il fume trop de « joints » et qu'un verre d'alcool le rend dangereux. Comment en apporter la preuve en justice ? Ne peut-on comprendre toutes ces jeunes mères qui refusent de mettre leur enfant en danger ?

Témoignage

« Que faire pour protéger ma fille ?

À la suite du signalement du médecin de la PMI et de la psychologue qui la suit, j'ai porté plainte contre son père pour soupçons d'attouchements.

> Depuis cette plainte, je ne lui remets plus l'enfant. Elle ne veut pas y retourner car elle a peur que son papa lui fasse encore mal.
>
> Son père cumule les plaintes pour non-présentations d'enfants.
>
> Le procureur a fait un CLASSEMENT SANS SUITE pour faits insuffisamment caractérisés, et son père a aussitôt saisi le juge en référé :
>
> On m'oblige à lui donner la petite pour les vacances et si je refuse je vais aller en prison.
>
> Mon enfant allait mieux, et personne ne veut la protéger. Comment lui expliquer tout ça ?
>
> Je suis scandalisée, anéantie. »

Les soupçons d'attouchements sur les petits enfants posent en effet de graves problèmes, car il est quasiment impossible d'en apporter des preuves tangibles si l'agresseur nie. Seule la parole de l'enfant, ses gestes, son comportement, ses dessins en font foi. Mais cette parole, ce comportement, doivent être analysés et traduits par des professionnels compétents et ils sont peu nombreux. Le plus souvent, l'affaire se termine par un classement sans suite ou un non-lieu qui signifie « manque de preuves », et non pas « innocence » comme c'est trop souvent interprété.

L'enfant continue alors à être remis à son père pour des droits de visite et d'hébergement, parfois même enlevé à sa mère pour être confié totalement à son père.

LE SYNDROME D'ALIÉNATION PARENTALE : UNE IMPOSTURE

Sous la pression de lobbies soutenus et très actifs, qui émanent principalement d'associations de pères y compris au niveau international, certaines affirmations sont devenues des contre-vérités, et même des impostures ; impostures diffusées largement mais très dangereuses, non seulement pour les mères mais surtout pour les enfants : dès qu'un enfant refuse de se rendre chez son autre parent, le plus souvent le père, il s'agirait d'une « aliénation » de l'enfant initiée par la mère. Ce postulat exclut d'emblée toute autre explication qui pourrait justifier ce refus.

Le syndrome d'aliénation parentale (SAP)

Historique du concept

En 1985, le psychiatre américain Richard Gardner décrit, sur la base de ses observations personnelles, un « syndrome » qui consiste de la part d'un parent à « aliéner » l'enfant contre l'autre parent lors de séparations conflictuelles : l'enfant rejette alors ce parent de façon totale, absolue et déterminée mais aussi toute la lignée de ce dernier. Gardner comparait cette aliénation à « un lavage de cerveau ».

Les publications de Gardner se font dans sa propre maison d'édition et son « syndrome » n'a jamais été soumis à la moindre recherche scientifique. Le mot « syndrome » est un terme médical :

> « C'est un ensemble bien défini de symptômes qui peut s'observer dans plusieurs états pathologiques différents » (*Dictionnaire Robert*).

Or la description de Gardner qui a varié au fil du temps, ne répond pas à ce critère.

L'apparition de la terminologie « SAP » soulève une question : quel besoin y avait-il de créer ce terme à ce moment ? En effet, l'aliénation parentale qui consiste à influencer de façon massive un enfant, à la façon d'un gourou, afin qu'il rejette l'autre parent dans les situations de divorce est un processus connu et décrit depuis que le divorce existe. On le retrouve déjà cité dans le livre de R. Liberman consacré au divorce (*Les Enfants du divorce*, Paris, PUF, 1979). Pourquoi donc créer une nouvelle dénomination, le SAP ? parce que Gardner affirme que ce sont majoritairement les mères qui sont des parents aliénants (1993) et qu'il est en relation avec certains mouvements d'hommes et de pères. Ce n'est qu'à la fin de sa vie qu'il a reconnu que le pourcentage de pères et mères aliénants était identique.

Par ailleurs la personnalité plus que trouble de Gardner ne peut être ignorée :

> « Même si une grossesse est encore impossible, l'enfant attiré dans des interactions sexuelles dès l'enfance est susceptible de devenir hautement sexualisé et de rechercher activement des expériences sexuelles durant les années précédant la puberté. Un tel enfant “chargé à bloc” est susceptible de devenir plus actif au plan sexuel après la puberté et donc susceptible de transmettre rapidement ses gènes à sa progéniture. [...] L'idéal est donc, du point de vue de l'ADN, que l'enfant soit sexuellement actif très tôt, qu'il ait une enfance hautement sexualisée avant d'entamer sa puberté » (Gardner R., « True and False Accusations of Child Sex Abuse », *Creative Therapeutics*, 24, 1992).

Dans le même esprit, Gardner a élaboré une théorie sur les bénéfices, pour la survie de l'espèce, des pratiques sexuelles déviantes : nécrophilie, zoophilie, coprophilie, etc. (1992). Plus encore, il recommande de ne pas incarcérer les pédophiles (1991) « parce que cela gênera la guérison de l'agresseur, et de plus, l'enquête judiciaire peut causer plus de tort psychologique à l'enfant que l'agression elle-même » (1968). Il plaide pour l'abolition du signalement obligatoire des maltraitances (1995). Selon lui encore, « les enfants peuvent être aidés à reconnaître que les rencontres sexuelles entre un adulte et un enfant ne sont pas universellement considérées comme des actes répréhensibles » (1992). Concernant la mère, il écrit : « Peut-être peut-on l'aider à devenir consciente que, dans l'histoire du monde, le comportement de son conjoint a probablement été plus répandu que la retenue dont font preuve ceux qui n'agressent pas sexuellement leurs enfants ». Quant au père pédophile, il faut « l'aider à compatir avec son enfant, victime d'une société qui considère le comportement du père comme un crime odieux et/ou un péché mortel. C'est à cause de cette réaction sociale outrancière contre la pédophilie que les enfants souffrent ». « Il y a de bonnes raisons de penser que la majorité, sinon la totalité des enfants ont la capacité d'atteindre l'orgasme dès la naissance », etc.

Le plus grave pourtant est qu'il soutenait que des allégations d'abus sexuels sur enfant lors d'une séparation parentale étaient fabriquées par les mères et donc fausses. Expert auprès des tribunaux jusqu'à son suicide en 2003 dans des conditions abominables (il s'est lardé de coups de couteau), il s'était fait une spécialité, forte de nombreux succès, dans la défense des pères mis en cause.

L'utilisation actuelle du concept

Quoi qu'il en soit, le SAP est de plus en plus souvent brandi par des associations de pères pour justifier toute difficulté de contact entre un père et son enfant, qui n'aurait pour seule origine qu'une aliénation de l'enfant par la mère, mais aussi dès qu'il y a soupçon d'attouchements ou d'agressions sexuelles. D'après ces associations le SAP serait *quasi constant lors des conflits concernant le droit de garde. Or aucune étude sur le sujet n'a été faite en France.*

Le professeur de psychologie belgo-canadien Hubert Van Gijseghem reprend cette position tout en tenant lui aussi des propos pour le moins spécieux. Il est expert auprès des tribunaux, et intervient à l'École nationale de la magistrature. La prévention d'abus à l'égard des jeunes enfants lui paraît dangereuse car elle ne préserverait pas leur innocence. Il affirme :

> « La petite fille qui entend un beau matin que “même des papas” ont de vilaines intentions, se blottira-t-elle tout innocemment contre son père le soir venu ? Bref, la fonction paternelle n'est-elle pas sérieusement égratignée aux yeux des enfants désormais “informés” ? » (« La recherche de la vérité en matière d'allégation d'abus sexuel : situations difficiles », in *Revue canadienne de psycho-éducation*, vol. 25, n° 2, automne 1996).

Il soutient aussi que la parole de révélation, tenue par la majorité des spécialistes pour essentielle dans la reconstruction de l'enfant agressé, est plus nocive que le maintien du silence :

> « La réparation passe davantage par la couverture (action de couvrir) de l'inceste que par l'exposition de la blessure » (« De la psychothérapie de l'enfant incestué : les dangers d'un viol psychique », *Santé mentale au Québec*, vol. 17, n° 1, p. 19-30, printemps 1992).

Van Gijseghem met enfin en garde contre la parole dite « mensongère » et convainc même le ministère de la Justice canadienne d'utiliser les procédures qu'il a créées pour évaluer les témoignages d'enfants agressés.

Il affirme également :

> « On assiste depuis plusieurs années à une augmentation notable d'allégations là où d'ex-époux, parents de jeunes enfants (de moins de cinq ans), sont impliqués dans des litiges relatifs à la garde ou aux droits d'accès. Diverses études suggèrent qu'environ la moitié de telles allégations ne sont pas fondées sur des faits réels... » (« La recherche de la vérité en matière d'allégation d'abus sexuel : situations difficiles », in *Revue canadienne de psycho-éducation*, vol. 25, n° 2, 1996).

Qu'en est-il réellement ?

Sous influence efficace de ce lobbying, « l'aliénation parentale » est de plus en plus souvent plaidée devant les tribunaux américains ou canadiens. Le ministère de la Justice du Canada a fait procéder à une étude sur le sujet (*Gérer les difficultés de contact : une approche axée sur l'enfant*, Freeman, 2003, ministère de la Justice), dont le résultat est le suivant :

> « Le conflit est présent dans de nombreux divorces où il y a des enfants. Sa gravité varie, bien que le continuum représente un petit sous-groupe de divorcés. Les estimations de la taille de ce petit groupe de familles varient de 10 % (King et Heard, 1999 ; Rybicki, 2001) à 20 % (Ahrons, 1994 ; Hetherington, 1989 ; Johnston et Campbell, 1988, Maccoby et Mnookin, 1992)... Et seuls 2 % tout au plus de ces sous-groupes ont des comportements aliénants. »

C'est-à-dire 0,4 % des situations conflictuelles. On est donc très loin de la vague proclamée par certains. Et pourtant, de plus en plus de journalistes, d'avocats, de psychiatres comme Van Gijseghem parlent du SAP comme d'un syndrome fréquent.

Dans ce rapport de travail fourni par le ministère de la Justice canadienne, le problème des dérives est abordé par les experts :

> « Hayward (1999) indique que les allégations d'aliénation peuvent être un facteur judiciaire efficace pour les pères. Les autorités s'inquiètent de l'usage que l'on fait du concept d'aliénation dans les litiges...
> Johnston (2001) considère le SAP comme une "stratégie judiciaire à la mode" et que l'étiquette du SAP ramène à la guerre des sexes et dresse les pères contre les mères. D'autres sont d'avis qu'on s'en sert pour détourner l'attention de comportements dangereux comme les violences conjugales (Bruch, 2001 ; Smith et Coukos, 1997). »

En effet, de très nombreux enfants américains doivent à l'argument du SAP la tragédie de leur enfance quand ils ont été remis en garde à leurs pères abuseurs au nom du « syndrome d'aliénation parentale » (*cf.* « Briser le silence », le récit des enfants, adultes aujourd'hui, télédocumentaire du *Public Broadcasting System*).

La majorité des spécialistes reprochent à ce concept de ne tenir aucun compte d'autres causes (enfant jeune séparé de son principal pourvoyeur de soins, parent négligent, maltraitant...) qui peuvent expliquer le rejet d'un parent par l'enfant, et du fait qu'il est impossible aujourd'hui encore d'en faire le moindre diagnostic.

Le mythe d'une augmentation exponentielle des fausses allégations d'abus sexuels

Nous n'avons là non plus, à notre connaissance, aucune recherche française. Mais si l'on se réfère à nouveau au ministère de la Justice canadienne, on trouve des informations intéressantes sur le sujet dans un document de référence (Rapport MC. Bala : *Allégations d'abus sexuels sur mineur dans un contexte de séparation parentale conflictuelle*, ministère de la Justice, octobre 2001).

Dans cette recherche, les auteurs font une distinction, importante à nos yeux, entre les fausses allégations intentionnelles pour nuire à l'autre parent, et les allégations fausses mais faites de bonne foi. Mais qu'en est-il de leur ampleur ?

On peut lire :

> « Malheureusement, le taux réel au Canada d'allégations de violence envers les enfants dans le contexte de parents séparés n'est pas connu. Toutefois, il semble que les questions de violence sont soulevées dans un assez faible pourcentage de litiges entre des parents. Des professionnels croient que le taux de fausses allégations est plus élevé dans les cas où les parents sont séparés que dans les autres situations même si ce fait n'est pas clairement établi. Toutefois, il est évident que dans ce contexte, de nombreuses allégations de violence sont bien fondées et qu'il convient de prendre sérieusement l'allégation de violence. Dans certaines situations, la violence commence avant la désintégration de la famille et l'enfant dévoile son existence seulement après la séparation. Dans d'autres cas, la violence commence seulement après la séparation ou est commise par le nouveau partenaire d'un des parents. Quoiqu'il arrive que de fausses allégations faites après la séparation soient le produit d'une manipulation délibérée de l'un des parents, la majorité de fausses allégations ne semblent pas être des mensonges délibérés. La méfiance ou l'inimitié entre les parents a pour résultat l'incompréhension qui conduit à de fausses allégations, surtout si les enfants sont jeunes et les allégations sont faites par le père ou la mère. »

Selon les explications de Leonoff et Montague (1996, p. 357) :

> « Des accusations non fondées ont le plus souvent des causes multiples et sont rarement le résultat d'une machination de l'un des parents qui veut gagner à tout prix. »

Ce rapport précise aussi :

> « Dans l'étude la plus importante à ce jour, Thoennes et Tjaden (1990) ont recueilli des données sur une période de six mois en provenance de huit tribunaux de différentes villes américaines. Parmi les 9 000 familles ou plus qui se disputent sur le droit de visite et la garde des enfants, seulement 169 cas (1,9 %) comportaient aussi une allégation de violence sexuelle. Une évaluation plus approfondie de 129 cas (des cent soixante-neuf mentionnés ci-dessus) susceptibles d'évaluation par les services de protection de l'enfance et les travailleurs auprès des tribunaux [46] a abouti à l'évaluation suivante :
> – dans 50 % des cas, il y a des raisons de croire que la violence a eu lieu ;
> – dans 33 % des cas, il n'y a pas de raisons de croire que la violence a eu lieu ;
> – dans 17 %, on n'est arrivé à aucune conclusion. »

Bien que les auteurs n'aient pas fourni une analyse des 33 % des cas où il n'y a pas de raisons de croire que la violence a eu lieu, ils ont constaté :

> « Nous n'avons établi aucun fait pour soutenir l'hypothèse selon laquelle ces cas étaient caractéristiques de la mère accusant faussement le père pour obtenir ou conserver la garde des enfants » (Thoennes et Tjaden, 1990, p. 161).

Par ailleurs Pearson (1993, p. 279) conclut dans son étude que l'affirmation selon laquelle « il y a un plus grand nombre de fausses allégations de violence sexuelle dans les cas de divorce en vue d'obtenir plus facilement la garde des enfants » *est un mythe*.

Selon Brown *et coll.* (1998) :

> « On a constaté que les allégations de violence envers les enfants faites devant un tribunal de la famille n'étaient pas plus souvent fausses que celles faites dans d'autres situations ; donc, on ne peut pas les considérer comme des armes fabriquées spécialement pour la guerre des sexes qui suit souvent la rupture de la vie commune. »

Ce mythe des fausses allégations d'abus sexuels qui seraient très fréquentes est grave car il induit un comportement de soupçon systématique chez différents intervenants judiciaires qui met les enfants en grand danger. Ainsi, selon la défenseure des enfants, Claire Brisset, « 70 % des plaintes pour viols de mineurs échappent à toute poursuite » (*Journal du Dimanche*, 30 mai 2004).

La gravité des dénis de justice en France concernant les enfants victimes de sévices sexuels incestueux a été dénoncée lors de la commission des droits de l'homme qui s'est tenue à Genève en mars 2003. Le rapporteur des Nations-Unies, M. Juan Miguel Petit indique, en ce qui concerne la France :

> « De nombreuses personnes ayant une responsabilité dans la protection des droits de l'enfant, en particulier dans le système judiciaire, continuent de nier l'existence et l'ampleur du phénomène. Les personnes qui soupçonnent

> et dénoncent des cas d'agressions sexuelles sur enfants encourent le risque d'être accusées de mentir ou de manipuler les enfants concernés, et sont menacées de poursuites judiciaires ou de sanctions administratives pour diffamation, si leurs accusations ne conduisent pas à la condamnation de l'agresseur présumé. »

Lorsque des mères nous appellent, inquiètes car elles soupçonnent des attouchements, nous leur conseillons maintenant de ne rien dire mais de surveiller l'enfant. Des avocats font de même. Certaines ont en effet perdu la garde totale de l'enfant pour avoir porté plainte, alors même qu'aucune preuve d'attouchement ne pouvait être apportée.

Il faut préciser que comme le souligne l'étude canadienne précitée, ce qui peut aussi apparaître comme un attouchement n'est parfois qu'une maladresse de la part d'un père qui, au moment de la toilette intime de l'enfant, par exemple, utilise des cotons-tiges. D'autres ne changent pas suffisamment leur jeune enfant qui revient avec une vulve très enflammée, d'autres dorment avec leur petit et l'érection du réveil amène l'enfant à dire « papa a mis son zizi dans mes fesses »... Mais tous les cas, hélas, ne sont pas aussi anodins !

Synthèse

Les séparations

Toutes les études le confirment : les séparations parentales sont de plus en plus fréquentes. Elles sont devenues un fait de société largement banalisé.

Le vécu du couple est variable, souvent il ne s'est jamais formé ou il s'est formé très récemment, il repose fréquemment sur des bases fragiles et il n'est pas réellement constitué lors de certaines grossesses ou les premiers mois ou toutes premières années de vie de l'enfant. Dans de nombreux cas, la place réelle de l'enfant dans sa famille apparaît ainsi difficile à définir.

Les enfants

Beaucoup d'entre eux sont très jeunes, et il n'est pas exceptionnel, nous l'avons vu, qu'il s'agisse de nourrissons âgés de quelques mois à peine. La souffrance de ces enfants en résidence alternée ou rythme d'alternance inadapté est fréquente et souvent sévère.

L'audition des enfants plus grands n'est qu'exceptionnellement réalisée, pourtant on sait qu'à partir d'un certain âge, ils expriment très bien, s'ils sont mis en confiance et entendus dans de bonnes conditions, leurs souhaits, les raisons de leur mal-vivre et de leurs difficultés. Il ne faut pas pour autant leur laisser croire que c'est eux qui choisissent afin de ne pas induire un conflit de loyauté.

En fonction de son âge et selon les cas, l'enfant et ses réactions sont diversement considérés. Trop petit, il appelle souvent une interprétation orientée par parent interposé : « Madame, vous êtes une mère possessive — C'est vous qui transmettez votre angoisse à votre enfant — Vous voulez exclure le père. » Voilà ce qui est dit, entendu ou sous-entendu très souvent.

Les troubles de l'enfant et la plainte de la mère (le plus souvent) sont ainsi disqualifiés et écartées de l'analyse, voire qualifiées d'« affabulation », de conduite « possessive » ou « hystérique ». Plus grands, des adolescents qui ne veulent plus de résidence alternée chez leur père parce qu'ils ne s'entendent pas avec lui se voient parfois signifier : « Vous êtes dans la parole de votre mère », et sont déboutés de leur demande.

La justice

Dans le domaine de la séparation parentale, elle rencontre de réelles difficultés pour remplir pleinement sa fonction.

- Aucun garde-fou n'encadre la loi de mars 2002.
- « L'intérêt de l'enfant », bien défini par Brazelton[1], est bien souvent une formule théorique et se présente comme une sorte de formule magique assénée aux termes de la loi et à nombre de décisions judiciaires pour les rendre valides ;
- Le caractère « provisoire » de la résidence alternée, mesure qui est indiquée par la loi, est habituellement théorique. Elle n'a été que rarement appliquée dans les dossiers de « L'Enfant d'Abord » malgré les signes de souffrance présentés par l'enfant.

Un grave dysfonctionnement de la justice, quelles qu'en soient les raisons invoquées, est manifestement en cause dans certaines décisions qui ne tiennent aucun compte des besoins les plus élémentaires d'un enfant et mettent délibérément en danger son avenir psychologique.

Les idéologies

Se partager un enfant au nom de « l'égalité des sexes », de la « parité père-mère » ou pire de « l'indifférenciation des sexes » est un non-sens pour le psychisme d'un enfant qui ne répond pas à ce genre de critère.

Trop de prises de position ignorent délibérément que la question centrale posée par les séparations parentales est celle du devenir de l'enfant. Le problème abordé est alors simplement celui du devenir des parents et du droit à l'enfant. Ce sujet éminemment polémique est activement alimenté par des groupes de pression peu concernés par l'enfant et son devenir.

La légèreté de certaines affirmations est consternante : « Les souffrances de l'enfant sont rares » ou : « L'enfant finira par s'y faire. » De telles réflexions émanent habituellement de personnes qui ignorent leurs conséquences neuro-psychologiques.

---

1. Voir p. 4.

La réaction de certains va plus loin dans l'ignominie : « Ces enfants qui souffrent ne sont pas la majorité. Ils ne justifient pas une modification du système. » Comme l'a écrit Hegel[1], « la Raison ne peut s'éterniser auprès des blessures infligées aux individus ». À ce niveau, les commentaires sont superflus.

Le plus préoccupant pour l'avenir, reste la nécessité d'une démarche courageuse de l'institution politique. Informée du désastre en devenir pour de nombreux enfants mais terrorisée par les injonctions de lobbies idéologiques, elle devra pourtant affronter le problème de société qui se pose chaque jour de façon plus précise dans l'indifférence générale.

1. In A. Finkielkraut, *Nous autres, modernes*, Paris, Ellipses, 2005).

TROISIÈME PARTIE

Observations de spécialistes

7

Le syndrome de Salomon

Hana ROTTMAN
pédiatre, pédopsychiatre, psychanalyste[1]

LE DIVORCE est une remise en cause, toujours douloureuse, dans les domaines familial et personnel, affectif, sexuel, de pouvoir et d'argent. Au cœur de tout cela se trouve l'enfant comme enjeu, avec ce qu'il représente pour ses parents et pour une société en pleine évolution. Signe de cette implication sociale, l'intervention du juridique, voire du judiciaire, pose des limites tout en rigidifiant les situations.

Il importe donc de trouver un aménagement qui pallie la séparation parentale et permette à l'enfant et à chacun de ses parents de maintenir un lien significatif. Dans ce but, l'alternance des séjours de l'enfant chez l'un et l'autre des parents semble une organisation de vie incontournable pour que l'enfant et chacun de ses parents puissent, au fil du temps, se connaître au quotidien, dans une relation de proximité et d'intimité qui favorise la force du lien. Reste à déterminer fréquence, rythme et durée de cette alternance.

La loi de 2002 a codifié cette préoccupation, en ajoutant à la notion souple d'alternance de domicile, la notion juridique de résidence alternée avec un temps identique passé chez l'un et l'autre parent, mais aussi, comme corollaire, un temps identique de séparation d'avec l'un et l'autre parent.

Or il semble que depuis l'application de cette loi apparaissent, en particulier chez les petits enfants avant l'âge de la parole, des troubles variés d'origine psychologique. Ces troubles liés à la séparation, majorés

1. Ancien psychiatre des hôpitaux, ancien médecin responsable du Centre familial d'action thérapeutique (Association de santé malade du XIIIe arrondissement) de 1983 à 1999.

par l'atmosphère du conflit, sont familiers aux professionnels de la santé mentale qui ont à aménager la séparation entre parents et enfant dans un autre contexte : celui du placement d'enfants pour troubles graves du lien parents-enfant, et plus récemment dans l'adoption.

Il n'est pas facile pour les parents, interpellés par la question du devenir de leur enfant, de se dégager de toutes les considérations autres qu'implique la séparation du couple pour se centrer sur le seul intérêt de l'enfant. Un certain nombre d'entre eux se tournent vers des spécialistes de la vie psychique de l'enfance pour éclairer leur décision. C'est à ce titre que j'ai rencontré, dans une pratique libérale de psychiatre, de nombreux parents et enfants pris dans cette difficulté et mené la réflexion qui inspire ce texte.

Quelques données théoriques préalables sont utiles pour comprendre les processus à l'œuvre dans la résidence alternée. En effet, il s'agit d'une séparation d'un enfant d'avec son objet d'attachement principal, la mère, même si cela lui permet la réunion avec son autre parent. Cette séparation se fait selon des modalités de rythme et de durée particulières qui peuvent favoriser certaines perturbations chez l'enfant et chez ses parents. Nous parlerons donc d'abord du fait clinique de la séparation, puis des effets de la résidence alternée sur l'enfant et ses parents.

CONSÉQUENCES POUR L'ENFANT DE LA SÉPARATION D'AVEC L'ADULTE PRIVILÉGIÉ

Les conséquences nocives chez l'enfant de sa séparation d'avec l'adulte privilégié, auquel il est électivement attaché et qui lui prodigue ses soins au quotidien, ont été étudiées depuis la première moitié du XXe siècle (A. Freud et D. Burlingham ; J. Robertson). Elles sont d'autant plus difficiles à supporter par l'enfant que celui-ci est plus jeune et que la séparation est plus longue. Elles ont suscité de très nombreux travaux français et internationaux qui sont référés principalement aux théories psychanalytiques et de l'attachement et sont, jusqu'à présent, surtout connus de professionnels spécialisés dans ce domaine.

La figure d'attachement principal

Il est important de définir ce qu'est l'objet d'amour primaire, dit encore « figure d'attachement principal ». L'état actuel de la société, avec le travail des femmes et les divers modes de garde, les « nouveaux pères » plus impliqués dans le soin quotidien de l'enfant, les familles recomposées, font que ce personnage, traditionnellement la mère, est nommé par les chercheurs anglo-saxons *the caregiver*, traduit en français par le terme « la pourvoyeuse de soins » ou « le pourvoyeur de soins », de manière à tenir compte de toutes les éventualités. Toutefois, cet objet d'amour privilégié reste encore actuellement généralement la mère, sauf cas particuliers, d'après ce que j'ai pu constater sur les centaines d'enfants que j'ai vus en trente ans de consultation pédopsychiatrique, même au cours de ces dernières années.

Aucune étude récente n'est venue le démentir.

La relation d'objet

Une relation d'attachement, puis une relation avec un objet d'amour primaire, le lien à l'autre, sont nécessaires au bon développement de l'enfant. L'absence totale d'une relation d'objet entraîne la dépression, voire la mort chez l'enfant (la dépression anaclitique décrite par R. Spitz et bien d'autres).

Cette relation est d'abord fusionnelle autour des activités étayantes que sont le nourrissage et le contact physique dans le corps à corps. Ce premier temps de la relation mère-enfant, décrite comme un temps de proximité intense, de fusion (D. W. Winnicott), est indispensable dans les premiers mois de la vie. Cette phase de la dyade mère-enfant n'a qu'un temps et évolue vers ce que l'on appelle la « séparation-individuation » (M. Mahler).

Grâce à la répétition des expériences de soin avec une figure maternelle continue, à la maturation biologique et à la reprise de la vie relationnelle de la mère, en particulier avec le père, le bébé se différencie progressivement de sa mère, la perçoit de moins en moins comme une part réelle de lui-même dont l'éloignement causerait une souffrance d'arrachement aussi violente que si l'on arrachait, par exemple, son bras à un adulte. Il s'agit là d'une évolution psychique progressive qui s'effectuera d'autant mieux que le temps de la fusion a été serein. « On ne se détache bien que lorsque l'on a été bien attaché », a dit M. David.

Cette idée a été reprise sous une autre forme par la théorie de l'attachement : c'est lorsqu'une base de sécurité stable a pu se constituer pour l'enfant auprès de sa figure principale d'attachement qu'il peut se détacher d'elle pour explorer son environnement (travaux de J. Bowlby).

Une autre étape du développement va aider à la séparation. Il s'agit de l'acquisition par l'enfant de la « permanence de l'objet ». Au début de la vie, le bébé ne sait pas encore que cet adulte tellement important qui s'occupe de lui a une stabilité de forme, de qualité et de présence qui lui garantit qu'il sera toujours présent pour lui. Il n'en a la certitude qu'au contact de la présence physique. Avec le temps, la maturation neurologique, les expériences répétées de présence et d'absence et de satisfaction, il acquiert la mémoire de cet objet, et la stabilité de cette image dans son esprit qui le protège des angoisses de perte. On dit qu'il a acquis la notion de la constance de l'objet. Cette acquisition se fait normalement dans la première année de vie, mais elle met du temps à se stabiliser et peut régresser dans les situations de stress. On peut voir des enfants de trois ans avoir des difficultés à cet égard dans des situations de séparation difficile.

Tous les enfants n'évoluent pas au même rythme et, en cas de doute, l'observation de l'enfant et de ses réactions nous guide pour savoir où il en est. L'expérience montre que c'est une erreur de croire que le forçage va accélérer cette maturation. Il risque, au contraire, de l'entraver. Il importe ici de donner du temps au temps.

La séparation

La séparation physique de l'enfant d'avec son objet d'amour primaire est donc un acte à manier avec la plus grande délicatesse, en particulier chez le jeune enfant ou l'enfant insécurisé. Si elle est intempestive, refusée, mal préparée, réalisée dans la violence ou simplement prématurée, elle est susceptible d'entraîner sur le moment une angoisse de séparation et des signes variés plus ou moins spectaculaires et explicites : affectifs, comportementaux, psychophysiologiques (cris, pleurs, refus verbal, mutisme, opposition avec agitation, accès de colère, vomissements, troubles sphinctériens, hypotonie, voire convulsions, etc.). Les retrouvailles avec l'objet maternel peuvent être difficiles sur le moment ou dans les jours qui suivent : troubles de l'attachement avec évitement, perplexité, tristesse, ambivalence, désorganisation, comportements paradoxaux. Les choses rentrent généralement dans l'ordre au bout d'un temps donné, mais des signes résiduels peuvent persister, sous forme de troubles du comportement (agressivité), de l'affectivité (enfant endurci ou au contraire hypersensible), du sommeil ou d'une intolérance très particulière à la séparation avec manifestations de collage à la mère ou, au contraire, de repli, de rejet avec agressivité, ou des troubles psychosomatiques (eczéma, asthme, troubles de la sphère ORL...) et, ultérieurement, des troubles de l'apprentissage.

Ces symptômes très divers témoignent de troubles de l'attachement et sont des signes de stress à entendre comme un vécu difficile de séparation auquel il est important de chercher à remédier, dans une optique de prévention de troubles psychiques installés.

En particulier, il est important d'évaluer la qualité des liens existants au moment de la mise en place d'une résidence alternée. Il peut être grave pour un enfant d'être séparé de sa figure principale d'attachement pour être confié à un parent certes détenteur de l'autorité parentale, mais qui connaît à peine son enfant, comme c'est parfois le cas, en particulier quand la séparation des parents a eu lieu pendant la grossesse ou peu après la naissance et que la mère a vécu seule avec son enfant. Il est essentiel qu'une sécurité se soit progressivement construite avec lui avant qu'un enfant soit confié à un adulte qu'il ne connaît pas, fût-il son parent légal.

Un mécanisme de défense coûteux

Le clivage s'installe dans les vécus traumatiques (R. Roussillon) et les situations de double attachement (M. David, H. Rottman).

Au risque de se répéter, il faut dire que tous les professionnels de la santé mentale de l'enfant considèrent la séparation, le sentiment de perte et d'abandon et l'état dépressif qui peuvent en découler comme un risque majeur pour la santé psychique de l'enfant, surtout s'il est jeune, et qui doit être pris en considération, analysé et traité avec beaucoup d'attention. En effet, si l'enfant a l'impression qu'il ne rencontre ni écoute ni soulagement à sa souffrance et qu'il est donc sans recours, il en vient à se couper de son propre ressenti et à se cliver, s'anesthésiant affectivement, en quelque sorte, pour ne plus ressentir la souffrance d'un vécu de séparation devenu traumatique et intolérable : il s'agit du clivage interne (R. Roussillon). Ces réactions défensives ont été décrites dans les situations d'agression extrême où la personne devient en quelque sorte le spectateur non concerné de ce qu'elle vit, voire s'en absente. C'est ainsi que l'on peut expliquer que certains parents, de bonne foi, déclarent constater que l'enfant supporte très bien la séparation, puisque, une fois parti de chez le parent où il s'opposait à ce départ, il s'apaise et se conforme parfaitement à ce qui est attendu de lui. D'où, pour ce parent, la conviction que c'est sous l'emprise de l'autre parent que l'enfant feignait ne pas vouloir s'en séparer.

Une autre difficulté de la résidence alternée consiste dans le fait que l'enfant est amené à vivre, de manière alternative et en durées égales, dans deux milieux de vie différents, avec un double attachement à deux adultes importants pour lui, référents identificatoires et porteurs de règles et de valeurs parfois conflictuelles et pourtant de même poids. L'enfant se coupe en deux parties qui s'ignorent l'une l'autre pour éviter la difficulté d'avoir à articuler deux mondes opposés qu'on lui demande d'intérioriser. Il s'agit là d'un clivage entre deux parties de soi en lien avec deux objets séparés l'un de l'autre. L'enfant risque alors de se construire en « faux self » ou en double personnalité, au risque de n'être jamais nulle part totalement lui-même, sauf si on l'aide à faire des liens entre les deux mondes pour s'unifier. On peut rencontrer également un clivage de l'objet, c'est-à-dire que l'un des parents est considéré comme radicalement mauvais et l'autre radicalement bon, au lieu que se réalise, comme c'est le cas dans un développement sain, ce que l'on appelle une « fusion » du bon et du mauvais objet en un objet unifié, pourvu de qualités raisonnablement bonnes et mauvaises, comme l'est tout être humain. Cette radicalisation est dangereuse pour le développement psychique du jeune. Dans ce contexte, les propos et les comportements agressifs, dépréciateurs ou accusateurs qu'un parent peut avoir vis-à-vis de l'autre devant l'enfant ont des résonances particulièrement fortes. J'ai rencontré plusieurs adolescents qui avaient été soumis au régime de la garde alternée. Ils avaient, au cours du temps, absorbé la haine ambiante et l'avaient développée vis-à-vis de l'un des parents, proférant des menaces de mort d'une violence telle qu'elle faisait craindre un passage à l'acte. Dans l'un de ces cas, il aura suffi de renoncer à l'alternance avec un domicile stable chez le parent de son choix et des visites, puis de courts séjours à sa demande chez l'autre parent pour faire tomber une tension devenue dramatique. Ce sont de telles observations qui appuient la thèse selon laquelle la résidence alternée ne peut être une réponse adaptée si les parents sont en conflit manifeste.

Ainsi, le clivage, mécanisme de défense inconscient, doit être connu et faire l'objet d'une prévention attentive pour en éviter des conséquences dommageables pour le développement de l'enfant.

LE SYNDROME DE SALOMON

Les parents, pris dans cette crise déstructurante qu'est le divorce, peuvent dériver eux-mêmes vers des perturbations psychologiques. Ils risquent alors de devenir des parents maltraitants à travers l'organisation du partage de l'enfant. Je décrirai certaines de ces réactions psychologiques, exemplaires de ce que l'on peut rencontrer dans la situation de résidence alternée et que j'ai appelées le « syndrome de Salomon ».

Le jugement de Salomon rapporté par la Bible (premier livre des Rois, chap. 3, 16-28) fait partie du patrimoine culturel de notre civilisation : deux mères se disputent un enfant, chacune ayant eu un garçon, et l'un d'eux étant mort subitement, et vont trouver, pour les départager, Salomon, grand roi et juge :

> « Salomon dit : “Coupez en deux parts l'enfant vivant et donnez-en une moitié à l'une de ces femmes, une moitié à l'autre.” La mère de l'enfant vivant, dont les entrailles étaient émues de pitié pour son fils, s'écria, parlant au roi : “De grâce, Seigneur, qu'on lui donne l'enfant vivant, qu'on ne le fasse pas mourir !” Mais l'autre disait : “Ni toi ni moi ne l'aurons : coupez.” Le roi reprit alors la parole et dit : “Donnez-lui l'enfant vivant et gardez-vous de le faire mourir : celle-ci (qui y renonce) est sa mère.” »

En référence à ce fameux jugement, il m'est venu à l'idée de donner le nom de « syndrome de Salomon » à un type de réaction qui se développe face au concept de la résidence alternée. En effet, on voit certains parents saisis comme d'une folie de l'égalité. Cette exigence rigide de symétrie absolue des choses, avec une revendication d'un partage égal, car « c'est mon droit », veut sa satisfaction quel qu'en soit le prix à payer par l'enfant sur le plan psychique ou physique : troubles de santé physique, même sérieux, de l'enfant qui, dans les exemples que j'en ai, coïncident avec les séparations d'avec la mère : dans un cas, chez une fillette de six ans, un purpura rhumatoïde ayant entraîné une hospitalisation ; dans un autre cas, chez un enfant de deux ans, un asthme se manifeste au moment des visites chez le père, nécessitant de nombreuses séances de kinésithérapie respiratoire : plus de deux cents séances (!) à l'âge de deux ans, quand je vois l'enfant pour la première fois. Le rythme des visites chez le père est motivé par le désir de celui-ci d'avoir l'enfant chez lui, si possible autant de jours et de nuits que la mère et, malgré des entretiens où il paraissait très sensible et compréhensif, rien n'a pu le faire renoncer à exposer son enfant à cette souffrance.

Cette folie s'exprime dans de nombreux registres. J'ai vu un enfant de moins de trois ans être non seulement inscrit, mais fréquenter deux écoles maternelles, et un autre trois écoles maternelles, jusqu'au moment où il est saisi d'une phobie scolaire. J'en ai vu d'autres avoir deux pédiatres, deux pédopsychiatres. Et combien de petits, au nom de l'égalité des droits parentaux, sont emportés malades, fébriles, diarrhéiques ou toussant alors qu'ils seraient mieux au chaud dans leur lit habituel.

Cette folie peut être contagieuse et gagner l'autre parent, les grands-parents. Il n'est pas rare que des enfants de moins de deux ans circulent entre les domiciles paternel et maternel, sous le regard de toute la famille, afin, dit-on, que les nuits de l'enfant soient « partagées équitablement entre mère et père ». L'enfant peut changer ainsi de lieu de sommeil jusqu'à quatorze fois dans le mois, sans que les adultes concernés, mal informés, ne s'interrogent sur les conséquences d'une telle discontinuité pour la santé de l'enfant. Les questions n'apparaissent que quand l'enfant commence à aller mal : troubles de l'humeur, du comportement, du sommeil, de l'appétit. Ce consensus parental sur l'égalité des droits, fût-ce au détriment de l'intérêt de l'enfant, est parfois accentué quand les parents ont « refait leur vie » avec un autre compagnon. En partie par culpabilité, en partie par commodité personnelle, ils sont soulagés de donner à l'autre parent la part d'enfant à laquelle « il a droit », et cela d'autant plus facilement que la loi l'y contraint.

Les juristes n'échappent pas à la contamination. L'histoire suivante m'est rapportée par une mère qui vient me consulter. Sa fillette de cinq ans étant en résidence alternée depuis six mois, la mère s'inquiète des fortes poussées d'eczéma que présente sa fille au retour de certaines semaines passées chez le père. L'enfant demande à sa mère de lui téléphoner quand elle est chez son père. L'avocat consulté dissuade fortement la mère de le faire : « Ça pourrait se retourner contre vous, on vous dirait que vous voulez faire échouer la garde alternée. Tant pis pour la petite, il faut qu'elle s'adapte. » S'adapter, supporter en silence l'angoisse de séparation, d'abandon, de perte, fût-ce au prix d'une recrudescence d'eczéma et de troubles de l'affectivité prévisibles ultérieurement : est-ce là ce que la société demande à un enfant pour protéger le parent de son sentiment persécutif ?

À côté de cela, des sommes importantes du budget public sont dépensées dans le domaine de la prévention et de la protection de l'enfance pour traiter les séparations mère-enfant, situations à risque psychologique, justement en faisant du lien entre les différents lieux de vie de l'enfant, ce qui serait quasi délictueux en cas de divorce. Il y a là une incohérence sociale qui demande une harmonisation, et surtout une formation des personnels de l'établissement judiciaire en matière de santé mentale de l'enfant, pour lequel ils sont appelés à statuer.

QUELLE PRÉVENTION ET QUEL TRAITEMENT PROPOSER ?

Tout d'abord, des modalités de résidence qui tiennent compte des connaissances que l'on a sur la clinique de l'attachement et de la séparation. Ainsi, il apparaît que pour un jeune enfant (avant trois ans selon certains auteurs, six ans âge de la socialisation pour d'autres), une relation proche et sécure avec la mère, principale figure d'attachement (dans les cas les plus habituels où il n'y a pas une pathologie maternelle invalidante), est fondamentale pour son développement. La résidence alternée y est donc contre-indiquée également à un âge plus avancé dans les cas de conflit ; d'autres modalités de maintien des liens avec chacun des parents peuvent être trouvées. Des calendriers indicatifs de la séparation, cherchant à prendre en compte ces diverses données, ont été mis en place par des pédiatres et des psychiatres qui se sont penchés sur la question (T.B. Brazelton). On peut s'en inspirer en se guidant avec les signes de mal-être que l'enfant peut donner. Dans le doute, et au nom du principe de précaution, on optera pour la solution qui semble correspondre au meilleur développement de l'enfant.

Ensuite, toute séparation peut et doit être aménagée, par des moyens qui aident l'enfant à se représenter l'objet absent, à faire du lien avec lui et à unifier ses expériences, de manière à éviter le sentiment de perte et d'abandon ainsi que le clivage : objet transitionnel qu'est le doudou, objets familiers circulant entre les lieux de vie, communication téléphonique, photos, évocation par la parole du parent absent, échanges d'informations sur la vie de l'enfant.

Soulignons le vécu particulier par le petit enfant de la nuit passée loin de la mère et loin du domicile habituel. Ce temps-là d'éloignement semble soulever une angoisse beaucoup plus forte chez l'enfant que le temps de la journée, sans que l'on en connaisse encore bien la cause. Les enfants sont sensibles au nombre de « dodos » passés loin de leur « maison ». Il suffit parfois de diminuer d'une nuit le temps d'éloignement de la figure d'attachement pour que les troubles liés à la séparation s'apaisent, le dosage de la tolérance de l'enfant se faisant au coup par coup, par essais et erreurs.

Tenir compte du temps vécu par l'enfant, de ses intolérances, s'assurer qu'on lui donne les moyens de représenter ses images parentales, unifier ses expériences, prendre du temps, favoriser une progressivité, recourir à son système d'expression pour échanger avec lui, observer ses réactions, se donner un cadre, conserver des éléments de stabilité en dépit des changements, tels sont les moyens de protéger l'enfant des remous de la séparation de ses parents. Une attitude tendre, attentive, à l'écoute et respectueuse du rythme et des besoins de l'enfant est le meilleur moyen de construire avec lui une relation de confiance et d'amour, support des identifications et de la transmission.

* * *

Cela peut aider de se rappeler qu'un grand texte éthique de notre culture considère que le vrai parent est celui qui choisit de renoncer à son propre intérêt dans l'intérêt supérieur de l'enfant. Cela demande de la part des parents une maturité et une objectalité malheureusement mises à mal par la crise de la rupture, mais qu'un travail sur soi peut permettre de restaurer. La connaissance des travaux psychologiques actuels sur les relations parents-enfant et le développement de l'enfant, le recours éventuel à un soutien personnel et des références symboliques fortes permettront aux deux parents de se dépasser et de choisir ce qui est préférable pour la vie de leur enfant.

En cas d'échec, l'intervention d'une loi éclairée devrait les relayer en imposant, au nom du principe de précaution, ce qui est juste et nécessaire à la protection physique et psychique de l'enfant.

8

Résidence alternée : risque de maltraitance au nom de l'enfant

Pierre LÉVY-SOUSSAN
pédopsychiatre, psychanalyste[1]

SI j'ai accepté de contribuer à un ouvrage au titre si provocateur c'est en raison de la difficulté que nous avons comme psychanalyste travaillant auprès des enfants de faire entendre une parole, non pas militante, mais professionnelle. Mais c'est aussi une curieuse époque où la parole de l'expert, au sens où celle-ci doit éclairer les enjeux psychiques d'un problème est entendue pour donner une bonne conscience démocratique pour être ensuite annulée. Ainsi lors d'un colloque récent sur la résidence alternée dans un tribunal, après un long exposé sur les conséquences cliniques sur les enfants d'un tel mode de garde, l'un des animateurs a conclu la matinée en regrettant qu'un enfant ne puisse venir témoigner de son état... Curieuse société où la démonstration d'une maltraitance doit être faite par le témoignage des victimes, enfants de surcroît. Triomphe de la parole affective, passionnelle sur la parole professionnelle.

Comme il est difficile d'avoir une enfance de nos jours. Enfants maltraités, bébés achetés, adoption plénière cassée, revendications multiples d'un droit à l'enfant, la liste est longue à énumérer de ce qu'il convient d'appeler autant « l'échec de la protection de l'enfance » comme le dit Maurice Berger que l'échec d'une pensée d'adulte à prendre soin de l'enfance. La science doit

1. Enseignant attaché à la faculté Paris VII.

fabriquer des enfants, le social doit fournir des enfants comme une mère porteuse toute-puissante, la justice devrait autoriser toutes les manipulations filiatives au nom d'une souffrance exprimée dans le social. De plus en plus instrumentalisé par une société qui ne pense plus l'enfant que comme un moyen de « bien-être social », l'enfant en paye le prix fort.

Dans une époque où l'on ne parle que des droits de l'enfant, de la « défense » des enfants, jamais les enfants auront été aussi maltraités dans ce qu'ils ont de plus précieux : leur enfance.

Certains observateurs ont cru que la notion de « droit de l'enfant » héritée du droit anglo-saxon était une avancée. D'autres avaient souligné la dangerosité pour l'enfant d'une telle évolution. Force est de constater que cette notion s'est retournée contre l'enfant à bien des égards. En transformant l'enfant en petit adulte, l'enfant à tout perdu devant un monde d'adulte contre lequel il devenait *ipso facto* un adversaire ou un instrument utilisé selon un jugement d'adulte.

L'émergence d'un « droit *à* l'enfant » n'est que l'envers du « droit *de* l'enfant », conséquence des mouvements sociaux propres à induire une rupture entre l'enfant et la famille.

La loi de 2002 sur l'autorité parentale ne fait pas exception à ce mouvement fort d'atomisation de la famille et de rupture entre l'enfant et sa famille. Curieuse époque où une loi sur la famille met en place les moyens de la fragiliser au lieu de la consolider.

Mais reprenons d'abord l'origine de cette loi.

Analyse du texte de loi du 4 mars 2002

Notre connaissance du texte de loi remonte à l'année 2001 où nous avons été auditionné par le sénateur chargé de la rédaction du texte définitif. Il est intéressant de noter quelques particularités du premier texte envoyé au Sénat par le Parlement qui éclaireront notre débat.

Notre réflexion sur l'autorité parentale est inséparable pour nous d'une réflexion sur les fondements de l'autorité parentale, c'est-à-dire sur le sentiment de filiation (sentiment subjectif). Ce sentiment repose sur la représentation psychologique de la parentalité chez les parents et chez l'enfant, c'est-à-dire sur la représentation du lien juridique et de l'expérience subjective du fait de devenir parent (désir d'enfant et parentification).

Dans la première navette au Sénat, la loi proposait : « L'autorité parentale a pour fondement et finalité l'intérêt de l'enfant. Elle est constituée de droits et de devoirs » (art. 371-1 CC).

Pour la première fois dans l'histoire du droit, il était question de faire reposer l'autorité parentale sur... l'enfant. Le fondement de l'autorité parentale reposait sur l'enfant. Nous avons donc la juxtaposition côte à côte d'un concept « dur », juridique, celui de l'autorité parentale à côté d'un concept flou, subjectif, « l'intérêt de l'enfant ».

Pour la première fois l'autorité parentale n'avait plus pour *conséquence* la protection de l'enfant mais était déterminée, fondée par l'enfant, via « l'intérêt de l'enfant ». L'intérêt de l'enfant devenait alors le seul lien entre les parents et l'enfant. L'autorité parentale ne découlait plus de l'histoire du couple, son désir d'enfant, bien antérieur à sa venue, sa reconnaissance mutuelle dans chaque place, le caractère institué du lien mais à travers la notion floue « d'intérêt de l'enfant ». L'intérêt de l'enfant devenait le seul lien fondateur de la famille.

Or une famille ne devrait pas être définie dans ses fondations par l'enfant. Ce n'est pas sur l'enfant que devrait reposer la famille, c'est d'abord sur le désir d'un homme et d'une femme de vivre ensemble d'une manière stable. L'enfant découle d'une rencontre entre un homme et une femme, d'un désir préexistant à sa survenue, puis d'un projet et enfin de sa venue au monde. Ce qui était évacué c'était le couple, sa dynamique et l'histoire familiale qui a précédé l'enfant. Ce n'est pas à travers la notion de « l'intérêt de l'enfant » que des conflits de droits individuels (droits de la femme, droit de l'homme, droit de l'enfant) trouveront une solution qui puisse faire loi pour tous. Fonder l'autorité parentale sur cela risquait de compliquer, voire de rendre impossible, la position parentale et filiative. Dans cette première proposition de loi, en détachant l'autorité parentale de la notion de filiation, la loi rendait l'enfant responsable et à l'origine de tout ce qui fonde la famille.

On en arrivait au paradoxe suivant : l'enfant comme fondateur de la famille qui le contient. Si le Sénat a pu proposer la suppression du terme « fondement » dans sa proposition à l'assemblée, il n'a pu supprimer l'esprit de cette loi qui intègre dans ses différentes propositions une notion purement sociologique de la famille.

La notion de résidence alternée découle de cette conception sociologique de la famille en faisant reposer sur l'enfant tout l'avenir de la parentalité, force est de constater que la tache est rude pour un enfant.

Dans cette famille idéale : « La séparation des parents est sans incidence sur les règles de dévolution de l'exercice de l'autorité parentale » (art. 373). « Chaque père et mère doit maintenir des relations personnelles avec l'enfant et respecter les liens de celui-ci avec l'autre parent » (art. 373 du Code civil). « Le couple parental doit survivre au couple conjugal » dans les commentaires de cette loi.

D'emblée, la loi apporte une réponse et coupe court à tout ce qui est mobilisé par une séparation : le bouleversement affectif et psychologique que cela représente non seulement du côté de l'enfant mais du côté des parents. Bouleversement susceptible de redistribuer, de redéfinir les liens, les places et la nature des fonctions de tout un chacun.

Il n'y a pas de séparation sans une redéfinition effective et psychologique, de la parentalité à tous les niveaux : parents et enfants.

Cette vision idyllique de la famille conforte l'idée qu'il n'y a pas de réalité du conflit à l'origine de la séparation de ses parents.

Cette vision idéale des choses présente un risque majeur de déni de séparation des parents pour l'enfant. Comme s'il ne devait y avoir aucune conséquence pour l'enfant sur ses relations avec ses parents car tout doit rester identique pour lui. La rupture du contrat moral ou juridique entre ses parents n'entraînerait aucune conséquence pour l'enfant car la conjugalité ne devrait avoir aucun rapport avec la parentalité. Si le contrat n'oblige plus, son contenu devient vide. Ce qui est donc évacué, c'est le couple, la dimension historique de la rencontre seule capable de donner de la consistance aux liens de l'enfant avec ses parents.

Or l'élaboration pour l'enfant de ce conflit est déterminante pour son avenir psychique. Et ce conflit est indissociable de l'expérience subjective de la parentalité, donc de sa perception de l'autorité parentale. Il ne peut pas faire comme si de rien n'était.

Cette loi ne permet pas, en tant que telle, d'élaborer les enjeux de la parentalité derrière les statuts juridiques, car ce qui fonde la parentalité n'est pas la notion de l'intérêt de l'enfant mais de la famille et ce qu'elle permet : la filiation psychique, composante essentielle des enjeux concernant la parentalité. À la différence de la filiation instituée, sa valeur, sa consistance n'est jamais établie définitivement, elle se rejoue sans cesse durant la vie, en particulier elle est redéfinie lors des séparations pour prendre une autre consistance.

> « Article 373. Chacun des pères et mères doit maintenir des relations personnelles avec l'enfant et respecter les liens de celui-ci avec l'autre parent. »

Que se passe-t-il :

- si ces droits vont à l'encontre de son équilibre affectif ? de la nécessité d'avoir des repères stables, répétitifs ?
- si le parent ne peut apprécier le danger d'un tel droit, pour lui ou pour le membre de la lignée ?
- si les relations personnelles de chacun des pères et mères avec l'enfant sont artificielles, pathogènes pour l'enfant ?
- si l'enfant est utilisé contre l'autre parent dans le cadre d'un conflit ?

La loi ne peut à elle seule « créer du père ou créer de la mère ». Elle ne peut transformer un individu en parent alors même que dans le couple aucun processus de parentalisation n'existait. Certains parents peuvent utiliser à leurs fins personnelles l'enfant comme arme contre l'autre, sans être vraiment parent de l'enfant, au sens de protecteur de son enfance.

Parfois le couple parental ne survit pas à la séparation, ce qui ne veut pas dire qu'il n'y ait plus de père ou de mère dans l'esprit de l'enfant. L'enfant peut tout à fait reconstruire une vie où la place de l'un et de l'autre est asymétrique, où il verra moins l'un de ses parents. Il s'agit d'une réalité qui est parfois plus bénéfique que préjudiciable à l'enfant.

Les conséquences psychologiques néfastes de la résidence alternée reposent dans la grande majorité des cas dont nous avons eu connaissance sur :

- l'établissement de la résidence alternée comme nouveau lieu d'affrontement du couple ;
- la relation à l'enfant comme lien artificiel à l'un des membres du couple parental ;
- la déstabilisation des repères sociaux, scolaires par alternance à un âge trop jeune.

Nous voyons mal comment le juridique peut imposer une mauvaise solution dans une situation de séparation déjà difficile à vivre pour l'enfant (art. 372-3 inscription dans la loi du principe de résidence alternée, art. 372-5 « autorisation du juge à imposer le principe de la résidence alternée »).

Il est toujours hasardeux de donner des exemples. Les exemples appellent des contre-exemples dans une suite sans fin. Mais la fréquence et l'intensité des maltraitances psychiques dans ce type de garde nous empêchent de considérer l'enfant comme un terrain d'expérimentation sociologique et juridique ouvert aux statistiques.

Exemple clinique

Le couple est parfaitement d'accord pour se séparer et pour la résidence alternée une semaine sur deux. Peu à peu, douze mois après la séparation le cadet des trois enfants s'enfonce à l'âge de six ans dans une dépression profonde : tête ailleurs en classe, manque d'entrain, agitation à la maison. Lorsque nous le recevons en consultation il nous dira que « tout va bien » d'un air triste, quasi mélancolique. Ses parents ne comprennent pas car il semblait bien accepter ce type de résidence. Eux-mêmes s'entendent très bien.

Il faudra plusieurs entretiens avec l'enfant pour comprendre comment depuis des mois et des mois cet enfant luttait contre un conflit psychique sans succès. Heureusement la survenue d'une dépression réelle a pu entraîner les soins. L'alternance des expériences de séparation avec l'un, puis de séparation avec l'autre avait transformé sa vie en une longue suite de séparation toujours renouvelée. À peine récupérait-il ses repères avec un parent (en trois jours) qu'il devait à nouveau rompre cet équilibre précaire.

Depuis des mois ses parents lui répétaient que tout allait bien, que tout était comme avant, il voyait toujours son papa et sa maman. Progressivement il comprit que la seule personne qui n'allait pas bien c'était lui, mais qu'il était le seul à vivre « des pensées qui font mal » comme il pourra le dire au cours de sa thérapie.

Ne percevant aucune cause au départ d'un de ses parents, il devait donc être responsable de cette situation.

COMMENTAIRES

Cette observation illustre bien les différents troubles que relèvent mes collègues pédopsychiatres ou psychanalystes, présentés par des enfants petits, âgés de moins de six ans, apparus *après* la mise en place d'une résidence alternée. Elle est accord avec les observations de Maurice Berger (2005) en particulier lorsqu'il indique que :

> « Ces troubles ne sont pas dus seulement à la conflictualité qui peut régner entre les parents et transiter par l'enfant. Ils peuvent aussi apparaître lorsque les parents ont mis en place une résidence alternée d'un commun accord, et disparaître lorsque les parents, soucieux du bien-être de leur enfant, acceptent de modifier son mode de vie en lui proposant une plus grande stabilité. »

COMMENTAIRES DE LA LOI AU REGARD DE LA CLINIQUE

Il n'y a pas de séparation sans une redéfinition de la parentalité à tous les niveaux. L'élaboration pour l'enfant de ce conflit est déterminante pour son avenir psychique. L'enfant ne peut pas faire comme si de rien n'était. Ce conflit est indissociable de l'expérience subjective de la parentalité, donc de sa perception de l'autorité parentale.

Il n'est pas évident qu'un enfant doit toujours être élevé à égalité par ses deux parents après la séparation, c'est là toute la question. La résidence alternée n'est pas une solution idéale en soi pour les enfants par rapport à la résidence à partir d'un lieu unique (graves conséquences psychologiques, perturbations sur les rythmes d'action et les cycles veille-sommeil d'autant plus que l'enfant est jeune).

La résidence alternée abrase la notion de complémentarité de rôle entre les parents (égalité des fonctions entre le père et la mère ; différence des sexes) : on ne sait plus qui fait quoi au nom de l'utopie que tout le monde fait la même chose. Or la position de chaque membre du couple est radicalement asymétrique. La fonction parentale n'est pas une fonction unique qu'un homme ou une femme peut assumer pareillement. La fonction paternelle ne se superpose pas à la fonction maternelle. D'un autre côté, il ne suffit pas d'être femme pour être mère. La maltraitance existe aussi chez des mères qui peuvent utiliser l'enfant dans un conflit contre le père de l'enfant.

L'exercice de l'autorité parentale est altéré par sa dilution entre deux lieux également proportionnelle en temps selon l'illusion de l'équation suivante : temps identique + autorité identique = parents égaux.

Cette équivalence ne tient pas compte de la dimension historique et présente de la famille et du couple. Ce n'est pas avec une réalité prescrite et ordonnée que s'élabore l'autorité parentale mais avec :

- la réappropriation par l'enfant de l'historicité de la rupture de ses parents ;
- l'élaboration psychologique de la séparation par le maintien de repères fixes et d'un ancrage qui persiste en lui malgré l'absence ponctuelle de l'un des parents ;
- la possibilité de penser l'absence tout en pouvant s'en plaindre. Les conséquences psychiques de la séparation parentale représentent pour l'enfant un conflit qui est aussi important à élaborer.

La résidence alternée entraîne le leurre qu'il n'a rien à dire sur la séparation car tout le monde joue un rôle identique et que rien ne change pour l'enfant : il verra toujours autant ses parents.

Pourtant l'enfant peut établir la présence de l'autre dans sa tête, même en son absence, à condition de ne pas perdre l'image psychique de sa mère ou du référent le plus stable de sa vie.

La continuité persiste dans la qualité de la discontinuité, de l'espace de création aménagée, de la présence indirecte de l'autre. Cette continuité est mise à mal lorsque la réalité entraîne une trop grande discontinuité dans les liens ou si la conflictualité parentale empêche l'établissement dans la tête de l'enfant des repères parentaux stables.

En cas de conflit ouvert entre les parents empêchant de prendre en considération le bien-être de l'enfant, le risque d'instrumentalisation de l'enfant ne devrait pas permettre la mise en place d'une résidence alternée. Dans ce contexte, un parent refuse souvent d'évoquer l'autre au moment où il a l'enfant en garde. Dans d'autres situations, un parent refuse de dire à l'autre parent où il se trouve en congé ou en week-end lorsqu'il a la garde de l'enfant, empêchant l'enfant de le dire, de le communiquer et donc de parler au parent absent. Parfois un parent empêche non seulement l'évocation de l'autre parent mais refuse les coups de téléphone de l'enfant vers le parent absent ou l'inverse. L'enfant ou les enfants perdent alors deux fois le parent absent quand il va chez l'autre : physiquement et psychiquement. Cet « interdit de penser l'absence » aggrave les effets de l'éloignement répété. Cet interdit de penser aggrave aussi les effets d'un conflit de loyauté impossible à résoudre pour l'enfant.

Les parents resteront toujours les parents dans la tête de l'enfant en cas de séparation s'ils se nomment et sont nommés comme tel par l'enfant, s'ils continuent de transformer les émotions et les affects douloureux de l'enfant en un sentiment d'apaisement, parfois en donnant un sens aux choses de la vie. Cela passe par le renoncement de chacun à la toute-puissance sur l'enfant ou à l'instrumentalisation de l'enfant au profit du conflit de couple.

* * *

Dans notre pratique, la résidence alternée suppose une parfaite entente du couple parentale pour définir, respecter le temps de l'autre, énoncer l'absence de l'autre. Elle ne réussit que dans un nombre infime de cas, lorsque les *contre-indications* à cette modalité de garde sont respectées :

- séparation conflictuelle ;
- absence de dialogue entre les parents ;
- utilisation de l'enfant dans le cadre du conflit, relation à l'enfant artificielle ;
- incompréhension par l'un des parents des difficultés de l'enfant déclenchées par la résidence alternée ou banalisation des troubles présentés par l'enfant ;
- déstabilisation des repères affectifs, sociaux, scolaires par alternance à un âge trop jeune ;
- présence de symptômes ou de troubles lors de l'établissement de la résidence alternée ;
- présence de symptômes ou de troubles lors de la résidence alternée au long cours ;
- imposition par le juge.

La notion d'imposition par le juge d'une solution qui implique pour sa réussite une entente du couple est un paradoxe qui ne peut conduire qu'à des échecs en cas de mésentente persistante après la séparation.

En cas de séparation conflictuelle ou si l'enfant est trop jeune le juge devrait refuser la mise en place d'une résidence alternée au profit de la mise en place d'un droit de visite et d'hébergement. La conflictualité du couple parental devrait être une contre-indication absolue à la résidence alternée. Tout le monde est perdant : la mère, le père, l'enfant. L'évocation d'un « droit à l'enfant » se traduisant par une application rigide, symétrique de la loi sans souci pour la santé psychique de l'enfant est aussi une contre-indication absolue à la résidence alternée. Lorsque la confiance en lui et en l'adulte n'est plus respectée, l'enfant devient anxieux à l'idée de s'éloigner de sa mère et se « colle » à elle.

Cette loi va dans le sens d'une dilution de la norme institutionnelle dans la référence au standard incertain de l'intérêt de l'enfant dont les critères sont flous, arbitraires. Le sens de la filiation, de la parentalité deviendrait dépendant de la situation momentanée d'un enfant sous l'impératif de décisions judiciaires instruites par une loi autocentrée sur lui. « L'intérêt de l'enfant » peut être utilisé comme alibi honorable et hypocrite de la satisfaction pure et simple de l'intérêt des adultes, en particulier en absence du sentiment de parentalité ou lorsque l'enfant est instrumentalisé par l'un des parents. Cet « intérêt » tel qu'il est défini de nos jours risque de différencier puis d'opposer deux droits, celui des parents et celui de l'enfant.

Curieuse société où c'est au nom de « l'intérêt de l'enfant » que l'on a pu mettre en place une loi aussi maltraitante pour l'enfant. Cette maltraitance s'explique très bien par la structure juridique de la loi qui met « soi-disant » l'enfant au centre de son dispositif par un *a priori* sociologique (le couple parental doit survivre au couple conjugal). La nécessité pour un enfant d'un environnement psychologique stable, répétitif, vole en éclat par une volonté de symétrie sociale parentale totalement artificielle sur le plan psychique. Par cette dissociation, l'enfant n'est plus qu'un objet à partager en part équitable comme les disques, les meubles et le chat. À la réflexion, il est même moins bien traité qu'un chat.

À travers une certaine science du social, la problématique de l'enfance et la représentation de ce qui le fonde est noyée pour arriver à ce que Lévi-Strauss, résumait par cette formule terrible : « Le but dernier des sciences humaines n'est pas de constituer l'homme mais de le dissoudre. »

Cela risque de fermer l'accès vers les questions immémoriales et radicales du noyau juridique par fragmentation du droit en mettant tous les individus au même niveau, au même plan en étouffant toute élaboration de la subjectivité, du sens propre de la relation et en privilégiant une gestion sociale des conflits, une gestion des faits au détriment de la santé psychique.

9

Les besoins de base

« C'est pour ton bien »

Frédérique VAUTHIER-MARIN
psychologue clinicienne et psychothérapeute

DE NOMBREUX enfants entre trois et huit/neuf ans dont les parents vivent séparément sont amenés à mon cabinet par leur mère le plus souvent pour des difficultés qui s'expriment par « des pleurs, des cris, de l'agressivité, au moment de partir chez leur père, et d'autres symptômes ». La mère, désarmée, se demande comment faire ; elle pense que « son enfant va mal » et « a peur pour son avenir ».

80 % de ces enfants sont en résidence alternée paritaire, 17 % sont en résidence élargie et 3 % sont en garde classique. Ils ne sont pas tous soumis à la résidence alternée, mais ils ont tous ces mêmes particularités d'être « petits ».

Les symptômes le plus souvent rencontrés chez eux sont :

- *les pleurs* souvent intenses au moment de la séparation d'avec la mère, pour les plus jeunes. Les enfants expriment en acte (se cacher sous la table) ou en mots (« je ne veux pas », « pourquoi partir ! ») leur refus. En consultation, ces enfants s'accrochent à leur mère. L'expression est fonction de leur âge mais ils nous montrent leur désarroi ;
- *la peur et l'anxiété* qui se traduisent par la difficulté de dormir, les cauchemars, le somnambulisme, l'agitation comportementale, et la demande de proximité très importante de l'enfant à sa mère et qui fait que celle-ci a l'impression de ne pouvoir sortir de la fusion, de la relation de dépendance ;

- *la colère, l'agressivité* vis-à-vis de la mère. L'enfant dit parfois clairement à sa mère : « C'est de ta faute. » Dernièrement, une fillette de 7 ans nous déclarait : « De toute façon, la garde alternée ça arrange ma maman », alors que sa mère se débat avec la justice pour modifier le rythme de garde ;
- *des difficultés avec le repère temps* : « Combien de dodos il reste ? » « Maman on est quel jour ? » « Dis maman t'es sûre que je dois pas être chez papa ? » On pourrait parler de non-acquisition du temps ou de perte de repères du temps mais personnellement, j'entends chez ces enfants leur profonde inquiétude par rapport au temps qui s'écoule et qui inexorablement va vers le changement qu'ils ne veulent pas.
  Chez certains enfants, j'entends leurs craintes, leur questionnement : « Est-ce que c'est bien là que je dois être ? », qui traduit en réalité la crainte de leur père. Ainsi par exemple, cette enfant de cinq ans, dont le père nous a menacés par téléphone et lettre recommandée, si nous recevions l'enfant en consultation. Cette enfant se soumettait pour « protéger » sa mère. Pour cette enfant de cinq ans, papa est présent une semaine sur deux et omniprésent la semaine où il est chez la mère ;
- *des comportements de fixation ou de régression* : énurésie, encoprésie, le « parlé bébé » (ne pas faire de phrase à 6 ans et demi), se re-faire porter, rechercher sans cesse la fusion : « coller » à la mère ;
- *une santé fragilisée* avec accroissement du nombre de rhino et bronchites chez certains enfants, crises d'eczéma... ;
- *des troubles alimentaires* tels que l'anorexie : l'enfant maigrit ;
- *des problèmes scolaires* : problème de concentration, désinvestissement ou, inversement, surinvestissement scolaire important, agressivité, hyperactivité, rejet par les autres enfants parce qu'il les « colle », recherche sans raison apparente de la proximité de la maîtresse ;
- *la dépression* : tristesse, visage peu expressif, en retrait, « pas joyeuse, moins vivante et qui s'étiole » nous dit une maman. Chez cette enfant, le test de frustration de Rosenzweig nous révèle un indice déprime bien plus élevé que la moyenne. Cette fillette de 8 ans a été en garde alternée, mais la mère est partie vivre en province, c'est donc son père qui a la résidence principale pour des raisons qui ne concernent pas l'enfant (la mère est partie du domicile conjugal avec son enfant).

Comment l'enfant vit la semaine chez sa mère

Certains enfants « jouent beaucoup et oublient tout le reste », ce qui manifeste une tentative de se réapproprier leurs jouets et les lieux. Ils « collent à leur mère » et tentent de combler le manque de la mère par la fusion. Ils ressentent une vive inquiétude par rapport au temps qui passe.

Le père est omniprésent ; mais qui est réellement présent le père ou sa « violence » ? L'enfant n'est pas serein. Les mères confient : « Il n'a pas le temps de se poser que déjà il lui faut repartir. » Il est inquiet, préoccupé.

Qu'en est-il alors de l'insouciance dont l'enfant a besoin pour grandir ? Est-ce qu'on ne lui vole pas son enfance, en le chargeant d'un poids qu'il n'a pas à porter ?

Il tente de dire sa souffrance et de changer les choses et met tout en œuvre pour le faire au moment où il doit partir chez son père ; il exprime alors sa souffrance en utilisant ses trois canaux de communication : l'émotion (tristesse, colère, peur, agressivité), l'action (s'accroche à sa mère, va se cacher...), la parole (« je ne veux pas y aller ! »). Il tente de culpabiliser sa mère en la rendant responsable : « C'est ta faute », ou en disant à qui veut l'entendre : « De toute façon la garde alternée arrange ma maman. »

La mère seule reçoit l'attaque due à la colère et la souffrance de son enfant. En effet, pour l'enfant, elle est la seule à pouvoir changer les choses. Les enfants refusent souvent d'en parler à leur père. Ils disent qu'ils ont peur d'être grondés ou que « ça va faire de la peine à papa ». Certains qui ont osé dire leur souhait à leur papa se sont entendus dire : « Mais alors tu ne me verras plus jamais. » L'enfant est alors pris dans un conflit de loyauté.

Tous ces enfants que nous avons examinés ressentent leur père comme celui qui impose sa « loi » sans être à leur écoute.

La plupart nient les difficultés : « Si l'enfant maigrit, c'est qu'il grandit ! »

Les pères qui reconnaissent le mal-être de leur enfant, l'amènent consulter moult professionnels de la santé : orthophoniste, psychologues, pédopsychiatres... À les entendre, ces derniers leur confirmeraient que c'est « la mère de leur enfant qui est anxieuse » et surtout que « la mère aime trop son enfant ! ». Il y a donc chez ces pères-là un déni des besoins de l'enfant, un déni de ce que peut apporter une mère à son enfant.

Les pères et les besoins de base

La pyramide de Maslow (Figure 9.1), nous permet de comprendre la hiérarchisation des besoins. Selon Abraham Maslow, la satisfaction d'un besoin ne peut être réalisée que si les besoins de niveau inférieur sont eux-mêmes satisfaits.

Pour les enfants en résidence alternée, nous ne mettons pas en doute que les besoins physiologiques sont satisfaits par le père assisté dans la majorité des cas de ses parents ou de sa nouvelle compagne d'un côté et par la mère de l'autre. Dans ce cas, l'enfant peut donc accéder au deuxième niveau de la pyramide à savoir : son besoin de sécurité. Mais quels sont les ingrédients nécessaires à l'humain pour satisfaire son besoin de sécurité ?

Pour Maslow, l'humain a besoin :

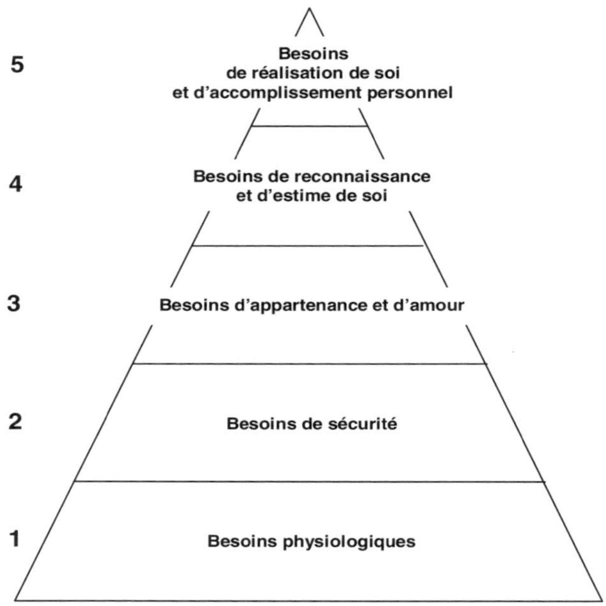

Figure 9.1. La pyramide de la hiérarchie des besoins selon Maslow.

- d'être protégé physiquement et psychologiquement ;
- d'un cadre stable avec un temps rythmé de façon régulière ;
- de la constance de son environnement familial ;
- de propriété (avoir des choses et lieux à soi).

Pour l'enfant soumis à la résidence alternée, ces besoins de base pour accéder à la sécurité ne sont pas satisfaits totalement et d'autant moins satisfaits quand les relations entre ses parents ont été et sont conflictuelles, voire violentes. Dans la majorité des cas qui nous sont soumis, c'est le père qui fait acte de violences verbales ou physiques : l'enfant se sent en insécurité dans sa relation avec le parent très autoritaire, voire violent : comment peut-il croire que ce père violent en parole ou en acte ne le sera pas avec lui ? Comment peut-il être sécure en voyant sa mère menacée ?

À savoir aussi que le cadre change toutes les semaines : cadre matériel, cadre affectif, cadre pédagogique : comment l'enfant peut-il s'y sentir bien. Il passe son temps à s'adapter, à chercher un nouvel équilibre... Que d'énergie dépensée, alors que l'enfant aurait à rassembler toute cette énergie pour sa croissance ! Comment cette suite de séparation renouvelée peut-elle créer un monde stable et sécurisant pour l'enfant ?

Mais surtout, qu'en est-il de la stabilité du maternage dont l'enfant a besoin pour se construire sa sécurité interne, processus qui ne passe pas seulement l'établissement d'un lien stable avec une figure d'attachement sécurisante, mais aussi par des expériences de portage maternel enveloppant, calmant, consolant (Anzieu, 1985).

Nous pouvons être inquiets pour ces enfants car la première observation que l'on peut faire devant une pyramide, c'est que, pour qu'elle tienne droite, elle doit avoir une base solide, car une erreur de construction du soubassement entraînera un affaissement de l'ensemble.

* * *

Devant cette situation de résidence alternée que des parents séparés imposent à leurs enfants, la question qui se pose est : « Quel avenir préparent-ils à leurs enfants ? »

Nous pouvons aussi nous demander, comment pouvons-nous faire vivre à nos enfants quelque chose que nous ne pourrions pas supporter, nous adultes, censés pourtant avoir atteint notre maturité psychologique, à savoir vivre alternativement dans un environnement puis dans un autre ?

Et surtout comment un enfant peut-il vivre bien, sans risque de clivage, dans deux environnements distincts ne communiquant pas l'un avec l'autre, parfois même territoires de « guerre », et en temps plus ou moins égal ?

Finalement... est-ce vraiment pour le bien de l'enfant ?

10

Problèmes psychologiques chez l'enfant de moins de six ans

Quelles recherches mettre en place ?

Maurice BERGER,
pédopsychiatre, psychanalyste[1]

LA RÉSIDENCE alternée fait-elle courir des risques aux enfants petits ? Face aux inquiétantes constatations faites en France et à l'étranger, il apparaît que le seul moyen de répondre à cette question est de mettre en œuvre une recherche précise et structurée, ce qui aurait dû être fait avant le vote de la loi de mars 2002.

L'ÉTAT DES LIEUX

L'élaboration et le vote de la loi de mars 2002 qui légalise la résidence alternée se sont faits dans des circonstances particulières. Alors que ce mode de garde a une importance considérable sur la vie affective de l'enfant, les politiques qui ont proposé cette loi et les parlementaires qui l'ont votée n'ont demandé l'avis d'aucune des sociétés scientifiques officielles regroupées dans la Fédération française de psychiatrie, n'ont pas consulté

1. Chef de service en pédopsychiatrie au CHU de Saint-Étienne, ex-professeur associé de psychopathologie de l'enfant à l'université Lyon 2.

la WAIMH[1], n'ont sollicité aucune recherche sur ce sujet, et n'ont pas pris connaissance des travaux existants. Les professionnels de la santé ne seraient donc compétents que pour soigner les dégâts mais pas pour donner leur avis sur leurs causes. Bref, aucun principe de précaution minimum n'a été pris. Il s'est donc agi d'une loi construite d'abord pour les adultes, malgré le fait que le terme d'intérêt de l'enfant y soit évoqué (sans définition précise), et votée pour des motifs idéologiques « égalitaristes », l'égalité de droit entre hommes et femmes, sous la pression du lobby des associations de pères sans aucune référence à nos connaissances en matière de développement psychologique de l'enfant. Or toute loi concernant l'enfance votée sous la pression de la souffrance des adultes sans référence au savoir risque toujours d'être une mauvaise loi.

Ces problèmes sont devenus d'autant plus importants que, comme le souligne E. Serverin (2005), l'alternance a été pensée par le législateur plutôt comme moyen de prise en charge des adolescents par leurs pères. Or une enquête réalités par la Direction des affaires civiles et du Sceau en 2003 montre que la résidence alternée a été demandée majoritairement pour des enfants beaucoup plus jeunes, les trois quarts ayant moins de dix ans.

Mes propos sont si fréquemment déformés qu'il me paraît nécessaire de rappeler que je n'ai pas de position de principe contre la résidence alternée. Certains adolescents expliquent que ce mode de contact avec leurs parents divorcés a été très bénéfique pour eux, d'autres disent que cela a été la pire des choses et qu'ils ne l'imposeront jamais à leurs enfants, ce qui montre la difficulté de généraliser les vertus et les défauts de ce type d'hébergement. Mais la question se pose différemment pour les enfants petits. Certes la loi du 4 mars 2002 permet de donner aux pères une place plus importante auprès de leur enfant que celle qu'ils avaient précédemment, ce qui est plus juste. Et si on se place du point de vue d'un enfant, il est souhaitable pour son développement affectif que dès précocement, *il ait avec ses deux parents des contacts suffisamment fréquents pour être significatifs*. Mais que ce texte de loi ne fasse aucune différence entre les besoins d'un bébé de deux mois et ceux d'un adolescent soulève de réels problèmes.

Là où les choses deviennent vraiment étranges, c'est lorsqu'est émise l'idée que cette coparentalité doit se dérouler *à temps rigoureusement égal, à l'heure près*, et ceci dès un âge précoce, alors que du point de vue de l'enfant, cette stricte équivalence est sans intérêt. J'ai montré ailleurs

1. Association mondiale pour la santé mentale du nourrisson. *Cf.* la position du professeur Golse, membre de la WAIMH, qui indique à ce propos que l'enfant petit doit d'abord avoir une base de sécurité pour pouvoir s'ouvrir au changement, qu'il doit acquérir un premier attachement solide avant d'en acquérir un second et que, de plus, le moment choisi pour mettre en place une résidence alternée n'est pas le bon, car c'est celui où le conflit est le plus aigu.

les soubassements affectifs conscients et inconscients de ces exigences paternelles (Berger, 2005). Parmi les nombreuses motivations rencontrées, l'une d'elle mérite d'être soulignée. Certains pères nient qu'il puisse y avoir une différence entre un père et une mère du point de vue de l'enfant, et peut-être même qu'au fond, pour eux, un homme est pareil à une femme. *Ces hommes veulent avoir un enfant, un point c'est tout*, certains me l'ont dit tel quel, et peu importe que ce soit avec cette femme-là ou avec une autre. Et dans ces situations, la femme est utilisée comme une mère porteuse, mais elle ne le sait pas ; elle, elle veut un enfant avec cet homme-là, et ne réalisera à quoi elle a été utilisée qu'au moment de la naissance ou peu après. La bête noire de ces hommes, c'est l'allaitement : là, la différence est irréductible. De plus, il retarde le moment de la mise en place de la résidence alternée, d'où les démarches d'un certain nombre de pères pour obtenir, *avec succès dans plusieurs cas*, des ordonnances judiciaires fixant la date de la fin de l'allaitement maternel[1].

Mais c'est du côté de certains magistrats que la situation est plus inquiétante : les questions qui tournent autour de la résidence alternée mettent à découvert les zones d'idéologie, d'incompétence, d'indifférence. Les précautions considérées comme nécessaires pour mettre en place une résidence alternée telles que la proximité géographique des deux parents, l'absence d'une forte conflictualité entre eux, la nécessité d'un seul lieu de scolarisation, peuvent être balayées d'un revers de main ; un magistrat met en place une résidence alternée pour un enfant de six mois qui passe six semaines chez son père aux USA et six semaines chez sa mère en France[2] (Brisset, 2005) ; des nourrissons changent sept fois de lieu d'hébergement

1. Heureusement, une majorité de pères ne sont pas pris dans de tels mouvements affectifs comme en témoigne le courrier suivant : « Docteur Berger, pour avoir moi-même vécu cette résidence alternée avec mes enfants pendant un an après ma séparation, je ne peux qu'abonder dans votre sens. Malgré un environnement "idéal" de cette résidence (respect de l'autre parent, même situation géographique, communication...), j'ai senti que mes enfants (5 et 7 ans à l'époque) souffraient de ces incessants allers-retours entre le domicile de leur mère et le mien : ils n'avaient pas le temps de se poser. Bien entendu, la séparation est elle-même difficile à vivre, mais il faut être à l'écoute de ses enfants et pouvoir déceler les signes d'un mal-être, et surtout, être honnête avec soi-même pour oser se l'avouer, ce qui est, hélas, rarement le cas. Les maux dont vous parlez dans votre étude, je les ai vus chez mes enfants. Quand je retrouve mes enfants et que je vois qu'ils vont "assez" bien et sont heureux de me revoir, je me dis que j'ai fait le bon choix pour eux et qu'ils s'en rendront peut-être compte plus tard. Continuez votre travail de défricheur. Certains papas, qui n'ont pas leurs enfants auprès d'eux, sont derrière vous à vous encourager dans votre démarche scientifique. »

2. Dans son rapport 2005, C. Brisset, défenseure des enfants, indique que les effets de la résidence alternée sur les enfants les plus jeunes sont mal connus, qu'« une prudence élémentaire pourrait conduire à exclure le principe de la résidence alternée pour les très jeunes enfants, de 5 ou 6 ans, et qu'une conférence de consensus devrait être organisée sur cette question ».

en dix jours ; des enfants sont scolarisés dans deux écoles différentes sur décision judiciaire ; bien qu'une mère subisse de graves violences conjugales et ait été sévèrement frappée, une résidence alternée est mise en place, ce qui la maintient sous l'emprise de son ex-compagnon, etc. Plusieurs juristes qui ont participé à l'élaboration de cette loi sont fortement étonnés par l'usage qui en est fait, et qui ne correspond pas à la conception qu'ils en avaient. Ainsi P. Murat (2006) précise que la loi de 2002 ne fait pas de la résidence alternée un modèle, et rappelle que l'autorité parentale est un droit-fonction qui se définit par ses fins (en particulier permettre le développement de l'enfant dans le respect dû à sa personne, art. 371-1 du Code civil) et non par ses moyens. Et un juge des affaires familiales a déclaré publiquement lors du 30e salon de l'avocat et du droit (Paris, 2004) consacré au thème « Rupture dans l'enfance, rupture de l'enfance » qu'il considérait comme délirantes les décisions de certains de ses collègues à ce sujet. Si beaucoup de magistrats font preuve de prudence, d'autres fondent leurs décisions sur leurs croyances personnelles, au détriment de l'identification à ce que peut ressentir un enfant petit, et justifient leur position en se posant littéralement comme experts du développement psychologique de l'enfant.

Le problème, c'est qu'en se centrant uniquement sur les droits des pères et les droits des mères et sur la répartition « égalitaire » de l'hébergement, avec une confusion entre l'égalité de droit au niveau de l'autorité parentale et l'égalité de rôle au niveau du développement précoce de l'enfant, on se décentre considérablement de l'enfant réel. Or ce n'est pas parce que des adultes décident d'exercer différemment leur manière d'être parents que la spécificité de la relation mère-enfant disparaît, et que les besoins des nourrissons changent. Ils sont les mêmes depuis des siècles et continueront à l'être pendant les siècles à venir. Et le point de vue sociologique ne donne pas accès à la complexité de la vie psychique du tout petit.

Les résultats de l'application de la loi de mars 2002 ne se sont pas fait attendre.

Les troubles observés

Peut-on toucher sans risque à l'importance de la relation précoce mère-bébé, mère-petit enfant ? Peut-on imposer à un enfant petit un rythme de vie en alternance ? La réponse vient de l'enfant petit lui-même. *Il tente de résister à ce rythme de vie inadapté* et manifeste son mal-être, en vain le plus souvent, par des symptômes inaccessibles aux démarches thérapeutiques entreprises ; et c'est bien là que réside l'essentiel du problème : ces symptômes sont presque toujours irréductibles. Dès 1999, trois ans avant le vote de la loi, à partir de ma pratique de thérapeute d'enfants, j'avais souligné la présence de ces signes cliniques (Berger, 1999). Depuis, ce sont des centaines de situations qui sont recensées à ce jour, dont beaucoup décrites par des pédiatres, médecins généralistes, psychiatres et psychologues. Rappelons brièvement les symptômes fréquemment observés :

- un sentiment d'insécurité avec apparition d'angoisses d'abandon qui n'existaient pas auparavant, ces enfants ne supportant plus l'éloignement de leur mère et demandant à être en permanence en contact avec elle ;
- un sentiment dépressif avec un regard vide pendant plusieurs heures ;
- des troubles du sommeil, de l'eczéma ;
- de l'agressivité, en particulier à l'égard de la mère considérée comme responsable de la séparation,
- une perte de confiance dans les adultes, en particulier dans le père, dont la vision déclenche une réaction de refus, etc.

Les mêmes symptômes se retrouvent

- *avec des « équivalents » de résidence alternée* qui visent à éviter de longues séparations d'avec la mère, tout en donnant un temps de résidence équivalent au père (« sa part d'enfant »). La vie de l'enfant est alors *morcelée*, avec par exemple cinq changements de lieux en sept jours, ou sept en dix jours ;
- lorsque le droit d'hébergement plus restreint comprend *des grands week-ends*, depuis le vendredi matin (enfant posé chez la nourrice) jusqu'au lundi soir, et/ou la moitié des vacances scolaires ;
- chez les enfants de sept/huit ans, on peut observer des comportements de maîtrise exacerbée qui se manifestent par un refus de suivre le rythme proposé par les parents et l'école, comme si ces enfants se révoltaient contre le moindre rythme venant de l'extérieur.

Ces troubles étaient parfaitement prévisibles puisqu'ils sont les mêmes que ceux décrits dans de nombreux travaux il y a des dizaines d'années chez des enfants qui se sont trouvés séparés de leur mère de manière répétitive dans d'autres contextes. Avec le recul dont on dispose ainsi et à partir de l'étude des antécédents de situations insécurisantes retrouvés chez les adultes présentant une personnalité état-limite (in N. et A. Guedeney, 2002), on peut affirmer que ces troubles peuvent s'installer de manière durable à l'adolescence et se retrouver à l'âge adulte sous la forme d'angoisse et de dépression chroniques. Certains sujets s'adaptent en fonctionnant « en faux-self » : ils présentent en surface un comportement qui correspond à ce qu'ils pensent qu'autrui attend d'eux, mais ceci se fait au prix d'une coupure par rapport à ce qu'ils ressentent réellement (*cf.* le clivage décrit dans cet ouvrage par H. Rottman, p. 113). On se trouve donc devant *un véritable problème de santé publique*.

Certains pères affirment que contrairement à leur ex-compagne, ils n'observent aucun de ces troubles. Dans la mesure où le plus souvent, il n'est pas possible actuellement d'observer les interactions entre ces pères et leurs enfants, on peut émettre trois hypothèses :

- l'enfant va effectivement bien chez son père, ou présente une souffrance *a minima* ;
- certains pères ne se rendent pas compte de la souffrance que leur enfant présente ;
- l'enfant gèle ses sentiments (comme l'a décrit Fraiberg (1993), psychanalyste spécialiste du nourrisson) lorsqu'il est chez son père, parce qu'il perçoit que ce dernier n'est pas disposé à les accueillir, et ne montre son angoisse que lorsqu'il revient chez sa mère.

Chez les enfants qui souffrent de manière moins « visible », H. Rottman a cependant noté une certaine absence d'insouciance, de joie de vivre, comme si une partie importante de leur énergie psychique était consacrée à s'adapter aux changements répétitifs de lieux, car certains enfants petits sont très sensibles à de tels changements. Même pour eux, la rythmicité en alternance « égalitaire » est donc inadaptée.

Cette pathologie quasi expérimentale ne nous paraît actuellement *pas traitable*. En effet, lorsque nous tentons de mettre en mots, avec l'aide de petits jeux, ce que ces enfants ressentent (peur de perdre le parent, colère, etc.), l'enfant ne comprend pas pourquoi le thérapeute laisse se pérenniser la situation, puisque cet adulte a compris que cela ne lui convenait pas. Le thérapeute est comme un médecin qui compatirait à la douleur de son patient sans lui enlever l'épine qu'il a dans le pied. Plus même, d'une certaine manière, le soignant apparaît comme complice de ce dispositif.

LA NON-UTILISATION DES RECHERCHES EXISTANTES

Si au cours de l'élaboration de la loi de mars 2002, on avait fait référence aux recherches existantes, on aurait déjà pu s'appuyer sur les données suivantes.

La relation mère-enfant petit est différente de la relation père-enfant petit

De nombreux travaux montrent que les pères et mères proposent à leur bébé un style d'échanges différents, complémentaires mais non équivalents (*cf.* Le Camus, 2000 ; et synthèse in Berger, Gravillon, 2003). Schématiquement, *les mères proposent un dialogue dit « tonique »,* émotionnel, qui met en jeu un langage préverbal constitué de vocalisations, de mimiques, de postures. C'est par la voix, le sourire, le soutien physique, que la mère contribue à faire naître chez l'enfant les sentiments originels de confiance, de sécurité et de continuité d'existence. Le nourrisson exprime prioritairement ses besoins par l'intermédiaire des variations de tension musculaire inscrites sur son corps et sur son visage (hypertonus de la faim ou de l'inconfort ; détente de la satisfaction). Les mères y sont particulièrement attentives et le « dialogue tonique » mère-bébé est la forme de régulation des états de mal-être et de bien-être de l'enfant. Par ailleurs, les mères favorisent les échanges par le canal visuel. La durée moyenne des regards que le bébé dirige vers l'adulte est systématiquement à l'avantage de la mère alors que la durée relative des jeux entre adultes et enfant est en faveur du père.

Les pères sont plus volontiers dans un échange dit « dialogue phasique », c'est-à-dire dans un échange « plus physique », plus stimulant, de nature discontinue, avec des moments émotionnels privilégiés plus intenses, ceci dès la fin du premier mois (soulever le bébé dans les airs, etc.). Ils ont une motricité plus expansive avec leur enfant alors que la mère réveille davantage les émotions par des expressions faciales.

Le dialogue mère-enfant est donc davantage lié à l'expression des émotions, il est plus dans le registre du soin, de la tendresse, du réconfort, de la protection, alors que le dialogue père-enfant apparaît plus adapté à l'ouverture sur l'environnement, même si les pères peuvent être protecteurs et proposer un maternage adéquat. Les pères sont plus directifs, demandent plus la réalisation de tâches, font plus de jeux passant par le mouvement, proposent plus de jeux non conventionnels que la mère, taquinent volontiers l'enfant, se montrent plus « déstabilisateurs », proposent plus à l'enfant des « problèmes » à résoudre, les mettent plus au défi, sont des « catalyseurs de prise de risques ».

On peut encore citer les travaux de M.E. Lamb, chercheur psychologue qui jusqu'en 1980, considérait que père et mère pouvaient avoir des rôles strictement équivalents dans le registre émotionnel et comportemental pour leur bébé. Mais en 1983, il montre que des enfants âgés de huit à seize mois, vivant avec leurs parents non divorcés et élevés prioritairement par leur père, souvent du fait de la profession de la mère, manifestent une préférence pour leur mère dans des situations inquiétantes, comme la présence d'un visiteur inconnu. On peut donc dire que si le père occupe bel et bien une position de figure d'attachement, l'enfant préfère cependant la « base de sécurité » maternelle en cas d'inquiétude ou de détresse. La mère est donc plus appropriée que le père dans ce registre, la demande de protection de la part de l'enfant reste en faveur de la mère. Aucun autre travail n'est venu démentir ces conclusions depuis. Le père n'est donc pas une mère comme les autres. On peut s'étonner là encore que le législateur n'ait pas pris connaissance de ces travaux.

Comment expliquer ces faits qu'on ne peut nier ? On peut émettre un ensemble d'hypothèses. La participation habituellement plus importante de la mère aux soins précoces est un facteur important, mais est-elle suffisante pour expliquer les constatations de Lamb ? Cet attachement spécifique mère-bébé peut aussi être la conséquence de la relation particulière qui s'installe au cours de la grossesse (on a prouvé que les fœtus réagissaient aux mouvements émotionnels de leur mère), et être favorisé par l'expérience de l'accouchement et de l'allaitement au cours duquel l'échange des regards mère-bébé est particulièrement intense. D'autres travaux montrent que le nouveau-né est capable de reconnaître la voix de sa mère parmi d'autres voix de femmes, mais pas celle de son père parmi les voix d'autres hommes (De Casper, 1984). On sait aussi qu'à trois jours, un nourrisson fait la différence entre l'odeur du sein de sa propre mère et celle du sein d'une autre mère, et qu'il reconnaît l'odeur du cou de sa mère par rapport à celle d'autres femmes. Mais beaucoup d'inconnu persiste sur cette question.

L'importance fondamentale, pour un enfant, de disposer d'une figure d'attachement sécurisante

De nombreux travaux permettent d'affirmer depuis longtemps qu'un enfant a, dès les premiers mois de sa vie, besoin d'établir un lien sélectif avec un adulte qui soit une figure d'attachement stable, fiable, prévisible, *accessible*, capable de comprendre ses besoins et d'apaiser ses tensions, et qui lui permette de se sentir en sécurité chaque fois qu'il est en situation de détresse ou de grande inquiétude. Lorsqu'il aura intériorisé cette image sécurisante, il pourra développer un sentiment de confiance en lui et dans les autres qui lui permettra de s'éloigner pour explorer le monde. Un enfant petit peut bénéficier de plusieurs figures d'attachement, mais il existe une hiérarchie. Parce que c'est la mère qui est enceinte, accouche, allaite, non seulement elle arrête ses activités afin d'être totalement disponible pour son enfant, mais en outre, elle noue une relation spécifique avec lui. Et c'est elle, premier *caregiver*, qui constitue la première base de sécurité comme le montre le travail de M.E. Lamb décrit ci-dessus.

Si ce processus d'attachement, qui permet à l'enfant d'acquérir une sécurité interne et de supporter une séparation, est rompu par une discontinuité régulièrement répétée, et non pas exceptionnelle, se met en place un attachement perturbé, *non sécurisant*, dont on sait qu'il présente un caractère de fixité parfois irréversible. C'est ce qui risque de se produire si une résidence alternée est mise en place trop précocement : la base de sécurité maternelle est *inaccessible* à l'enfant pendant une durée trop longue. L'absence de sentiment de sécurité interne risque alors d'entraîner la constitution d'un attachement dit « désorienté-désorganisé », qui se manifeste par les symptômes décrits ci-dessus[1]. D'où la nécessité de laisser à l'enfant le temps de se construire tranquillement un attachement sécure.

Un trouble de l'attachement peut donc survenir même hors de toute situation conflictuelle : ainsi il n'est pas rare que *dans des situations de résidence alternée mises en place avec l'accord des deux parents,* certains enfants présentent les symptômes indiqués précédemment, qui disparaissent lorsque les parents renoncent à ce mode d'hébergement[2]. D'une manière générale, il faut souligner la grande variabilité, d'un nourrisson à un autre, de la capacité de supporter la séparation. Ceci est imprévisible et dépend en partie de facteurs constitutionnels, indépendants des conditions de maternage : certains nourrissons ne supportent pas le moindre changement de cadre et de personne alors que d'autres le tolèrent plus aisément. Tous les enfants petits n'ont pas la même capacité de conserver l'image de leur mère dans leur esprit. Pour les plus vulnérables, lorsque cette image s'estompe, c'est comme s'ils avaient perdu leur mère, alors que d'autres se développent apparemment bien en résidence alternée « non conflictuelle », en tout cas pour ce qu'on peut en dire pour le moment et sans préjuger du futur. C'est pour cette raison que les décisions judiciaires « prêt à porter » sont traumatiques pour un certain nombre d'enfants petits[3].

La conflictualité dans le couple n'a pas comme seuls effets, bien connus, de contraindre l'enfant à cliver sa personnalité en deux parties « indépendantes » pour pouvoir maintenir une relation avec chaque parent ; et de l'amener à intérioriser la violence du conflit parental. Elle vient aussi aggraver la difficulté de l'enfant de constituer un attachement sécurisant. Le contexte est particulier : le couple se sépare souvent alors que la grossesse est en cours ou peu après l'accouchement, ou quand l'enfant est encore petit. Le « maternage » est alors pris dans le conflit, dans la passion, et toute exhortation à la non-conflictualité n'est souvent qu'un vœu pieux. Souvent il n'y a pratiquement aucune communication entre le père et la mère concernant l'enfant, si bien que, par exemple, quand l'enfant manifeste son inquiétude alors qu'il est chez son père, ce dernier n'évoque pas la présence de la mère

1. Une mise régulière à la crèche constitue un processus différent : elle représente une discontinuité sur un fond de continuité, ce qui n'est pas le cas de la résidence alternée. Il est intéressant de souligner que A. Sagi a démontré ce point de manière quasi expérimentale chez les enfants élevés en kibboutz. Ceux qui dormaient la nuit loin de leurs parents présentaient un attachement sécure dans 59 % des cas, contre 75 % chez ceux qui allaient seulement en crèche dans la journée (in N. et A. Guedeney, 2002).

2. J. Byrne (2005) indique que même lorsqu'un enfant est attaché de manière sécure à ses deux parents, le fait d'être séparé répétitivement de ces deux figures est source d'angoisse.

3. Par ailleurs, de nombreux auteurs soulignent que le petit enfant n'a pas le même sens du temps que l'adulte, une séparation d'une journée pouvant être équivalente dans son vécu à un temps beaucoup plus long (Kaplan, Pruet, 1999).

en lui disant : « Tu vas bientôt revoir maman », ou ne lui permet pas de parler à sa mère au téléphone. Cela a une importance particulière le soir, au moment où l'enfant se sépare de l'adulte et se retrouve seul. Ainsi, *l'enfant perd un parent quand il va chez l'autre, ce qui potentialise fortement les effets de l'éloignement répété de la « base de sécurité » maternelle.*

Des recherches qui invitent à la prudence[1]

Les recherches consacrées au mode d'hébergement des nourrissons en 1999 invitaient à la prudence. Dans ces recherches longitudinales précises commanditées par le Programme de recherche de santé chez l'enfant aux États-Unis, Solomon et George (1999) montrent l'impact des nuits passées loin de la mère sur les nourrissons dans un contexte de divorce. Sur cent quarante-cinq enfants âgés de douze à vingt mois, revus de vingt-quatre à trente mois, les deux tiers des enfants de parents divorcés qui passent régulièrement une ou plusieurs nuits avec leur père ont des comportements qui traduisent la constitution d'*un mode d'attachement plus insécurisé que les enfants de parents divorcés qui ne passent pas de nuits chez leur père*, ou encore que les enfants de couples non divorcés. Ces nourrissons présentent des moments d'hypervigilance, d'agrippement, d'agressivité, d'hypersensibilité à toute séparation potentielle ou réelle d'avec la mère. Ils ne parviennent à être bien ni au moment des séparations ni au moment des retrouvailles, et ils ne considèrent pas que leurs parents soient capables de les aider dans ces circonstances. Conclusion des chercheurs (qui ont donc constaté les mêmes troubles que ceux décrits dans cet ouvrage) :

> « Les tribunaux ont à accepter que le divorce crée, au moins temporairement, une situation dans laquelle le meilleur intérêt du petit enfant n'est pas synonyme d'équité pour les deux parents. »

Une inquiétude partagée dans d'autres pays

Les constatations et préoccupations exprimées ci-dessus se retrouvent chez les professionnels d'autres pays.

Ainsi dans une émission consacrée à la résidence alternée par la télévision canadienne en 2005[2], un chercheur clinicien réputé, Yvon Gauthier, professeur de pédopsychiatrie à l'Université de Montréal et responsable de la clinique de l'attachement, déclare recevoir de plus en plus d'enfants de moins de six ans qui vont mal suite à une telle décision d'hébergement. À

1. Il m'a été difficile de me référer ici aux travaux de G. Poussin car ses expressions sont souvent très ambiguës.

2. Au cours de laquelle les enfants de six à dix ans interviewés ont déclaré qu'ils n'imposeront jamais un tel mode de vie à leurs propres enfants.

partir de ses constatations d'expert, il indique qu'il est essentiel de préserver le lien d'attachement principal qui s'est développé chez l'enfant, tout en maintenant des contacts réguliers avec le père :

> « On ne peut partager un enfant en deux pour satisfaire les besoins parentaux. Il est profondément perturbant pour un jeune enfant de passer constamment d'une figure parentale à une autre, non pas dans la même maison, ce qui est normal, mais dans une maison différente où il ne demeure que quelques jours. À défaut de la présence des deux parents qui vivent ensemble, la stabilité d'un parent est essentielle, mais aussi, et en relation étroite avec lui, la stabilité des lieux où les relations quotidiennes se concrétisent avec lui. Même un adulte ne pourrait soutenir bien longtemps un tel système sans en être rapidement profondément perturbé » (communication non publiée).

Aux USA, en 1989, Wallerstein et Blakeslee indiquent que « la garde conjointe ne diminue pas la détresse de l'enfant ; sa crainte majeure demeure la même, la peur de l'abandon. Bien plus, les transitions entre les deux maisons renforcent les angoisses à propos de la constance et de la fiabilité des personnes et des lieux ». Par ailleurs, en juin 1999, la commission « Genre, justice et relations familiales » de l'État de Washington a décidé d'essayer d'y voir plus clair (Lye, 1999). Deux juges de la Cour Suprême de cet État, d'autres magistrats et professionnels, ont repris les publications réalisées sur ce sujet en examinant les méthodologies utilisées par leurs auteurs. Dans un rapport de quinze pages, ils concluent que la plupart d'entre elles souffrent de défauts méthodologiques importants (échantillons trop restreints, aucune précision concernant la manière dont la résidence alternée a été choisie, etc.). Les études considérées comme valables donnent des résultats variables. Pour certaines, il n'y a aucune différence significative entre les enfants vivant en garde alternée et ceux ayant une résidence stable, pour d'autres les enfants ayant une résidence stable paraissent plus affectueux et attentionnés avec leurs parents. L'âge des enfants concernés par ces études n'est malheureusement pas mentionné dans ce rapport. Les conclusions des experts-chercheurs consultés insistent sur le fait que lorsqu'une garde alternée est imposée, les enfants sont fortement et gravement exposés au conflit des parents[1].

1. Ce document peut être consulté sur le site www.courts.wa.gov/newsinfo. Sa traduction en français peut être consultée sur le site www.lenfantdabord.org.

En Belgique, J.-Y. Hayez[1] et Ph. Kinoo (2005), experts pédopsychiatres, indiquent que la garde alternée n'est pas bénéfique aux enfants tout petits car ces derniers ont besoin de stabilité, et que l'existence d'un conflit important entre les parents « est un puissant indicateur pour ne pas opter pour l'hébergement alterné. Il est illusoire de croire qu'il va fonctionner comme une espèce de baume miracle obligeant les parents à s'entendre ». Lors de son audition par la commission parlementaire belge consacrée à ce sujet, J.Y. Hayez a indiqué qu'en trente ans, il n'avait vu fonctionner correctement les situations d'enfants en résidence alternée que dans 20 à 25 % des cas.

L'absence de préoccupation concernant l'enfant de la part des politiques et de certains magistrats.

Ce qui est remarquable, c'est que les constatations inquiétantes décrites ci-dessus n'ont entraîné aucune réflexion de la part des politiques ou de certains magistrats, ce qui confirme ce qu'on sait par ailleurs de notre positionnement par rapport à l'enfant : il faut regarder clairement en face le fait que nous vivons dans un pays indifférent à la souffrance psychique de l'enfant petit, et qui privilégie le débat d'idées par rapport aux faits. La devise implicite de nombreux politiques et professionnels est : « L'enfant peut bien supporter ça. C'est à lui de s'adapter[2]. » Pourtant B. Cyrulnik indique précisément qu'un enfant qui n'a pas pu bénéficier d'une figure d'attachement stable et accessible ne peut jamais devenir résilient. On ne peut

1. Toujours en Belgique, dans une étude intéressante, C. Van Pevenage (1998, 2004) expose une recherche comparant le devenir psychologique de vingt-neuf jeunes filles âgées de 18 à 23 ans dont dix ont vécu une garde monoparentale stricte, leur mère ne s'étant jamais réinvestie dans une relation de couple ; dix autres ont vécu une garde monoparentale avec une recomposition familiale maternelle ; et neuf ont vécu une garde alternée en passant une semaine sur deux chez leur mère et l'autre semaine chez leur père. Dans chaque groupe, certains sujets avaient moins de 6 ans et d'autres entre 6 et 12 ans au moment de la rupture parentale. Cette étude, très prudente dans ses conclusions, montre que les jeunes femmes qui vivent une garde monoparentale maternelle stricte ont plus de difficultés à s'autonomiser de leur mère. Le mode de garde ne semble pas avoir d'incidence directe sur la façon dont ces jeunes femmes s'auto-estiment. Avec prudence, l'auteur insiste sur l'individualité de chaque situation et sur le fait qu'on ne peut pas appliquer des mesures types, et précise que « dans cette recherche menée en 1995, les jeunes filles rencontrées avaient des parents divorcés depuis au moins 10 voire 20 ans. Cela implique des divorces entre 1975 et 1985, soit à un moment où l'hébergement alterné était rare. Leurs parents étaient dès lors des précurseurs qui devaient s'entendre et défendre leur projet. C'est un élément fondamental dans l'ajustement des enfants, cette volonté de s'entendre autour d'eux. C'est un biais dans mon étude mais je n'ai pas réussi à l'époque à rencontrer des familles où la situation était différente. Par ailleurs, ces jeunes femmes avaient toutes plus de 2 ans au moment de la séparation » (in courrier adressé à l'auteur).

2. Face à cette constatation, il est impossible de ne pas évoquer une autre hypothèse : et si, chez certains, c'était une véritable haine de l'enfant qui se cachait derrière cette indifférence.

pas exclure non plus que cette position constitue une sorte de règlement de compte avec l'image maternelle que nous avons tous à l'intérieur de nous : il faudrait faire le plus rapidement possible une place au père équivalente à celle de la mère, afin d'éviter que les mères fantasmées comme « possessives » n'exercent trop d'emprise sur leur enfant. *Mais c'est le résultat inverse qui se produit souvent* : ce que nous savons du fonctionnement psychique précoce, c'est qu'un enfant petit ne peut s'autonomiser que s'il est certain de ne pas perdre la relation avec sa mère lorsqu'il s'éloigne d'elle. Il suffit de regarder comment, dans un jardin public, un enfant de deux ans s'éloigne de sa mère pour aller se mêler aux autres enfants, s'arrête à mi-chemin pour regarder si elle est toujours à la même place, éprouve parfois le besoin de retourner près d'elle, puis repart. Il se distancie pour explorer le monde, mais à la condition de pouvoir revenir vers elle s'il est inquiet, puis il repart. Si ce mouvement n'est pas possible, l'enfant devient anxieux à l'idée de s'éloigner de sa mère et se « colle » à elle. C'est une règle générale du fonctionnement psychique, connu de tous les spécialistes de la vie psychique : il ne peut y avoir de bonne séparation que lorsqu'un enfant a suffisamment de présence sécurisante et satisfaisante de sa mère en lui. Et c'est ainsi qu'en voulant gagner quelques mois de présence paternelle plus intensive, on perd des années de sécurité interne pour l'enfant et on augmente sa dépendance à l'égard de sa mère. Mais les préjugés sont tels que quand un enfant résiste au cadre qui lui est imposé et présente des troubles, la conclusion systématique de nombreux magistrats est que ces troubles sont dus à l'angoisse de la mère, laquelle se montre normalement inquiète face aux symptômes de son enfant, et qu'il s'agit donc d'une résistance de la mère et non de l'enfant. Ceci souligne l'incapacité des professionnels à penser sur ce qu'un enfant peut ressentir.

On peut avancer que j'exagère ; mais alors *il faut s'intéresser à l'absence de souhait d'en savoir plus*. Si la préoccupation par rapport à l'enfant était au centre de la réflexion des magistrats et des politiques, ils auraient fait depuis longtemps une demande d'éclaircissement aux Ministères concernés, Justice, Famille, Santé. La question de la recherche est donc centrale si on résume la situation actuelle :

- certains magistrats prennent des décisions de résidence alternée sans tenir compte de l'âge de l'enfant, de la conflictualité dans le couple, de l'éloignement géographique des parents ;
- l'expertise psychiatrique est souvent d'une aide limitée : certains magistrats balaient d'un revers de main une expertise sérieuse qui souligne la pathologie psychique du père et imposent une résidence alternée malgré l'opinion défavorable de l'expert. Ils ne tiennent pas compte non plus de certificats établis par les médecins hospitaliers indiquant que des nourrissons sont hospitalisés de manière répétitive pour des troubles psychosomatiques dans un tel contexte de garde.

Les experts eux-mêmes indiquent que si l'expertise peut permettre de donner une évaluation adéquate de la situation actuelle, lorsqu'il s'agit de nourrissons, elle a une visibilité réduite à quelques mois, six mois à un an au grand maximum, ce qui rend difficile de prévoir comment un enfant va s'adapter et donc comment on peut permettre l'augmentation de son temps de présence auprès de son père (Hayez, Kinoo, 2005 ; Berger, 2005).

Ajoutons à cela le problème de la qualité des expertises. Fréquemment, un père ou une mère a été reçu seul(e). Or, plusieurs auteurs insistent sur la nécessité de recevoir chaque parent avec l'enfant, car un parent peut très bien verbaliser et décrire le comportement de son enfant et ses besoins et n'avoir aucune adéquation émotionnelle avec lui. Et chaque fois que c'est possible, c'est-à-dire que la situation n'est pas imprégnée de violence, il est intéressant d'assister au passage d'un enfant des bras d'un parent dans ceux de l'autre. Il faut aussi être attentif aux signes qui indiquent une sensibilité particulière de l'enfant à la séparation.

- Si certaines enquêtes sociales sont remarquablement bien faites, d'autres sont d'une indigence impressionnante, avec une absence quasi totale de connaissances concernant les difficultés psychiques des enfants. Ainsi dans l'une d'elle, est signalé « en passant » le fait qu'un enfant de six ans présente une encoprésie[1] depuis la mise en place d'une résidence alternée, alors que ce symptôme signe une souffrance psychique importante chez un enfant, souvent liée à une problématique de séparation. Dans la foulée, le magistrat maintiendra la résidence alternée.
- La clause de précaution mise dans la loi de mars 2002 préconisant une période d'essai pour les enfants petits est presque systématiquement rendue inutile puisque, comme indiqué ci-dessus, si une mère signale l'apparition de troubles, elle est immédiatement suspectée d'être angoissée ou d'inventer des symptômes pour récupérer l'hébergement principal de son enfant.
- La médiation familiale échoue souvent dans ce contexte. Et les médiateurs sont peu formés à l'évaluation du développement affectif de l'enfant petit et de l'observation clinique du bébé. Par ailleurs, plusieurs organismes de médiation sont dirigés par des hommes membres d'associations de pères.
- Les travaux de scientifiques de réputation internationale, comme Brazelton, dont l'objectif est de faire en sorte qu'un enfant petit puisse bénéficier le plus souvent possible de la présence de son père et réciproquement, sans créer une discontinuité préjudiciable à l'enfant dans la relation qu'il a avec sa mère, sont volontairement ignorés (Berger et coll., 2004, et encadré 1).

1. Absence de propreté concernant les matières fécales.

Comment l'enfant petit aurait-il une chance de faire entendre son mal-être dans de telles circonstances ? Et d'une manière générale, comment évaluer ce qui en est réellement ? Répétons-le, nous sommes face à un problème qui envahit quotidiennement la société, et qui *entretient* une conflictualité constante. On pourrait donc s'attendre à ce que les magistrats et les politiques concernés sollicitent des études leur permettant de dégager des repères qui les éclairent pour leur prise de décision. On pourrait aussi s'attendre à ce que les associations de pères réclament de telles recherches : puisqu'elles affirment que les enfants vont bien dans un contexte de résidence alternée même dès les premiers mois de leur vie, elles devraient solliciter des travaux dont les résultats pourraient étayer leurs affirmations. Au contraire, *on constate comment une société ne veut pas de la connaissance si elle risque d'ébranler la croyance*[1]. En effet, non seulement aucune demande de recherche n'a été émise par les ministères concernés, mais un chercheur qui propose une recherche sur ce sujet est pris d'emblée dans un véritable cercle vicieux : il peut être soupçonné de partialité car sa démarche sous-entendrait que la résidence alternée peut mettre en difficulté certains enfants. Poser des questions n'est pas entendu comme une interrogation scientifique sur l'état psychique des enfants mais comme une prise de position.

Quelles recherches mettre en place ?

La question qui se pose donc est de savoir comment évaluer si la résidence alternée fait courir des risques aux enfants petits, en sachant que toutes les études montrent que la conflictualité des parents crée ou aggrave les troubles. *Il ne peut s'agir que d'une recherche complexe*, dont l'objectif sera d'observer les effets ou l'absence d'effets du mode d'hébergement en cas de séparation parentale sur la santé psychique des enfants de moins de six ans. Pour atteindre cet objectif, cette recherche devrait respecter au moins les principes qui suivent.

L'utilisation d'outils adaptés

Il est nécessaire d'utiliser simultanément les trois outils suivants :

1. Un exemple de croyance consiste à affirmer que la résidence alternée est sûrement le meilleur moyen de ne pas s'engager dans l'effacement progressif du père qui serait le résultat de la résidence principale accordée à la mère. Or nous n'avons aucune preuve d'un tel lien de causalité, les pères en question n'ayant pas été interviewés sur les raisons de leur non-investissement de leur enfant. Et on sait qu'un certain nombre d'hommes fuient leur compagne lorsqu'elle attend ou vient d'avoir un enfant parce qu'ils souhaitent continuer à mener une vie sans obligations, ou parce qu'ils ne supportent pas qu'une femme devienne une mère, ou parce qu'ils ne supportent pas eux-mêmes de devenir pères, ou pour d'autres raisons encore.

- une méthodologie rigoureuse, même si les processus psychiques ne pourront jamais être totalement cernés par une recherche clinique. Un cadre intéressant pourrait être un programme hospitalier de recherche clinique national ou régional, programme dont on connaît les exigences méthodologiques ;
- une référence à la théorie et à la clinique de l'attachement qui fournit des repères codifiés assez objectifs et objectivables ;
- une référence à la théorie et à la clinique psychanalytique. En effet, on constate que certains processus psychiques ne peuvent être appréhendés que grâce à cette lecture. Ceci nécessite donc qu'un pédopsychiatre ou psychologue de formation psychanalytique spécialisé dans les processus psychiques mis en jeu au cours d'une séparation s'implique dans un tel protocole.

Une recherche adaptée à l'âge de l'enfant

Les outils d'évaluation ne peuvent pas être les mêmes pour apprécier l'état de bien-être ou de mal-être d'un nourrisson et d'un enfant de cinq ans. Chaque protocole doit être construit par un groupe de pédopsychiatres et psychologues spécialistes de la petite enfance (*cf.* encadré 2).

Une recherche la plus objective possible

Une première évaluation doit avoir lieu avant la mise en place du mode d'hébergement lié à la séparation du couple. Ceci permet de repérer si des troubles préexistent chez l'enfant, qui ne pourraient donc pas être attribués à l'éventuelle mise en place d'une résidence alternée.

Afin d'éviter que les mouvements affectifs des chercheurs n'interfèrent, il faudrait constituer *deux groupes de chercheurs* sur le terrain.

Les chercheurs « histoire », qui connaîtront l'histoire des parents et évalueront la conflictualité de la situation.

Les chercheurs « observateurs », qui observeront l'enfant et les interactions entre ce dernier et ses parents, mais *ne connaîtront pas sa situation familiale.* On ne pourra pas toujours éviter qu'ils puissent incidemment avoir connaissance de certains éléments historiques si un parent en parle, mais ce ne sera pas leur travail d'explorer cet aspect de la situation.

Le matériel recueilli par chacun des groupes de chercheurs ne sera mis en commun qu'à la fin de la recherche.

On devine les biais possibles dans un tel cadre. Ainsi un parent qui confie son enfant à ses propres parents pendant la majorité du temps où il en a la garde, fera peut-être, pendant l'observation, l'effort de s'occuper de son enfant d'une manière adaptée. Ceci est inévitable. Le but de la recherche n'est pas de mener une enquête policière.

Le respect de l'anonymat des familles

Une telle étude doit respecter de manière stricte l'anonymat des familles contactées. Elle ne peut pas être utilisée pour une prise de décision individuelle concernant les situations étudiées.

Une définition d'une « échelle de conflictualité »

Il sera nécessaire de définir une « échelle de conflictualité « entre les parents avec au moins cinq degrés :

- degré 1 : Le père et la mère échangent régulièrement et sans animosité des informations concernant leur enfant ;
- degré 2 : un parent critique ouvertement l'autre en présence de l'enfant ;
- degré 3 : un parent refuse de donner des informations à l'autre sur l'enfant pendant qu'il en a la garde, de mettre cet autre parent et l'enfant en communication téléphonique (si ces appels demeurent dans une limite raisonnable) ;
- degré 4 : un parent refuse tout objet ou habit en provenance du domicile de l'autre parent (objet qui permet à l'enfant de ne pas avoir le sentiment de perdre un parent lorsqu'il va chez l'autre) ;
- degré 5 : un parent menace verbalement ou physiquement l'autre.

L'observation des parents

La capacité de chaque parent de s'occuper de l'enfant doit être observée, tout en sachant que ces qualités peuvent s'altérer lorsqu'un parent constate que son enfant va mal et qu'il ne peut rien faire pour l'aider[1].

1. Voici deux exemples opposés d'adaptation de la part des mères.
Extrait d'un courrier d'une mère belge. « Sur décision judiciaire, à partir de l'âge de onze mois les bébés ont été chez leur père du samedi 10 heures au dimanche 10 heures les premiers, troisièmes et cinquièmes samedis du mois. Après leurs premières nuits chez lui, leur retour a été marqué par des pleurs inconsolables d'un des jumeaux pendant les deux premières heures, et par le refus de l'autre de dormir durant la journée. Le soir, le premier a présenté des troubles de l'endormissement tandis que le deuxième s'éveillait toutes les heures de la nuit. Auparavant, ces enfants dormaient leurs nuits complètes depuis leurs sept semaines... Depuis qu'ils vont chez leur père les mardis et jeudis après-midi, ils ont aussi des troubles du sommeil ces soirs (alors que jusque-là tout se passait plutôt bien). Et les nuits où les enfants n'ont pas vu leur papa, ils retrouvent leur rythme habituel.
La situation n'est certes pas si dramatique. Je joue un rôle que toutes les mamans du monde ont joué depuis la nuit des temps, c'est-à-dire celui d'amortisseur de chocs émotionnels. Je trouve juste dommage que je doive le faire suite à une décision de justice... ». Ainsi dans un certain nombre de situations, une décision judiciaire inadéquate transforme une mère en soignante.

Le problème des biais de recrutement

Une attention particulière doit être portée aux biais de recrutement.

Dans l'étude de Solomon et George portant sur les modalités d'attachement d'enfants de douze à vingt mois passant une ou plusieurs nuits chez leur père, 30 % des mères et 32 % des pères sollicités ont refusé de participer à cette étude sans qu'il soit précisé à quel groupe ils appartenaient (parents non séparés ou parents séparés avec ou sans nuit passée par l'enfant chez son père). Si des parents engagés dans des situations très conflictuelles refusent de participer à l'étude, ceci entraîne un biais considérable car ce refus risque de concerner les enfants qui vont le plus mal dans le dispositif de résidence alternée. Je propose donc d'étudier à part un groupe « un parent refuse de participer à la recherche », en ayant alors accès à la « version » du seul parent qui accepte de coopérer.

Dans la même intention, et de manière annexe à cette recherche, *une étude devrait être consacrée aux situations qui se passent bien pour l'enfant du point de vue des deux parents*, afin de repérer s'il existe des éléments constants qui les spécifient[1].

Cette recherche demande une réelle volonté de la part des politiques et de tous les professionnels concernés. Elle nécessite l'implication du ministère de la Justice et de la Direction générale de la santé. Elle est complexe mais ni irréalisable ni très coûteuse (180 000 euros répartis sur deux ans). Elle pourrait être effectuée conjointement avec d'autres pays, ce qui permettrait d'en diminuer le coût. En son absence, il faudra se résigner à attendre dix-sept ou dix-huit ans pour observer le devenir des enfants soumis à ce mode de garde, malgré la souffrance psychique importante qu'expriment certains dès maintenant. Ceci signifie que la société accepterait de sacrifier une génération d'enfants sans s'interroger.

En attendant les résultats de cette recherche, la question se pose de savoir s'il faudrait suspendre toute nouvelle décision de résidence alternée pour des enfants petits âgés de moins de six ans, car c'est au-dessous de cet âge que

---

À l'opposé, Solomon et George indiquent (1999) que certaines mères qui ne parviennent pas à donner confort et réassurance à l'enfant quand celui-ci est en détresse avant ou après la visite, peuvent se désorganiser. J'ai moi-même vu des mères présenter un état d'angoisse et de dépression important lié directement au fait qu'elles ne pouvaient rien faire pour leur nourrisson qui revenait très mal après chaque séjour chez leur père.

1. À partir d'entretiens avec plusieurs de ces parents, j'ai pu retrouver comme élément constant la fréquence des discussions à propos du bien-être de l'enfant, parfois même « institutionnalisées » sous la forme d'un repas hebdomadaire du couple parental hors des domiciles. Cette préoccupation commune s'accompagne de la capacité de modifier le cadre de l'hébergement en fonction des éventuels signes de malaise manifestés par l'enfant, ceci même si ces pères et mères indiquent l'existence de tensions entre eux concernant leur séparation.

nous observons les troubles les plus fréquents et les plus importants[1]. *La réponse est positive, sans hésitation, pour les résidences alternées imposées dans des situations de conflit parental*, quelle qu'en soit la cause, car la quasi totalité des auteurs est d'accord sur l'importance des dégâts psychiques occasionnés dans ces circonstances. Et nous savons que ce n'est qu'à partir de six ans qu'un enfant a une pensée suffisamment autonome, différenciée de celle de ses parents, pour pouvoir comprendre que ce qui se passe au cours d'un divorce est une affaire d'adulte, qu'il n'y est pour rien, et qu'il n'y peut rien. Mais même dans les situations non conflictuelles, la plus grande prudence devrait s'imposer, *d'autant plus qu'aucun dispositif de guidance parentale n'est actuellement mis en place* (*cf.* encadré 1). En effet, *nous avons des certitudes sur l'importance de la continuité du lien physique mère-bébé*, acquises grâce à des centaines de travaux, qui montrent que c'est elle qui permet à l'enfant de se construire une continuité psychique au niveau de sa pensée et de ses sentiments. Le reste est incertain et demande à être exploré avant d'introduire des changements aussi importants dans la vie des enfants petits.

Encadré 1. Le calendrier de Brazelton[2]

Comment proposer un dispositif qui permette à un enfant de bénéficier le plus souvent possible de la présence de son père, et réciproquement, sans créer une discontinuité préjudiciable dans sa relation avec sa mère ? Il est évident que cette question ne se pose que si le père et la mère ont tous deux des capacités éducatives suffisantes. Si la mère présente des troubles de la personnalité importants qui envahissent sa relation avec son enfant (dépression grave, délire, toxicomanie, etc.), et que le père en est indemne, l'hébergement principal devrait être confié à ce dernier. Nous proposons d'encadrer le rythme des contacts sous la forme d'*un droit d'hébergement évolutif* de la manière suivante.

Utilisation d'un calendrier

Il doit répondre au principe de précaution, *en particulier dans les situations conflictuelles*. Ce calendrier qui s'inspire directement des travaux de Brazelton et Greenspan, deux chercheurs et cliniciens mondialement connus pour leurs travaux sur le développement psychologique du petit enfant, prend comme hypothèse la situation la plus fréquente où la mère est responsable des premiers soins. Il serait à inverser si c'est le père qui a dû assumer cette tâche du fait d'une incapacité psychologique de la mère. Ce calendrier serait *à assouplir* en fonction de l'investissement du père dans les premiers soins, de la manière dont il s'est occupé seul de l'enfant la nuit du fait, par exemple, des obligations

☞

1. L'expérience montre que ce mode de garde peut aussi poser des problèmes à des enfants plus âgés et nécessiter une expertise préalable.
2. Ce calendrier est habituellement présenté de manière déformée et caricaturée par les associations de pères. Nous suggérons au lecteur de prêter attention aux nuances qu'il contient.

☞

professionnelles de l'épouse, de l'éventuelle non-conflictualité du couple et de la capacité de l'enfant de supporter le changement. Il est à souligner que ce calendrier introduit une contrainte importante pour la mère qui ne peut pas prendre de longues vacances afin de ne pas priver son enfant de la présence de son père (*cf. infra*).

De 0 à 1 an

L'enfant pourrait rencontrer son père deux à trois fois par semaine, chaque fois pour une grande demi-journée au domicile de ce dernier, sans passer la nuit chez lui. Deux de ces demi-journées seraient éventuellement regroupables sur une journée.

De 1 à 3 ans

À ces trois demi-journées, lorsque l'enfant sera familiarisé avec le foyer paternel, serait ajoutée une nuit dans la semaine, sans que la séparation d'avec la mère dépasse un jour et demi.

De 3 à 6 ans

L'hébergement pourrait se faire chez le père sous la forme d'un week-end de deux jours deux nuits tous les quinze jours, et d'une demi-journée dans la semaine. À cela s'ajoute la moitié des vacances scolaires, sans dépasser une durée de quinze jours consécutifs chez le père à condition de maintenir des contacts suffisants et non intrusifs avec l'autre parent et réciproquement.

Un assouplissement du calendrier

Il peut être réalisé si les deux parents font une démarche conjointe, ce qui les pousserait à une coparentalité la moins conflictuelle possible. Dans ce cas, un spécialiste de la petite enfance compétent en matière de séparation parentale (psychologue ou psychiatre) évaluerait la relation père-enfant et mère-enfant en recevant chaque parent avec son enfant. Ce spécialiste devrait réévaluer la situation à intervalles réguliers afin de constater l'adéquation du mode de garde avec le développement psychoaffectif de l'enfant. Ceci nécessiterait la création d'un diplôme inter-universitaire (DIU) « Évaluation et suivi des situations de séparation dans le divorce concernant la petite enfance », ce qui paraît nécessaire étant donnée la fréquence des séparations parentales actuellement. Un tel DIU pourrait être mis en place en un an. Il serait nécessaire que les praticiens diplômés soient obligés de suivre ensuite une formation permanente annuelle.

Ce calendrier est utilisé en cas de conflit conjugal important par plusieurs tribunaux américains (King County Family Court Services, 1989 ; Spokane County Superior Court, 1996).

ENCADRÉ 2. UN EXEMPLE DE PROTOCOLE DE RECHERCHE POUR DES ENFANTS DE MOINS DE DEUX ANS

Le dispositif pourrait être le suivant.

Trois groupes d'enfants

Quatre-vingt-dix enfants seraient inclus dans cette recherche, répartis en trois groupes.

a) *Groupe 1* : trente enfants dont les parents sont séparés et dont le mode d'hébergement est :

*a*1) soit une résidence alternée dite paritaire (moitié du temps chez le père, moitié du temps chez la mère) ;

*a*2) soit un équivalent de résidence alternée (temps équivalent passé chez chaque parent, mais d'une manière fractionnée ;

*a*3) soit au moins une journée et une nuit par semaine chez le parent qui n'est pas le principal « donneur de soins » (pour les enfants de moins d'un an), ou plusieurs nuits par semaine chez ce parent pour les enfants de plus d'un an.

b) *Groupe 2 :* trente enfants dont les parents sont séparés et qui ont un mode d'hébergement fixe chez un parent avec une présence régulière chez l'autre parent inférieure à ce qui est décrit dans le groupe 1.

c) *Groupe 3 :* trente enfants vivant avec leurs parents non séparés.

Critères d'inclusion

- Milieu familial sans problème de précarité.
- 50 % de filles, 50 % de garçons.

Variables étudiées

La qualité de la relation parents-enfant

- Par l'observation d'un moment de jeu, éventuellement codifié (1 h).
- Par l'observation du moment du bain (1 h 30), ou à défaut, du repas. La préférence pour le moment de bain est liée à la constatation suivante : les équipes expérimentées dans les suivis à domicile ont remarqué l'aspect riche et révélateur de ce moment d'échange. C'est un bon moment pour observer des interactions. Les inconvénients sont l'intrusion de l'observateur dans un moment intime et... l'étroitesse de certaines salles de bain. Le moment du repas est aussi un moment d'observation intéressant, mais pour certains nourrissons, il risque de se limiter à la prise d'un biberon.
- Par l'observation des moments de séparation d'un parent et de retrouvailles avec l'autre lorsque l'enfant quitte son père pour aller vers sa mère et réciproquement. Une telle observation durerait deux heures et serait suivie d'une visite d'une heure le lendemain, pour évaluer avec le parent qui héberge l'enfant si les troubles éventuellement repérés au cours de ces deux heures ont disparu ou non.

☞

☞

L'évaluation de l'état de l'enfant

- *Observation pendant une heure de l'enfant en crèche* s'il y séjourne. Il s'agirait d'un moment précieux car l'enfant pourrait être observé hors de la présence de ses parents.
- *Une passation du test de Brunet Lézine* (30 minutes) qui permet d'évaluer le niveau de développement d'un enfant de moins de 30 mois.
- Avant douze mois, on proposera *une passation du Q-Sort*, test qui permet d'évaluer la sécurité des relations d'attachement d'un nourrisson avec ses parents (1 h 30).
- L'évitement éventuel du regard et les autres signes classiques seront notés au cours de l'observation des interactions, suivant *une grille standardisée validée internationalement* (ITSA).

L'histoire de la séparation du couple et de ses modalités

Le chercheur « histoire » explorera cet élément avec les parents, en particulier le niveau de conflictualité actuelle dans le couple. Il notera aussi avec eux les items standardisés de l'ITSA (qualité du sommeil, etc.) pour évaluer l'état de l'enfant. Durée : 2 heures pour chaque parent.

L'ensemble de ce protocole représente 18 h 30 par enfant.

Cette séquence sera répétée en fonction des possibilités permises par le financement de l'étude. L'idéal serait trois séquences, une à T0 avant la décision judiciaire, une trois mois après (T1), une autre trois mois encore après (T2), donc une période d'observation s'étalant sur six mois.

Une telle proposition n'a que valeur d'exemple. Elle peut être améliorée en fonction des suggestions de différents professionnels. En particulier, il peut être intéressant de poursuivre le suivi des familles et des enfants sur une durée de quelques années.

D'autres protocoles seraient à construire pour évaluer les effets de la résidence alternée sur les enfants plus âgés.

11

La résidence alternée : une loi pour les adultes

Marie-Élisabeth BRETON,
avocat

DEPUIS de nombreuses années, nous observons que très souvent les lois sont faites en fonction de critères purement sociologiques, voire en fonction de lobbyings politiques sous l'influence des médias.

- On parle des droits de l'enfant : sont-ils respectés ?
- On parle de l'intérêt de l'enfant : est-il défini ?

La résidence alternée a été votée pour faire « plaisir » aux associations de pères et confirme la confusion qui existe entre l'égalité de droit et l'égalité de rôle... oubli total que la rupture d'un couple n'est pas signe d'harmonie : dans la pratique, on observe que les procédures après divorce sont plus nombreuses dans les divorces prononcés par consentement mutuel, ce qui signifie que malgré les apparences, à faire trop vite le processus judiciaire a laissé la conflictualité en suspens au lieu de la traiter au cours de son déroulement.

La demande de résidence alternée est rarement l'entérinement d'une pratique existante qui fonctionne bien ou d'un choix des enfants. Elle n'est pas demandée dans l'intérêt des enfants mais dans l'intérêt des adultes. Et un grand nombre de demandes ont pour objectif d'acquérir un avantage fiscal et le non-paiement de la pension alimentaire.

La résidence alternée, c'est aussi la « déculpabilisation » des adultes par rapport à la rupture qu'ils imposent à leurs enfants. Les enfants verront leurs père et mère à égalité de temps donc ils ne peuvent être perturbés par la rupture !

La résidence alternée peut aussi être un moyen de régler « ses comptes » avec l'autre, l'autre qui jusqu'à présent s'occupait quasiment seul des enfants.

Face à ces demandes, comment réagit le juge ? Comment se comporte l'avocat ?

Les professionnels du droit, magistrat et avocat, se trouvent bien souvent désarmés face à des situations de plus en plus complexes, par manque de connaissances concernant l'enfance et parce que les outils qui nous sont donnés ne permettent pas une évaluation de l'état du développement, du comportement et du psychisme de l'enfant en situation de rupture.

Il est urgent que les magistrats et les avocats en charge du droit de la famille soient des professionnels spécialisés et que le choix de faire du droit de la famille ne soit pas pour certains avocats, un choix purement alimentaire, et pour certains juges une contrainte liée à l'organisation du service...

En droit de la famille, l'avocat a un rôle essentiel en amont de la procédure. Il doit rappeler aux adultes que leurs choix doivent être faits dans l'intérêt de l'enfant et mettre les parents face à leurs responsabilités : risque qu'ils prennent dans la mise en place d'une résidence alternée alors que l'enfant est trop jeune, alors que l'enfant présente déjà des troubles du comportement suite à la séparation, alors qu'à l'évidence le conflit conjugal explosera à travers les relations parentales. Il ne peut accepter de n'être que le mandataire de son client. Son rôle ne doit pas se limiter à de la technique juridique.

Concernant les juges, certains considèrent qu'ils sont là pour faire du droit, rien que du droit : ils jugent, ils tranchent, ils appliquent la loi un point c'est tout, quant à l'intérêt de l'enfant... Pour d'autres, le choix de la résidence alternée correspond à leur conception personnelle « du couple d'aujourd'hui ». Parité chérie, quand tu nous tiens...

Ce n'est donc pas que la loi qu'il faut modifier, à savoir :

- dire que la résidence alternée ne pourra s'appliquer pour les enfants petits ;
- dire que lorsque les parents ou l'un des parents sollicitent la mise en place d'une résidence alternée, avant dire droit il sera ordonné l'audition de l'enfant par un psychologue.

Certes, tous ces garde-fous sont nécessaires, mais ils sont insuffisants. Il faut aussi repenser le rôle du juge et de l'avocat.

Il faut sans doute reconsidérer la carte judiciaire : créer un tribunal de la famille, véritable lieu de vie où tous les problèmes familiaux seront traités par des juges spécialisés et où les familles trouveront des réponses à leurs questions en instaurant dans ce tribunal des permanences d'avocats, de notaires, de psychologues et de pédopsychiatres, de la caisse d'allocations familiales... Ce pourrait être aussi un lieu d'aide à la responsabilité parentale, un lieu d'échange entre parents en difficultés, et surtout un lieu où l'enfant serait au cœur des débats et aurait enfin sa place.

Alors seulement la notion d'« intérêt de l'enfant » aura du sens.

12

Résidence alternée : un concept judiciaire ?

Marie-Hélène MATHIOUDAKIS
avocat[1]

« LIBERTÉ – Égalité – Fraternité » est la devise de notre République. La liberté permet de profiter fraternellement de l'égalité. Or, l'égalité permet-elle vraiment à tous les justiciables d'être entendus, qu'ils soient majeurs ou mineurs ? Certains répondront, avec raison, que l'égalité permet à tous les concitoyens d'avoir accès aux mêmes droits... Ainsi les femmes ont-elles acquis le droit de vote après la seconde Guerre mondiale, puis ont pu avoir une autonomie financière en ayant leur propre compte bancaire. Plus récemment, grâce à la loi sur la parité, les femmes peuvent prétendre briguer des postes politiques, sociaux ou professionnels comme leurs homologues masculins.

Les hommes, ayant eu moins à lutter pour l'égalité, ont préféré se battre pour leur liberté. Or avec l'arrivée du XXIe siècle un nouveau combat s'est inscrit au frontispice de la modernité masculine : l'égalité parentale, qui met en avant la notion de coparentalité. Pour autant, la notion de coparentalité est antérieure à la loi de 2002, de fait, depuis la création du Code civil français en 1804, le législateur s'est toujours proposé de favoriser le maintien des liens entre l'enfant et ses parents.

Pourtant, l'évolution du droit de la famille a été marquée par une émergence très progressive des droits de l'enfant : ils restent sous forme

1. Avocat à la Cour, Barreau de Paris, avec la collaboration de Coralie Raffenne, chercheur, maître de conférences – université d'Orléans.

de revendication, mais ne sont pas acteurs de l'action judiciaire. Tout au long des réformes, les droits des parents ont été consacrés, ceux des enfants trop souvent oubliés.

Pour en revenir aux parents dont les droits sont bien protégés, l'égalité parentale ne semblait pas, pour certains, réelle. Bien qu'en soi les pères aient eu, comme les mères, autorité sur leur progéniture, beaucoup considéraient qu'en cas de séparation cette prérogative n'avait pas d'effectivité. En effet, ne disposant que d'un droit de visite et d'hébergement hebdomadaire, certains pères jugeaient ne pas pouvoir exercer leur autorité parentale étant tenus éloignés, par leur quotidien, de leur(s) enfant(s). Ainsi, l'autorité parentale était conjointe dans les textes mais la vie de leur(s) enfant(s) était marquée par le sceau matriarcal. Mme Ségolène Royal, alors ministre, a entendu l'appel de ces pères et s'est fait fort de proposer à la censure législative de l'Assemblée nationale et du Sénat une loi. Cette loi, appelée depuis « loi du 4 mars 2002 », a permis de rendre, de manière effective et égale, le temps que le père et la mère peuvent passer avec leurs enfants.

Ainsi, certains enfants se sont-ils retrouvés en transit permanent : passant soit un jour avec l'un puis un jour avec l'autre, soit une semaine avec l'un et une semaine avec l'autre, soit quinze jours avec l'un puis quinze jours avec l'autre... On n'a pas craint de poursuivre la déclinaison à six mois avec l'un, six mois avec l'autre, voire un an avec l'un puis un an avec l'autre... La petite chose qui transite d'un lieu d'habitation à un autre mode de vie n'est pas une télévision en *timeshare*, ni un chien, ni même une voiture... cette petite chose n'est qu'un ou plusieurs enfants soumis aux désirs ou récriminations de l'un et/ou de l'autre parent.

C'est dans ce contexte, certes volontairement rapidement évoqué, que la loi du 4 mars 2002 a vu le jour, loi instituant, comme un principe, une autorité parentale conjointe et permettant de mettre en place une résidence alternée au profit, et souvent au détriment, de nombre d'enfants. Cette loi, de 4 ans révolus, a été soutenue par une femme politique qui se prétend défenderesse de la famille et des pères enfin soulagés de cet insupportable matriarcat et monopole féminin.

L'histoire de cette petite loi semblerait ravissante et pourrait ravir nombre de législateurs en herbe soucieux des futures générations de parents, s'il ne restait juste une petite difficulté : que devient l'enfant partagé en deux ? Certains répondront que cette petite chose passe ou doit passer en second au profit du contentement parental et du consensus social. Bien évidemment une petite fille ou un petit garçon ne traverseront pas nécessairement avec affres et douleur leur vie faite d'alternance dès lors qu'ils auront atteint un âge leur permettant de ne pas souffrir de l'absence de leur parent non présent, ce vers six ans révolus, parfois plus...

Or la petite chose de moins de six ans, même nourrisson, devra s'y faire, pleurera souvent, manifestera à sa façon sa souffrance en multipliant les troubles et maudira, sans être capable de la nommer, la Justice des hommes qui protège mieux les électeurs adultes que des enfants contraints de vivre en alternance au domicile de leur père puis de leur mère.

Bien sûr, il n'y a pas, d'un côté, les gentilles mamans, et de l'autre, les méchants papas, ou l'inverse. Il y a juste des enfants coupés en deux qui n'ont pas de repères stables ou qui ont des difficultés à en construire, qui doivent démultiplier leur capacité d'adaptation et consoler, rassurer ou rendre plus forts leurs parents, lesquels ont pris, en adulte et en connaissance de cause, la décision de se séparer.

Avant de s'interroger sur le sens des avancées proposées par la loi du 4 mars 2002, nous verrons comment l'autorité parentale, et donc les droits qui en découlent, ont évolué au cours des dernières décennies législatives. Puis, l'éclairage du quotidien judiciaire permettra de constater si les prérogatives de certains juges aux affaires familiales permettent, réellement de protéger l'intérêt de ces enfants coupés en deux. Enfin, la loi du 4 mars 2002 ayant encore de beaux jours devant elle, avant qu'un homme ou une femme politique ait le courage de défaire un ouvrage qui oublie les principaux concernés, les enfants, quelques conseils élémentaires seront donnés à tous ceux qui s'épuisent dans les batailles judiciaires afin que l'intérêt des enfants soit entendu et à ceux qui, détenteurs d'un suffrage universel, doivent avoir la force d'inventer une profession qui agisse et se fasse l'écho concret et réel des enfants, enjeux de débats judiciaires.

Une genèse sous le feu d'une alternance

Le Code civil et la loi de 1972 ont fixé un cadre où les juges appréciaient à quel parent l'autorité parentale devait être confiée. Un exercice conjoint est, à cette époque, exceptionnel. La résidence de l'enfant est pratiquement systématiquement fixée chez la mère du mineur.

La notion de « garde alternée », remplacée aujourd'hui par celle de « résidence alternée » a vu le jour dans les années quatre-vingt afin de désigner une pratique amiable entre parents séparés désirant partager la charge et les plaisirs de l'éducation de leurs enfants. Par deux arrêts du 21 mars 1983 et du 2 mai 1984, la Cour de cassation avait condamné cette pratique au motif qu'elle allait à l'encontre du besoin de stabilité de l'enfant. La loi du 2 juillet 1987 puis celle du 8 janvier 1993 confirmèrent cette méfiance à l'égard de ce partage prétendument égalitaire en imposant aux articles 287 et 374 du Code civil l'obligation pour le juge de déterminer « la résidence habituelle de l'enfant ».

La loi du 22 juillet 1987 remplace la notion de « garde » par celle d'exercice de l'autorité parentale et fixe comme principe :

– pour les couples en instance de divorce, un exercice conjoint sur l'enfant ;
– dans les relations hors mariage, une décision soumise à l'aléa judiciaire.

Cependant, les juges prendront l'habitude d'homologuer les demandes de résidence alternée présentées de concert par les parents mariés ou non au moment de la séparation.

La loi du 4 mars 2002 (art. 373-2-9 du Code civil), ouvrant à la suite d'actions lobbyistes l'option de la résidence alternée, entend consacrer une pratique jusque-là officiellement illicite, au nom de l'égalité entre les parents et de l'intérêt de l'enfant à préserver des liens continus avec ses deux parents.

Le législateur va jusqu'à manifester une préférence à l'égard de la résidence alternée, expression concrète du principe de coparentalité, en la mentionnant en premier et en permettant au juge de l'imposer à titre expérimental (article 373-2-9 du Code civil). C'est donc au nom de l'intérêt de l'enfant que la résidence alternée s'est trouvée institutionnalisée et légitimée comme modèle normatif.

Or, curieusement, la loi du 4 mars 2002, dénommée « loi SOS papa », a été rédigée sur la base d'auditions de plusieurs associations de défenses des droits des pères, sans qu'il ait été jugé utile de consulter les associations de défense des droits de l'enfant, les experts de la petite enfance et encore moins d'entendre les associations de victimes de violences intrafamiliales. Il semble donc peu surprenant que l'intérêt de l'enfant soit, dans le texte comme dans la pratique judiciaire, souvent confondu avec les revendications militantes « pro-papa ».

La « résidence alternée » fut consacrée comme l'expression la plus parfaite de l'évolution des mœurs et du droit vers la coparentalité. La notion de coparentalité succède à celle de l'autorité parentale conjointe. Cette dernière fut introduite par la loi du 4 juin 1970 afin de remplacer la notion de puissance paternelle exclusive chère au Code Napoléon mais en contradiction avec l'évolution sociale allant vers l'égalité des sexes.

La notion d'autorité parentale conjointe était donc destinée à mettre un terme au patriarcat et à rétablir un équilibre du pouvoir au sein de la famille au profit de la mère. La coparentalité de la loi du 4 mars 2002 entend abolir le matriarcat au sein de la famille désunie et rétablir la place du père.

Depuis la loi de 1970, l'exercice conjoint (ou « en commun ») de l'autorité parentale a été érigé en un principe fondateur au sein de la famille légitime, puis de la famille divorcée depuis la loi du 22 juillet 1987 et enfin au sein de la famille naturelle depuis 1993.

Néanmoins, pendant longtemps, un divorce ou une séparation justifiait que soit confié au parent gardien l'exercice exclusif de l'autorité parentale et cela afin d'assurer une unité et cohérence à l'éducation donnée et de préserver l'enfant des conflits parentaux à ce sujet. C'était donc à la mère qu'était confiée la garde, la résidence de l'enfant mais aussi l'exercice unilatéral de l'autorité parentale. Ce n'est qu'après la loi du 8 janvier 1993 que l'exercice conjoint de l'autorité parentale même après divorce fut érigé en principe.

La loi du 4 mars 2002 étend cette solution à la famille construite hors mariage, même après la séparation et quelles que soient les circonstances ayant présidé à la naissance de l'enfant, si celui-ci a été reconnu par ses deux parents dans l'année de sa naissance.

La coparentalité s'impose donc en principe absolu et immuable, quels que soit la nature et l'histoire du couple conjugal, et semble se confondre avec l'intérêt de l'enfant au point de s'y substituer lorsque la résidence alternée est imposée au mépris du bien être et de l'équilibre de ce dernier.

Une loi critiquable

La loi du 4 mars 2002 fait de l'autorité parentale une quête absolue qui ouvre la porte à la fixation de la résidence de l'enfant concerné, en alternance ou non, et dans ce dernier cas, à voir attribuer pour le parent chez qui l'enfant ne demeure pas un droit de visite et d'hébergement avec charge pour ce dernier de contribuer mensuellement à l'entretien et l'éducation de l'acteur passif de la séparation, l'enfant.

Pour la plupart des justiciables, l'autorité parentale est un concept, un titre effrayant qui n'évoque rien de pratique. Or l'autorité parentale naît de la relation existante entre l'enfant et ses parents. En effet, l'autorité parentale donne aux parents des droits voire revendications sur l'enfant. Beaucoup oublient trop vite que l'autorité parentale impose aussi des obligations et des devoirs sur l'enfant. Il appartient aux parents de protéger leur enfant(s) de leur assurer sécurité, moralité, accès aux soins médicaux et à l'éducation lui permettant de se développer « dans le respect dû à sa personne », article 371-1 Code civil.

Pour atteindre ces objectifs, les parents bénéficient donc de droits et de devoirs.

Or lorsque le couple se désunit, qu'il soit marié ou non, l'enfant du couple se voit contraint d'assumer, gérer, digérer la séparation parentale et de s'adapter à de nouveaux modes de vie ne tenant pas compte de son quotidien d'alors, ni même, parfois de ses besoins et de son évolution personnelle.

Face à la demande d'un ou des deux parents, le juge aux affaires familiales va devoir trancher l'épineuse question de l'autorité parentale et donc la fixation de la résidence de l'enfant. Le juge aux affaires familiales dispose pour ce faire du champ défini par la loi du 4 mars 2002... Or l'imprécision des termes de la Loi aboutit à une confusion des objectifs à atteindre.

La notion de coparentalité

Tout d'abord, la loi du 4 mars 2002 met en avant la notion de « coparentalité ». Or cette coparentalité est-elle un fait biologique, un vœu pieux ou une norme juridique ?

En novembre 2001, Ségolène Royal, alors ministre à la famille, déclarait avec satisfaction au sujet de son projet de loi qu'il allait permettre de « parachever la mise en œuvre dans notre droit interne de la Convention des droits de l'enfant et de consacrer le droit de tout enfant à être éduqué par ses deux parents ».

La coparentalité a été définie dans le rapport Dekeuwer-Défossez qui sous-tend la loi comme « l'idée selon laquelle il est de l'intérêt de l'enfant d'être élevé par ses deux parents, dans la famille fondée sur le mariage comme dans la famille créée hors mariage, que le couple parental soit uni ou qu'il soit désuni ».

La coparentalité est donc justifiée par rapport aux droits et à l'intérêt de l'enfant.

On peut donc s'étonner que la loi ne soit pas allée au bout de cette logique en refusant de définir la coparentalité comme un ensemble de responsabilités parentales partagées ou même de lier les prérogatives parentales aux responsabilités dues à l'enfant. En effet, la loi réaffirme le principe d'une autorité parentale à l'égard de l'enfant, des tiers voire de l'autre parent si celui-ci se montre peu coopérant. La loi semble présumer que ce parent est le plus souvent le parent « gardien », c'est-à-dire la mère. Plutôt que de consacrer une coresponsabilité parentale au profit de l'enfant, la loi semble comprendre la coparentalité comme avant tout un partage égalitaire de droits sur l'enfant.

La coparentalité, fait biologique, se traduit juridiquement par la reconnaissance automatique du partage de l'autorité parentale, sous réserve pour les couples non marié de la reconnaissance conjointe de l'enfant dans la première année de sa naissance. La parentalité, donnée biologique, se confond donc avec la parentalité-fonction, c'est-à-dire une parentalité vécue et assumée, qui justifie la reconnaissance juridique de certains droits pour que la mission parentale puisse être menée à bien. La loi limite fortement toute appréciation des circonstances de la naissance, sous prétexte d'établir une égalité entre enfants naturels et enfants issus d'un mariage. Ainsi, la loi du 8 janvier 1993 exigeait que les parents non mariés vivent au moins ensemble pour que l'exercice en commun soit automatiquement reconnu. Cette exigence n'a pas été retenue par la loi du 4 mars 2002 qui, sous prétexte de dépasser le conflit parental, ne permet pas que soit mise au cœur du débat la fonction parentale. L'intérêt de l'enfant semble encore être éclipsé. En effet, il exigerait que les droits des parents ne soient reconnus que dans la mesure où ils s'acquittent adéquatement de leur rôle, solution explicitement retenue en droit québécois.

Dans le même temps, la coparentalité, certes toujours souhaitable, est devenue par le biais de la loi du 4 mars 2002, une norme juridique que le droit n'hésite pas à mettre en œuvre sous la forme de la résidence alternée.

Le droit et le juge font comme si le couple parental restait uni, quels que soient leurs relations antérieures et les conditions de leur séparation, capable de partager les responsabilités et joies de la parentalité en toute harmonie pour le bien de l'enfant. Or, cette approche semble naïve, illusoire voire dangereuse. En effet, tout exercice en commun de prérogatives dans quelque domaine que ce soit suppose une entente.

Or, si le juge est sollicité et amené à se prononcer c'est bien qu'une telle entente n'existe pas et est devenue impossible. Imposer une telle entente judiciairement, par la voie de la médiation ou par la mise en place expérimentale d'une résidence alternée, n'a pas de sens. Elle est également dangereuse pour l'enfant car elle le met au cœur du conflit parental.

De plus, la puissance normative de la coparentalité est telle que l'enfant devient lui même un instrument de sanction à l'égard du parent qui ne la respecterait pas. En effet, selon l'article 373-2-11, le juge doit prendre en compte « l'aptitude de chacun des parents à assumer ses devoirs et respecter les droits de l'autre ». Le juge pourra aller jusqu'à changer la résidence de l'enfant et le confier au parent se plaignant de l'obstruction de l'autre, même si celle-ci est due à un déménagement. Ce « principe californien » est fort contestable car il ne place pas l'intérêt de l'enfant au centre des préoccupations et l'instrumentalise pour remettre l'autre parent à sa place.

Par ailleurs, il ne faut pas négliger l'existence des violences intrafamiliales physiques ou psychologiques qui peuvent être à l'origine de la séparation dans un nombre non négligeable de cas. En principe, l'existence de telles violences devrait proscrire la mise en place de la résidence alternée mais ce n'est pas toujours le cas. Dans ces situations, et même si la violence ne s'exerce pas directement à l'égard de l'enfant, la déclaration par le juge qu'il faut « dépasser le conflit parental » et veiller à « la permanence du couple parental » semble tout à fait irréaliste, injuste et dangereuse car elle invite le parent violenté à accepter son sort « dans l'intérêt de l'enfant ». De plus, la loi fournit, par le biais de la coparentalité imposée, de nouvelles opportunités pour le parent violent de perpétuer ses actes à l'égard de l'autre même après la séparation ; une coparentalité vécue dans le conflit et la violence, même si celle ci ne vise pas directement l'enfant, ne peut être dans l'intérêt de celui-ci. Cependant, cette situation ne justifiera pas le passage à l'exercice unilatéral de l'autorité parentale.

Il semble donc que la coparentalité soit certes une donnée biologique incontournable, un idéal de construction familiale lorsque les parents s'entendent mais elle ne peut être imposée juridiquement sans danger.

Au plan international, la Convention sur les droits de l'enfant, dite Convention de New York, reconnaît le droit pour l'enfant d'être éduqué par ses deux parents. Pour autant, cela ne veut pas nécessairement dire qu'il doive partager son temps entre ses deux parents, ni devenir l'objet de droits parentaux concurrents.

La coparentalité du point de vue de l'enfant peut se définir comme le principe d'une responsabilité parentale commune pour ce qui est d'élever l'enfant et d'assurer son développement. Or, le développement d'un enfant de moins de 6 ans passe par le sentiment de sécurité, de stabilité et d'attachement privilégié, peu compatible avec la mise en place de la résidence alternée.

Bien sûr, l'enfant, quel que soit son âge, a également besoin d'entretenir des relations personnelles avec ses deux parents mais ce qui reste primordial est la qualité du lien créé. La qualité de ce lien n'est pas nécessairement fonction du temps passé avec l'autre parent surtout si la séparation de l'autre parent est mal vécue. Malheureusement, la loi a préféré une définition centrée sur les revendications parentales quant au partage du temps de l'enfant.

L'intérêt de l'enfant

En outre, pour trancher les situations judiciaires présentées, le juge aux affaires familiales doit tenir compte de l'intérêt de l'enfant. Aucune annexe ou circulaire, aucun décret d'application n'expliquent ni explicitent ce qu'est l'intérêt de l'enfant, ni même quels en sont ses contours et limites. Ainsi, c'est avec cette notion et concept que le juge aux affaires familiales doit trancher.

N'importe qui en conviendra, il est peu aisé de fixer un mode de vie d'une personne, fût-elle celle d'd'un enfant, alors que cette décision doit prendre en compte une théorie abstraite. Les pragmatiques rétorqueront que l'intérêt de l'enfant est évident.

Or à force d'avoir posé la question à un entourage sensé et concerné, mille et une définitions se sont dégagées afin de tenter de rendre clair un concept embarrassant. L'intérêt de l'enfant est devenu « la défense de ses droits », « toutes les mesures à prendre pour sa sécurité et son équilibre » ou mieux encore « ce qui est important pour un enfant », « ce qui lui permet de tirer avantage de sa vie », « ce qui lui convient », « ce qui lui est le plus approprié »... Ainsi, n'importe quel quidam définit un concept par un autre ou n'hésite pas à se retrancher derrière des truismes qui n'offrent aucun éclairage nouveau et concret.

L'intérêt de l'enfant serait donc une « chose » indéfinissable ? C'est bien à cette question que les juges doivent trouver une réponse.

Avec bon sens les pragmatiques qui voyaient, quelques lignes plus haut, l'intérêt de l'enfant comme une évidence pourraient indiquer que l'intérêt de l'enfant est par nature non défini puisque variant selon chaque enfant, selon l'âge du concerné, de ses besoins, de ses rapports avec chacun de ses parents et donc de l'intérêt que chaque parent a manifesté à son égard. Même si ces pragmatiques ont raison, ils oublient qu'un juge aux affaires familiales dans le secret de son cabinet au cours de son audience ne peut et ne pourra pas en dix minutes ou vingt minutes connaître un enfant qu'il ne verra pas et dont il entendra parler par les parents déchirés ou par leurs avocats. Tout magistrat normalement constitué ne sera pas en mesure de tenir compte exclusivement du statut de l'enfant, qui est un sujet à part entière ayant des besoins et attentes plutôt qu'un enjeu. De même, il lui sera difficile de se prononcer en tenant compte de lui, de ses goûts, de ses attentes, de ses peurs et de ses rêves.

Ainsi, il est permis de s'interroger et de se demander si l'intérêt de l'enfant est, pour certains juges, une justification pour donner sens et poids aux décisions rendues ou une réelle finalité ?

Pourtant, c'est au nom de l'intérêt supérieur de l'enfant que la coparentalité a été érigée en principe justifiant la pratique de la résidence alternée. C'est en effet par référence à la Convention internationale des droits de l'enfant que le législateur a justifié sa démarche. Mais il n'a à aucun moment tenter de définir cette notion ni de donner un cadre d'appréciation pour les juges du fond.

Le résultat est que l'intérêt de l'enfant est bien souvent assimilé à la coparentalité en tant que distribution égalitaire des prérogatives sur l'enfant.

De plus, malgré la récente proclamation par la Cour de cassation que la Convention relative aux droits de l'enfant est directement applicable en droit interne et que l'intérêt supérieur de l'enfant doit être pris en compte de façon prioritaire, la défense de cet intérêt reste marginale dans les débats devant le JAF (juge aux affaires familiales).

En effet, la notion de l'intérêt de l'enfant reste une abstraction au niveau juridique et judiciaire, certainement parce qu'il est difficile, on l'a vu, de lui donner corps et contenu sans l'aide des spécialistes de la petite enfance. Il est donc peu surprenant qu'en l'absence d'une telle consultation par les auteurs de la loi du 4 mars 2002, les JAF aient grand peine à se prononcer sur l'intérêt de l'enfant, se réfugiant derrière la notion de coparentalité pour justifier des mesures parfois contestables. En effet, apprécier l'intérêt de l'enfant au cas par cas implique une prise en compte de ses besoins psychoaffectifs, besoins qui varient selon l'enfant et évoluent dans le temps. La tâche n'est pas simple et nécessiterait une formation spécifique ou l'assistance de spécialistes.

Le plus souvent la coparentalité est la finalité substituée ou assimilée à l'intérêt de l'enfant. Sa mise en œuvre juridique est la répartition égalitaire des droits entre les deux parents. Par un tour de passe-passe juridique, l'intérêt de l'enfant disparaît au profit de l'égalité parentale.

De plus, si l'égalité entre parents peut sembler une finalité juridique louable dans la plus pure tradition républicaine, elle méconnaît la réalité psychoaffective de l'enfant. En effet, si les parents sont à égalité aux yeux du droit et de l'enfant, ils n'ont pas pour autant la même fonction pour le développement de celui-ci. Cette différence est irréductible et découle directement du fait biologique de la grossesse qui distinguera toujours la mère du père. C'est pourquoi la résidence alternée paraît particulièrement dommageable pour l'enfant de moins de 6 ans dont le besoin de sécurité reste immuablement lié à la proximité maternelle. On retrouve ici le problème évoqué plus haut lié à une définition de la parentalité comme droit subjectif et non comme fonction à définir par rapport à l'enfant.

Dès lors, depuis la loi du 4 mars 2002, la résidence de l'enfant peut être fixée en alternance au domicile de des parents ou, à titre principal, au domicile de l'un d'eux (article 373-2-9 du Code civil), et ce en tenant compte du très théorique et flou « intérêt de l'enfant ».

Certes, la résidence alternée peut faire l'objet d'un accord entre les parents, accord que le juge entérine et valide. À défaut, la résidence alternée peut être ordonnée par le juge aux affaires familiales, sauf si l'intérêt de l'enfant s'y oppose, à titre provisoire à la demande de l'un des parents même en cas de désaccord parental (article 373-2-9 du Code civil).

Or ce que le juge « teste » à titre provisoire est souvent entériné ensuite, à défaut d'éléments nouveaux, de manière définitive. Le juge espère, et cela part d'une bonne intention, pacifier les relations parentales : le père et la mère doivent, selon certains magistrats, oublier comme par magie et enchantement les raisons qui ont dicté leur séparation afin de vivre avec l'autre une réelle coparentalité au profit de l'enfant.

Le professionnel du droit applique à la lettre le texte de la loi du 4 mars 2002. Cette application rigide est fréquemment rattrapée par la réalité : comment partager une coparentalité nécessitant respect réciproque et estime afin d'organiser dans le consensus la vie d'enfant(s) alors que les parties ne s'entendent plus, ne s'estiment plus ou plus grave, se détestent ? Comment un principe peut-il avoir raison des sentiments, d'années d'histoire en commun, de chagrins sincères et de bonnes raisons de se séparer ? Comment deux adultes peuvent-ils organiser le quotidien de leur enfant, définir pour celui-ci un mode de vie alternatif, partager des valeurs communes alors qu'ils sont déchirés par leur propre séparation ?

Certains Magistrats aussi embarrassés que les justiciables présentés devant eux n'ont d'autres choix que de lancer comme une sentence aux parents auxquels est imposée une résidence alternée : « Vous n'avez qu'à être intelligents et qu'à oublier vos différends ». Avec la formule « y a qu'à » les parties repartent souvent avec une décision qui n'est pas acceptée, pas comprise et qui fera le lit d'un échec.

La jurisprudence

Dans des situations similaires, la position de certaines Cours d'appel saisies fut sans tergiversation.

Cour d'appel, Poitiers, chambre civile 3, 10-06-2003, reformation partielle TGI, Rochefort-sur-Mer du 30-11-2001

« Il convient de maintenir la résidence habituelle de l'enfant au domicile du père dès lors que la résidence alternée n'est pas envisageable. En effet, l'enfant a besoin de stabilité et cette mesure suppose une bonne entente entre les parents qui n'existe pas dès lors qu'il existe un ancien conflit qui perdure malgré les diverses médiations familiales. Cette absence d'apaisement est un facteur majeur de déséquilibre pour l'enfant. La proximité des domiciles des parents est inopérante (...) »

Cour d'appel, Paris, chambre 24 section c, 03-04-2003 décision antérieure JAF, Evry, chambre 4 du 30-10-2001

« Compte tenu de la situation conflictuelle, la résidence alternée non acceptée par les deux parents n'est pas conforme à l'intérêt des enfants dont le besoin de stabilité a été mis en évidence par le dernier rapport psychologique. »

Cour d'appel, Agen, chambre 1, 15-05-2003, décision(s) antérieure(s) : TGI, Agen, JAF du 6 6 2002

« Dans le cadre des mesures provisoires, il convient de fixer la résidence habituelle de l'enfant chez la mère et de ne pas prononcer de garde alternée contraire en l'espèce à l'intérêt de l'enfant. En effet, une telle mesure naturellement génératrice de perturbation chez tout enfant car contraire à la nécessaire stabilité qui doit lui être procurée est conditionnée par l'existence d'une relation sereine et constructive entre les parents séparés, qui est manifestement étrangère au cas d'espèce en regard du fort conflit existant entre les parents. La référence faite par l'appelant au juste équilibre entre le père et la mère procède de l'intérêt parental et non de celui de l'enfant qui doit être seul pris en compte. »

Cour d'appel, Dijon, chambre civile a, 9-1-2003, décision(s) antérieure(s) TGI, Dijon, JAF du 3-12-2001

« La résidence alternée de l'enfant au domicile de ses parents nécessite que ceux-ci s'entendent sur les rapports que le mineur doit entretenir avec chacun d'eux. Ce qui n'est pas le cas en l'espèce puisque les rapports entre les époux sont particulièrement conflictuels. Ainsi, il convient de considérer que la résidence de l'enfant sera fixée chez la mère compte tenu des qualités éducatives de la mère et du refus de l'enfant de se rendre chez son père ; il est aussi nécessaire que l'enfant reste dans un cadre de vie qui lui est familier. »

Cour d'appel, Douai, chambre 7 section 1, 22-11-2002, decision(s) antérieure(s) TGI, Boulogne-sur-Mer du 12-12-2002

« Au vu des éléments produits, il convient de constater l'exercice conjoint de l'autorité parentale entre les père et les mère à l'égard de l'enfant. En effet, aux termes de l'article 372 du Code Civil dans sa rédaction issue de la loi du 4 mars 2002, dès l'instant où un enfant a été reconnu par les deux parents dans l'année de sa naissance, ceux-ci exercent en commun l'autorité parentale à son égard. (...)

En l'absence de véritable coopération entre les deux parents quant à l'éducation de l'enfant, il convient de fixer la résidence habituelle de ce dernier au domicile de la mère. En effet, par la loi du 4 mars 2002 relative à l'autorité parentale, le législateur a voulu fonder les rapports de parents séparés sur la base d'une véritable coparentalité, il a donné mission au Juge de prendre les mesures permettant de garantir la continuité et l'effectivité du maintien des liens de l'enfant avec chacun de des parents. Aux termes de l'article 373-2-9 du Code Civil, il peut fixer la résidence de l'enfant, soit en alternance au domicile de chacun des parents, soit au domicile de l'un d'entre eux, en prenant en considération la pratique suivie jusque-là par les parents ou les accords qu'ils avaient pu conclure antérieurement. Si l'alternance est officialisée et présentée comme un moyen d'assurer efficacement une véritable coparentalité, le juge doit avant tout prendre en compte l'intérêt de l'enfant qui est placé au cœur de la loi nouvelle. La formule de la résidence alternée ne constitue pas en elle-même une panacée, elle suppose la proximité des résidences permettant à l'enfant de bénéficier d'une scolarité et d'un réseau social unique. Elle nécessite également un consensus minimum entre les parents et le maintien d'une communication réelle entre eux, requiert une réelle disponibilité des parents et ne doit pas devenir un facteur de trop grandes complications pour l'enfant au quotidien, compte tenu notamment de son âge. En l'espèce, les deux parents justifient d'une égale disponibilité et que la proximité de leurs domiciles respectifs et du lieu de scolarité de l'enfant rend envisageable le principe d'une résidence alternée. Cependant, le père qui n'a visiblement pas fait le deuil de sa relation avec la mère de l'enfant, s'est livré à un véritable harcèlement de son ancienne compagne, notamment sur son lieu de travail et a pu avoir un comportement injurieux envers elle. Ce climat malsain dont il est responsable rend impraticable une résidence alternée qui impose que chaque parent se montre capable de dialoguer avec l'autre pour toute autre décision à prendre concernant l'enfant qui doit pouvoir rester en contact avec son père et sa mère, sans qu'un clivage étanche ne soit créé entre les deux maisons. »

Cour d'appel, Nimes, chambre 2 section c, 25-09-2002, décision(s) antérieure(s) TGI, Privas du 25-6-2001

« La mésentente des parents s'oppose au maintien de la garde alternée, organisée dans les faits par les parents et constatée en première instance. Il serait contraire à l'intérêt des enfants de conserver cette résidence alternée, les incidents rapportés par la mère et les témoins faisant état de l'absence d'harmonie régnant entre les parents. La résidence des enfants mineurs sera fixée chez la mère à qui l'on ne peut opposer son homosexualité, vécue discrètement et qui ne serait pas perturbatrice pour les enfants. Un droit de visite et d'hébergement sera accordé au père sur les enfants mineurs. »

Cour d'appel, Poitiers, chambre civile 3, 10-12-2002, décision(s) antérieure(s) TGI, Poitiers du 23-3-2001

« La demande de résidence alternée de l'enfant au domicile du père une semaine sur deux doit être rejetée dès lors que l'intérêt l'enfant le commande. En effet, les parents entretiennent des relations conflictuelles alors que la résidence alternée présuppose un accord des parents sur son principe et ses modalités d'exécution. Aussi, la résidence habituelle de l'enfant doit être fixée au domicile de la mère dès lors qu'elle lui offre de bonnes conditions de vie alors en l'absence de preuve contraire par le père, peu disponible pour l'enfant en raison d'impératifs professionnels et de ses trajets. »

Cour d'appel, Douai, chambre 7 section 2, 19--2002, décision(s) antérieure(s) TGI, Lille, JAF

« Au vu des éléments produits, en tenant compte, au surplus, du fait que, si les parents assument de part et d'autre leurs devoirs à l'égard de leur enfant, l'aptitude de la mère à respecter les droits du père s'est manifestée, depuis plusieurs années, sans contrepartie réelle de la part de celui-ci, le premier Juge a fait une bonne appréciation de l'intérêt de l'enfant, en fixant sa résidence chez la mère et en accordant au père un droit de visite et d'hébergement élargi. En effet, selon l'article 373-2-6 du Code Civil, « le juge aux Affaires Familiales règle les questions qui lui sont soumises dans le cadre de l'autorité parentale en veillant spécialement à la sauvegarde des intérêts des mineurs, et selon l'article 373-2-9, « la résidence de l'enfant peut être fixée en alternance au domicile de chacun des parents ou au domicile de l'un d'eux ». Il résulte de la combinaison de ces textes que, si désormais le juge peut fixer la résidence de l'enfant de façon alternée chez l'un et l'autre de ses parents, il lui appartient, plus particulièrement en cas de désaccord de ces derniers, de rechercher quelle est la solution la plus conforme à son intérêt et non pas d'appliquer de façon presque systématique une alternance qui pourrait se présenter comme une thérapie de couple au détriment de l'enfant. Il est constant qu'outre la nécessité de résidences à proximité et d'une certaine disponibilité de chaque parent pour son enfant, l'organisation de ce mode de résidence alternée nécessite une réelle coparentalité et une souplesse dans les relations des parents entre eux, chaque parent devant être capable de dialoguer avec l'autre pour toute décision à prendre concernant l'enfant qui doit pouvoir rester en contact avec ses deux parents sans un clivage étanche entre ses deux maisons. En l'espèce, il ressort du rapport d'enquête social que les relations du couple ont été extrêmement chaotiques, entrecoupées de ruptures et de réconciliations vécues dans un climat de grande violence psychologique. »

Cour d'appel, Agen, chambre 1, 24-07-2002, décision(s) antérieure(s) : TGI, Agen, JAF du 3-5-2001

« Il convient dans le cadre des mesures provisoires de fixer la résidence habituelle de l'enfant chez la mère et de ne pas prononcer de garde alternée. En effet, celle-ci ne doit être instaurée que dans l'intérêt de l'enfant. Or, dans le cas précis, il n'est pas fait la démonstration de ce qu'un changement aussi radical de son mode de vie habituel aille dans le sens de son intérêt. D'une part, certains témoignages établissent les difficultés rencontrées par le père dans la prise en charge de son fils dans la durée, d'autre part, le père travaille de nuit et enfin le succès du système de la résidence alternée présuppose une bonne entente entre les parents qui devront avoir des relations quasi quotidiennes. Par ailleurs, les capacités matérielles d'accueil du père sont inconnues et l'enfant se trouve chez la mère dans un environnement stable dans lequel il s'épanouit. La nécessaire continuité du maintien des liens avec le père est assurée par l'organisation d'un très large droit de visite.

Cour d'appel, Riom, chambre 2, 25-6-2002, décision(s) antérieure(s) : TGI, Montluçon, JAF du 27-7-2001

« En application de l'article 373-2-9 du Code Civil, le père est débouté de sa demande de résidence alternée car si la distance séparant les domiciles des deux parents est très courte, cette mesure est impossible en raison du manque du dialogue entre eux et sa mise en place serait difficile sur le plan financier et fiscal, les enfants ne devant pas être l'enjeu d'un conflit encore plus exacerbé. »

Cour d'appel, Poitiers, chambre civile 3, 16-06-2003, décision(s) antérieure(s) TGI, Les Sables d'Olonne du 14-1-2002

« Il n'y a pas lieu d'ordonner la résidence alternée pour l'enfant qui est atteinte d'une malformation et qui a besoin d'une stabilité de vie. En effet, malgré une petite amélioration, la santé de l'enfant reste fragile alors que les parents ne vivent pas dans la même commune et que l'existence d'un conflit parental ne peut pas permettre la prise de décision sereine. »

Cour d'appel, Poitiers, chambre civile 3, 29-4-2003, décision(s) antérieure(s) : TGI, Les Sables d'Olonne du 6-9-2000

« Il n'y a pas lieu de décider de la résidence alternée aux domiciles respectifs de chacun des deux parents d'enfants fragiles qui ont manifesté le désir de vivre au domicile du père et de conserver leur habitude. Il convient en effet de ne pas les perturber en leur imposant un nouveau mode de vie. »

Cour d'appel, Poitiers, chambre civile 3, 1-4-2003, décision(s) antérieure(s) : TGI, La Rochelle du 5-12-2001

« Il n'y a pas lieu de fixer la résidence des enfants alternativement au domicile de la mère et du père afin de leur éviter une instabilité de leur lieu de vie et alors même que cette demande ne résulte que du seul désir la mère. »

Cour d'appel, Douai, chambre 7 section 1, 10-10-2002, décision(s) antérieure(s) : TGI, Nimes, JAF du 12-3-2002

« En l'absence d'accord entre les parties sur le principe d'un hébergement en alternance et la complexité de sa mise en œuvre pratique, compte tenu des contraintes professionnelles particulières du père, il convient, afin de préserver l'équilibre de l'enfant, de fixer sa résidence au domicile de la mère. En effet, par la loi du 4 mars 2002 relative à l'autorité parentale, le législateur a voulu fonder les rapports des parents séparés sur la base d'une véritable coparentalité, il a donné mission au Juge de prendre les mesures permettant de garantir la continuité et l'effectivité du maintien des liens de l'enfant avec chacun de ses parents. Aux termes de l'article 373-2-9 du Code Civil, il peut fixer la résidence de l'enfant, soit en alternance au domicile de chacun de ses parents, soit au domicile de l'un d'entre eux, en prenant en considération la pratique suivie jusque-là par les parents ou les accords qu'ils avaient pu conclure antérieurement. Si l'alternance est officialisée et présentée comme un moyen d'assurer efficacement une véritable coparentalité, le juge doit avant tout prendre en compte l'intérêt de l'enfant qui est placé au cœur de la loi nouvelle. La formule de la résidence alternée ne constitue pas en elle-même une panacée, elle suppose la proximité des résidences permettant à l'enfant de bénéficier d'une scolarité et d'un réseau social unique. Elle nécessite également un consensus minimum entre les parents et le maintien d'une communication réelle entre eux, requiert une réelle disponibilité des parents et ne doit pas devenir un facteur de trop grandes complications pour l'enfant au quotidien, compte tenu notamment de son âge. En l'espèce, la pratique d'une résidence en alternance n'a pas véritablement été mise en place antérieurement. Par ailleurs, il n'existe pas d'accord entre les parents sur le principe de l'alternance des résidences. Enfin, la formule mise en place par la décision déférée, forcément imprécise, compte tenu de l'irrégularité des services professionnels du père, pompier militaire, si elle permettait sur le papier d'accorder à celui-ci une prise en charge de l'enfant s'est révélée à l'usage quasiment impraticable. Le père ne justifie pas avoir fourni à la mère un calendrier précis mentionnant les jours où ils devaient recevoir l'enfant. Le seul document versé aux débats ne permet pas de déterminer les périodes de prise en charge de l'enfant par chacun de ses parents. Il en résulte une grande instabilité pour l'enfant âgée de deux ans et demi et qui va entrer à l'école maternelle. »

Cour d'appel, Besançon, chambre civile 1, 26-6-2002, décision(s) antérieure(s) : TGI, Belfort, JAF du 3 avril 2001

« Compte tenu du jeune âge des enfants, 5 ans et 3 ans, il convient de fixer leur résidence habituelle au domicile de la mère. Dès lors que les enfants ont toujours résidé chez leur mère, il est tout à fait normal qu'elles réclament leur père mais il n'apparaît pas que leur résidence habituelle soit contraire à leur intérêt, une certaine stabilité étant au contraire de l'intérêt des enfants compte tenu de leur jeune âge. Si le père s'offre à se rapprocher de la résidence des enfants et ainsi sollicite une résidence alternée, leur domicile réciproque est encore trop éloigné pour qu'une telle hypothèse puisse être envisagée. »

Cour d'appel, Douai, 18-4-2002, décision(s) antérieure(s) : JAF, Dunkerque du 27-4-1999

« Le choix de la résidence de l'enfant, par le juge, doit être fixé en fonction de l'intérêt de l'enfant qui implique une coparentalité réelle, efficace et non le désengagement de l'un des parents au bénéfice de l'autre, étant cependant observé que l'examen de la notion d'intérêt de l'enfant doit se faire de manière subjective, au regard de sa personnalité donc de son âge, de son développement affectif, des relations qu'il entretient avec ses parents et non en fonction de données qui s'appliqueraient à tous les enfants se trouvant dans le même cas. L'enfant encore très jeune, ayant besoin de points de repères stables et sécurisants, il convient de rejeter la demande de résidence alternée formée par le père et de fixer la résidence habituelle chez la mère. En effet, l'organisation préconisée, pouvant éventuellement se justifier pour un enfant plus grand, heureux des changements provoqués par l'alternance, ne pourrait manquer de remettre en cause l'équilibre actuellement trouvé, malgré la séparation des parents. »

Cour d'appel, Douai, chambre 1, 28-11-2000, décision(s) antérieure(s) : TGI, Béthune, JAF du 30-11-2001

« Au vu des éléments produits, il convient de rejeter la demande de résidence alternée formée par le père et de fixer la résidence habituelle de l'enfant chez la mère. En effet, si l'alternance de la résidence est officialisée et présentée comme un moyen d'assurer efficacement une véritable coparentalité, cependant, le juge dans sa décision prendre avant tout en compte l'intérêt de l'enfant qui est placé au cœur de la loi nouvelle. La formule de la résidence alternée ne constitue pas en elle-même une panacée susceptible de résoudre l'ensemble des problèmes soulevés par la séparation du couple parental. Elle suppose en premier lieu la proximité des résidences permettant à l'enfant de bénéficier d'une scolarité et d'un réseau social unique. Elle nécessite également l'existence d'un consensus minimum entre les parents et le maintien d'une communication réelle entre eux, afin d'éviter pour l'enfant le clivage de ses deux mondes de référence. Elle requiert une réelle disponibilité des père et mère et ne doit pas devenir un facteur de trop grande complication pour l'enfant au quotidien, compte tenu notamment de son âge. En l'espèce, les parents justifient d'une égale disponibilité et la proximité de leurs domiciles respectifs et du lieu de scolarité de l'enfant peut rendre envisageable le principe d'une résidence alternée. L'Expert psychologue indique que les parents sont aptes à s'occuper de façon satisfaisante de l'enfant et que les problèmes psychologiques de la mère semblent maîtrisés. Il relève cependant que le père semble beaucoup moins exigeant dans le quotidien et adopte parfois des comportements qui pourraient conforter l'enfant dans une attitude de toute puissance. Cependant, même si aucun incident n'est signalé par les deux parties, la teneur de leurs écritures (le père mettant en doute l'équilibre psychologique de la mère et celle-ci reprochant au père son laxisme à l'égard de l'enfant) atteste qu'il n'existe pas véritablement de coopération dans la prise en charge de l'enfant, élément nécessaire à la mise en place d'une résidence alternée, sans lequel celle-ci aurait pour conséquence une déstabilisation de l'enfant et la perte de ses repères. »

Une loi à l'épreuve du conflit parental ?

En cas de désaccord parental sur les modalités d'exercice de l'autorité parentale, le parent le plus diligent a la possibilité de saisir le juge aux affaires familiales par le dépôt d'une requête avec ou sans l'aide d'un Avocat.

Dans le corps de cette requête, le parent doit indiquer par écrit ce qu'il veut voir adopter comme mesure pour l'enfant concernant :

- la fixation de l'autorité parentale de manière unilatérale ou conjointe,
- l'attribution d'une contribution mensuelle à l'entretien et l'éducation de l'enfant, ce jusqu'à la fin des études de l'enfant ou jusqu'à ce qu'il rentre dans la vie active,
- la fixation de la résidence de l'enfant chez l'un avec octroi pour l'autre d'un droit de visite plus ou moins élargi, voire la mise en place d'une résidence alternée au domicile de l'un puis de l'autre.

En toute bonne logique, la résidence alternée suppose pour être mise en place une proximité des domiciles des parents, un intérêt de l'enfant qui soit respecté et un consensus parental pour la prise de décisions communes dans un souci exclusif de l'enfant.

Or trop souvent, le consensus parental est inexistant : les parents clivent leurs univers de peur de voir débarquer l'ancien(ne) compagnon (compagne) dans un quotidien enfin dégagé de leur ancienne histoire affective.

Malgré cette distance, division ou mésentente, l'un des parents peut demander de voir instituer un système, celui de la résidence alternée, là où la cohésion est aussi nécessaire qu'incontournable afin que l'enfant puisse se réparer de la séparation parentale et grandir avec des repères stables et récurrents. Le juge aux affaires familiales saisi est donc dans une situation inconfortable et il sait que, grâce aux dispositions du code civil, il pourra mettre en place s'il le considère bon une résidence alternée même en absence de cohésion parentale flagrante.

Les articles 373 – 2 -10, 373-2-11 et 388-1 du Code Civil semblent offrir des solutions rassurantes. En effet ces articles prévoient les modalités suivantes :

- « En cas de désaccord, le juge s'efforce de concilier les parties.
  À l'effet de faciliter la recherche par les parents d'un exercice consensuel de l'autorité parentale, le juge peut leur proposer une mesure de médiation et, après avoir recueilli leur accord, désigner un médiateur familial pour y procéder.
  Il peut leur enjoindre de rencontrer un médiateur familial qui les informera sur l'objet et le déroulement de cette mesure » (art. 373-2-10 du Code civil, inséré par loi n° 2002-305 du 4 mars 2002 art. 5 V *JO* du 5 mars 2002).
- « Lorsqu'il se prononce sur les modalités d'exercice de l'autorité parentale, le juge prend notamment en considération :

1° La pratique que les parents avaient précédemment suivie ou les accords qu'ils avaient pu antérieurement conclure ;
2° Les sentiments exprimés par l'enfant mineur dans les conditions prévues à l'article 388-1 ;
3° L'aptitude de chacun des parents à assumer ses devoirs et respecter les droits de l'autre ;
4° Le résultat des expertises éventuellement effectuées, tenant compte notamment de l'âge de l'enfant ;
5° Les renseignements qui ont été recueillis dans les éventuelles enquêtes et contre-enquêtes sociales prévues à l'article 373-2-12 » (art. 373-2-11 du Code civil, inséré par loi n° 2002-305 du 4 mars 2002 art. 5 V *JO* du 5 mars 2002).

• « Dans toute procédure le concernant, le mineur capable de discernement peut, sans préjudice des dispositions prévoyant son intervention ou son consentement, être entendu par le juge ou la personne désignée par le juge à cet effet.
Lorsque le mineur en fait la demande, son audition ne peut être écartée que par une décision spécialement motivée. Il peut être entendu seul, avec un avocat ou une personne de son choix. Si ce choix n'apparaît pas conforme à l'intérêt du mineur, le juge peut procéder à la désignation d'une autre personne.
L'audition du mineur ne lui confère pas la qualité de partie à la procédure » (art. 388-1, inséré par loi n° 93-22 du 8 janvier 1993 art. 53 *JO* du 9 janvier 1993).

Ainsi, selon ces articles, le juge aux affaires familiales prend une décision en tenant compte de :

- la pratique antérieure des parents ou des accords conclus entre eux ;
- des sentiments exprimés par l'enfant ;
- de l'aptitude de chacun à assumer sa fonction parentale et selon sa faculté à respecter les droits de l'autre ;
- du résultat d'expertises, effectuées en tenant compte de l'âge de l'enfant ;
- des renseignements recueillis au cours d'enquêtes ou contre-enquête sociales.

Enfin, le juge est enjoint par la loi du 4 mars 2002 à proposer aux parents de suivre une mesure de médiation espérant, ainsi, que les parties pourront résoudre leur désaccord et trouveront des solutions permettant de fixer les modalités de vie de l'enfant concerné.

La lecture de ces quelques lignes semble rassurante : le législateur semble avoir pensé à tout ou presque. Le juge, acteur du pouvoir judiciaire, peut donc trancher sans crainte et rendre une décision légale, fondée, juridique... voir humaine. Malheureusement les solutions proposées par les articles 373-2-10,

373-2-11 et 388-1 du Code civil ne sont pas, pour les justiciables concernés, sans conséquence...

Reprenons pour ce faire chacune des solutions préconisées et confrontons-les à la réalité de certaines des parties concernées et aux besoins de certains enfants.

La pratique antérieure et les accords conclus

Tout d'abord, le juge tient compte, avant de se prononcer sur la mise en place d'une résidence alternée par exemple en cas de désaccord parental, de la pratique antérieure et des accords conclus.

Cette disposition paraît rassurante pour le parent qui s'est beaucoup occupé de l'enfant en l'absence de l'autre assumant toutes les fonctions demandées tentant de pallier le désintérêt, l'absence provisoire ou le départ définitif de l'absent(e). Or force est de constater que certains juges sont peu sensibles à cette réalité passée. Ainsi, dans nombre de dossiers, l'un des parents ne manque pas d'évoquer le passé et le quotidien de l'enfant faisant ressortir le désintérêt de l'autre, désintérêt du quotidien, désintérêt forcé et causé par une activité professionnelle exigeante, désintérêt complet lorsque le parent n'a pas cherché à voir, à appeler, à contacter par tous moyens l'enfant, bref, n'a pas manifesté un élémentaire signe d'intérêt.

Sans rentrer dans des études statistiques, il apparaît que les propos de celui qui récrimine ou qui se fait l'écho juste d'un passé pesant et de pratiques antérieures dont le juge doit tenir compte selon la loi sont difficilement entendus.

Il n'est pas rare d'avoir des réponses aussi déconcertantes que : « vous vous plaignez de l'absence de votre conjoint(e) dans le passé ce qui vous obligeait à vous occuper davantage de votre enfant, mais c'est le passé. Aujourd'hui vous devez lui laisser une seconde chance et lui permettre d'avoir une place dans la vie de votre enfant ».

En soi la réponse faite peut paraître pertinente sauf que ce genre de remarque nie les habitudes de l'enfant, son histoire passée et donc la force de l'attachement à l'un ou à l'autre.

Par ce genre de réponses, le juge signifie aux parties : « vos histoires de couple ne m'intéressent pas ni ne me concernent ». Or dans le passé d'un couple s'est construit le présent d'un enfant pour lequel une décision va être prise modifiant peut-être son mode de vie.

En outre, il est plus qu'étonnant qu'aucun principe élémentaire de précaution ne rappelle à ces magistrats-là que l'enfant peut faire les frais parfois douloureux d'une « seconde chance » : le mineur devant chaque jour, chaque semaine, ou chaque quinzaine changer de domicile, s'adapter à deux univers familiaux et parfois sociaux différents, deux modes de vie et deux personnalités parentales, ce dans une ambiance crispée et conflictuelle.

Autre réponse fournie par des magistrats de la matière familiale à l'adresse de celui qui rapporte le quotidien passé de l'enfant en absence de l'autre : « Ce n'est pas le lieu pour évoquer vos griefs et récriminations personnelles à l'encontre de votre ancien conjoint... Aujourd'hui, il veut s'occuper de l'enfant, vous devriez être contente ». Là encore ce genre de réponse laisse sur le carreau nombre de justiciables et nombre d'avocats : certains magistrats craignent d'effectuer une joyeuse confusion entre le passé quotidien de l'enfant et l'histoire du couple. Dès lors, ils font table rase de toutes informations concernant les habitudes de l'enfant, l'identité de ses interlocuteurs privilégiés et l'évolution de ses besoins. En outre, la partie qui peut offrir un éclairage sur l'enfant est souvent reléguée en position de polémiste : évoquer l'absence, le désintérêt et le manque d'implication de celui qui réclame la résidence alternée alors qu'il s'est peu investi auparavant dans la vie de l'enfant est dicté, selon certains juges, par une envie de vengeance, par un goût de la polémique ou par une obstination forcenée à refuser le maintien des liens entre l'enfant et ses deux parents... Les parties sont alors désemparées de se retrouver en position de coupable et acceptent parfois que soit mis en place un système même si leur intime conviction de parent leur dicte de faire le contraire.

Les juges dans ce type de position sont en conflit entre les droits des pères et mères et le texte qui leur demande de tenir compte des pratiques antérieures auxquelles l'enfant a été habitué : certains décident de valoriser un droit plutôt qu'une pratique de vie constante et équilibrée pour un enfant dont l'enfance ne repassera pas.

Les accords passés entre les parents

Le juge doit tenir compte, également, des accords passés entre les parents.

Le juge en quelques minutes se voit exposer une pratique parentale, et, en bonne logique, l'homologue. Certes, vu le nombre incroyable de dossiers à traiter, l'anonymat des cas qui lui sont exposés et la pression sociale l'encourageant à rendre une justice qui respecte le droit de chacun des adultes présentés, le juge aux affaires familiales n'a pas le temps de vérifier si l'accord a été accepté en pleine connaissance de cause par les deux parents, si chacun mesure réellement les enjeux et conséquences des accords conclus et si l'un n'a pas consenti à une pratique par culpabilité, par usure, ou plus grave, par crainte. Bref, le contexte de l'accord n'est pas évoqué, ou, lorsqu'il l'est, il est balayé au profit d'une homologation trop rapide.

> Le cas de l'enfant A fut jugé ainsi : Mme X, sa mère se sépare de M. X. M. X consent à son départ mais ne l'accepte que si cette dernière signe un document rédigé par son avocat. Ce document organise la mise en place d'une résidence

alternée, l'attribution du logement conjugal au bénéfice de M, l'attribution des biens meublants, comptes bancaires et véhicule dans l'intérêt de M. M. fixe comme condition à la mise en place de la résidence alternée que Mme X demeure dans un rayon de 30 km. Par culpabilité, par volonté de pacification, par naïveté, cette femme signe ce protocole qui va bouleverser sa vie et celle de son fils âgé à l'époque de 19 mois. Malheureusement pour elle, Mme X ignorait qu'en pleine période estivale le parc locatif était très limité et lui interdisait de se maintenir dans la distance fixée. Bien que devant s'éloigner du périmètre prévu, Mme X a voulu maintenir le système institué par le protocole. Pendant ce temps, le père de l'enfant a profité de la situation afin de saisir le juge aux affaires familiales. Son but n'était pas de demander l'homologation de la résidence alternée mais d'aller au-delà et de solliciter la fixation de la résidence de l'enfant chez lui. En droit français les conventions et accords qui visent un être humain ont, par nature, une cause illicite : l'accord n'aurait même pas dû être lu par le magistrat. Pourtant, et contre toute attente, le juge en a tenu compte. Le père de l'enfant mettant en avant l'éloignement de la mère au profit d'une nouvelle relation et un prétendu abandon familial, qu'il avait par son comportement, lui-même suscité, n'a pas craint de demander la fixation de la résidence de cet enfant en son domicile. Le juge qui ne se posait pas de question sur l'intérêt d'un enfant de 19 mois à vivre de manière alternée ne s'est pas plus posé de questions en fixant la résidence de l'enfant chez M., offrant un droit de visite et d'hébergement restreint en faveur de la mère et ne prenant aucune disposition sur l'organisation des petites et grandes vacances scolaires, ce qui permet à M. d'exercer sur Mme X un infâme chantage à chaque vacances scolaires. Mme a passé quatre Noëls successifs sans voir son enfant et n'a toujours pas récupéré la résidence de celui-ci. Dans cette affaire, le juge s'est contenté d'entériner une pratique illicite, et, n'a pas craint de tirer argument de cet accord afin de fixer la résidence de l'enfant chez le père. Le juge n'a pas cherché à savoir, comprendre dans quel contexte, y compris psychologique, cette femme avait été amenée à signer ce document. Pas plus le juge n'a cherché à vérifier si le consentement de cette personne était éclairé et si elle mesurait véritablement ce qu'elle signait. Un enfant de 19 mois a fait les frais d'un positionnement aussi hâtif que dangereux.

Les sentiments exprimés par le mineur capable de discernement

Autre disposition prévue par le texte, le juge peut décider d'entendre l'enfant concerné par le débat judiciaire et prendre en considération les sentiments exprimés par le mineur à partir du moment où l'*infans* doué de parole est capable de discernement.

Le juge peut donc décider d'entendre l'enfant directement ou, dans le cadre d'une expertise médico-psychologique ou enquête sociale, demander à ce que l'enfant soit auditionné. Lorsque l'enfant est entendu par le juge : il peut être seul, avec un avocat ou une personne de son choix.

Lorsque l'enfant est entendu par un tiers, Magistrat ou expert, : il est reçu sans la présence de ses parents ou de leurs avocats.

Cette audition semble logique et nécessaire pour ceux qui considèrent que, le mineur étant devenu un enjeu, il doit pouvoir exprimer sa position, ses désirs, craintes ou attentes. D'autres, au contraire, jugent que l'audition d'un enfant est sensible et place l'enfant au cœur du conflit de loyauté : l'enfant risquant d'être meurtri, manipulé, et aliéné mentalement, se contenterait de répéter ce que l'un des parents l'aurait invité à dire.

Est-ce pour ces dernières raisons ou par défaut de temps, de formation adéquate que les juges aux affaires familiales sont frileux, voire rétifs à recevoir et entendre les enfants ?

En effet la frilosité des magistrats est une réalité, et ce quel que soit l'âge de l'enfant et que celui-ci soit assisté ou non par un avocat désigné pour soutenir sa démarche. Prétextant n'être pas formés aux techniques de dialogue avec les enfants, beaucoup de juges refusent de recevoir l'enfant et n'écoutent pas systématiquement l'avocat qui fait l'écho des désirs et sentiments de son petit client. Dès lors, les magistrats détournent parfois le problème en décidant de mener une mesure d'investigation, expertise médico-psychologique ou enquête sociale, au cours de laquelle l'enfant sera entendu par le professionnel missionné. Néanmoins, les enfants âgés de sept ans et plus sont capables de discerner que c'est un juge qui va décider de leur quotidien et le bouleverser parfois. Aussi certains de ces enfants tiennent et veulent ardemment pouvoir s'exprimer face à cet interlocuteur déterminant. Cette demande est d'autant plus respectable que quelle que soit la décision prise par le magistrat, elle sera mieux comprise et donc acceptée par l'enfant qui a pu indiquer librement sans pression parentale, seul face au juge, ses sentiments. Dans le cas contraire, l'enfant qui aura voulu rencontrer le juge et se sera vu refuser cette possibilité aura une vision moins positive de la justice et des décisions prises par les adultes. Le juge en acceptant d'entendre l'enfant joue un rôle de pédagogue auprès de ce dernier. Or nombre de magistrats s'y refusent.

> Ainsi, un jeune adolescent de 12 ans a écrit au juge aux affaires familiales et a demandé à être entendu dans le débat opposant ses parents et le concernant étroitement. Non seulement le juge aux affaires familiales saisi du litige a refusé d'entendre l'enfant mais a prétexté que l'enfant avait été manipulé par la mère puisque le courrier adressé tapé sur l'ordinateur ne comportait aucune faute d'orthographe. La mère mise en cause a répondu qu'elle n'avait pas induit la position de son fils, que la meilleure façon pour le juge de s'en rendre était justement d'auditionner ce dernier et que les courriers tapés sur ordinateur ne comportaient pas nécessairement quantité de fautes d'orthographes puisque les correcteurs d'orthographes permettaient d'éviter cela ! Face à cette réponse de bon sens, le juge a maintenu son refus en arguant cette fois qu'il n'était pas formé à cela et que donc une audition serait vaine. L'avocat pour enfant qui était présent à l'instance a répondu au magistrat qu'il ne se voyait pas dire à son petit client que le juge ne pouvait pas le recevoir puisqu'il ne savait pas comment lui parler. Poussé dans ses retranchements, le magistrat a alors décidé de mener

une mesure d'investigation. Il a préconisé une expertise médico-psychologique demandant à l'expert missionné d'entendre et recevoir l'enfant. L'enfant s'est soumis à cette expertise. Ayant été provoqué par l'expert, il s'est enfermé dans un mutisme de révolte. À la lecture du rapport, le juge a tenté de justifier son refus d'auditionner l'enfant. Il a indiqué cumulativement que le mineur devait être manipulé par sa mère à l'origine de l'écrit adressé et qu'il n'était pas mature puisqu'ayant refusé tout dialogue avec l'expert. Les conditions semblant réunies, le juge mettait en place une résidence alternée que l'enfant répugnait à vivre. Un enfant de 12 ans a été contraint de bouleverser son quotidien de vie, sans comprendre, ni n'accepter une décision reçue comme péremptoire.

L'aptitude de chacun à assumer sa fonction parentale et sa faculté à respecter les droits de l'autre

En cas de conflit parental avéré et face à une demande unilatérale de résidence alternée, le juge auquel est soumis le différend tient compte de l'aptitude de chacun à assumer sa fonction parentale et sa faculté à respecter les droits de l'autre.

À lire cette disposition, il est permis de penser que le juge reçoit, même en cas de séparation sans mariage préalable, chacun des parents seul et le soumet à un échange de plusieurs minutes, afin de tester et vérifier les capacités parentales du parent et sa faculté à respecter l'autre en tant que parent. Il n'en est rien. Le juge ne reçoit pas les parties : l'organisation de la justice ne le prévoit pas et le temps manque au magistrat pour personnaliser une pratique judiciaire qui pourrait être soumise à la censure de la Cour d'appel et/ou de la Cour de cassation.

Les aptitudes parentales peuvent donc être rapportées par les concernés qui fournissent nombre d'attestations positives mettant en valeur leur parcours de parents, leur dévouement et investissement auprès de l'enfant.

En revanche la capacité à respecter l'autre parent est un piège qui peut se refermer sur le parent qui tend de manière trop affirmée à accentuer toutes les carences de l'autre.

C'est ainsi que Mme Y. a failli perdre l'exercice de l'autorité parentale sur sa fille B., âgée de 4 ans : le juge considérait qu'elle ne respectait pas la fonction paternelle de l'autre partie. Mme Y a, en effet, indiqué au magistrat et à l'expert désigné que le père de l'enfant contrevenait à ses obligations. Il ramenait l'enfant lorsqu'il le souhaitait, aux jours et heures qui lui semblaient propices et faisait un découpage très personnel des vacances à répartir. Face à cet irrespect permanent, Mme Y avait été contrainte de déposer plainte pour non présentation d'enfants. Aucune instance pénale n'a été diligentée : l'auteur des faits n'a pas été présenté devant un tribunal correctionnel. Le procureur de la République a préféré, comme alternative aux poursuites, convoquer les parties en médiation pénale devant un délégué du procureur de la République. Lors du rendez-vous de médiation, non seulement M. K n'a pas regretté son geste mais il a soutenu que son découpage était le bon. Le médiateur pénal a contredit ce positionnement.

Autre débordement que Mme Y. avait souligné : le refus du père à voir l'enfant soigné. En effet, au titre de l'autorité parentale conjointe, Mme Y. informait systématiquement le père de l'enfant avant de le présenter devant un médecin. Systématiquement et oralement, le père s'opposait à cette demande et menaçait Mme si elle ne respectait pas cet avis. Voyant son enfant manifester sa souffrance par des maladies à répétition, Mme Y. a consulté un pédiatre, en dépit de l'absence d'aval du père, le prévenant néanmoins *a posteriori*. Le magistrat qui a reçu les parties a indiqué que non seulement il mettait en place une résidence alternée ce qui permettrait à l'enfant d'avoir des liens continus et effectifs avec son père vu le comportement de la mère et qu'en plus il songeait « eu égard au comportement polémique et de son incapacité à respecter les droits de l'autre partie » à priver Mme Y de l'usage de son autorité parentale. Bien heureusement cette décision n'a pas été entérinée mais elle pèse toujours comme une terrible menace au-dessus de cette mère. L'enfant B voit depuis son temps partagé en *timeshare* entre son papa et sa maman et manifeste au plus fort sa souffrance par un comportement auto-agressif. Aujourd'hui, la maman n'ose plus saisir le juge pour faire entendre cette souffrance car elle craint de se voir priver de ses droits et le papa nie les appels au secours de cette enfant se contentant d'avancer que le comportement de l'enfant est la conséquence directe du comportement « toxique » de la mère.

Les résultats d'expertises

Le juge peut également prendre sa décision en tenant compte du résultat d'expertises, effectuées en tenant compte de l'âge de l'enfant.

C'est le juge qui décide de l'opportunité de mettre en place de telles expertises, de manière autonome ou sur la proposition de l'une ou des deux parties. Le juge missionne un expert médical, en général un psychiatre, afin de pratiquer sur l'enfant et sur les parents une expertise médico-psychologique. L'expert n'est pas systématiquement inscrit sur la liste des experts certifiés et ne peut être qu'un praticien de sa matière dont le positionnement non officiel ne peut être remis en cause dès lors qu'il est désigné par le juge. En outre, les experts ont assez rarement une spécialité ou formation complémentaire sur la petite enfance : ils connaissent la matière psychiatrique mais peu la spécificité de celle liée aux enfants. Cela est assez étonnant car l'expert devrait, a contrario, être un spécialiste de la petite enfance puisque c'est à ce titre qu'il a été missionné. En outre, les protocoles d'expertises devraient être définis sérieusement évitant des aberrations auxquelles le juge est parfaitement insensible. Enfin, le choix de l'expert désigné n'est pas neutre : les magistrats connaissent la réputation ou l'orientation de ceux qu'ils désignent.

Ainsi, ce n'est pas en toute innocence qu'un juge aux affaires familiales a désigné un expert afin de pratiquer une expertise sur l'enfant âgé de 7 ans et ses deux parents, Mme H et M. J. Cet expert est connu pour ses prises de position radicales sur l'aliénation parentale, décriant l'attitude de certaines mères considérées comme manipulatrices qui enjoindraient leurs enfants à faire des aveux terribles, aveux allant jusqu'à l'évocation d'agression sexuelle. Outre l'habitude de ce psychiatre de décortiquer les conditions dans lequel l'aveu des difficultés énoncées par l'enfant est apparu, ce médecin aime procéder à ses expertises en recevant en même temps le père et la mère, laissant les parties se livrer à une joute oratoire ou alimentant les polémiques afin de les tester, ne cachant pas sa préférence paternelle. Mme H et M. J ont subi cette expertise dont le cadre était déjà tout tracé. Mme H a été mise en difficulté par son ancien compagnon et par l'expert lui-même au cours d'un seul et unique entretien. L'expert quant à lui a déclaré ne pas avoir besoin de recevoir l'enfant. Mme H a évoqué la pratique de ce médecin et sa prise de position évidente en faveur de M. J. Le juge a refusé de prendre en considération cette difficulté et n'a pas prononcé de contre-expertise, jugeant bon de mettre en place la résidence alternée pour cet enfant de 7 ans.

Autre espèce où l'expert décide, cette fois, de recevoir un petit garçon de 8 ans qui voulait initialement être entendu par le juge afin d'expliquer combien le système de l'alternance ne lui convenait et combien il préférait demeurer au quotidien avec sa maman et son nouveau compagnon. L'expert dès le début de l'entretien a malmené l'enfant, a tenté de la déstabiliser et a décrié sa démarche indiquant que l'enfant était manipulé par sa mère. L'enfant avec toute son énergie enfantine a voulu répondre aux attaques faites puis face aux remarques rigoristes de son interlocuteur s'est enfoncé dans un mutisme profond. Le médecin voyant qu'il ne pouvait plus rien tirer de l'enfant et plutôt que de remettre en cause le mode opératoire pratiqué a décidé de recevoir à la suite les deux parents et leur a expliqué, à chacun, combien ils étaient immatures et combien ils avaient idéalisé leur relation et la naissance de leur petit garçon. À cours d'argument et ne pouvant s'exprimer sans être rabroués, les parents ont découvert à la lecture du rapport déposé par ce professionnel quelques semaines plus tard que leur enfant n'était qu'un insolent et qu'ils n'étaient que des laxistes, la résidence alternée restant quant à elle maintenue. L'intérêt de cet enfant n'a pas été pris en compte.

Les enquêtes ou contre-enquête sociales

Le juge aux affaires familiales peut tenir compte des renseignements recueillis au cours d'enquêtes ou contre-enquête sociales.

Le juge peut décider afin d'avoir des informations sur les conditions de vie de l'enfant, sur le profil des parents et de l'enfant, de missionner un autre professionnel, fréquemment un psychologue clinicien rattaché ou non à une association, afin de mener une enquête sociale.

Tout comme les expertises médico-psychologiques, les enquêteurs sociaux ne sont pas choisis de manière aléatoire par les juges. En outre, comme pour l'expertise médico-psychologique, c'est aux parties d'assumer financièrement une mesure qui leur est imposée ou qui est proposée par l'un des parents. Le coût de l'expertise comme celui de l'enquête sociale variant en moyenne sur la région parisienne entre 1 200 à 1 500,00 €. Il est parfois peu aisé d'avoir la trésorerie suffisante pour une mesure qui n'est ni demandée, ni choisie.

En général, l'enquêteur social se déplace à une date convenue au domicile de chacun des parents, visite les lieux, voit dans quel environnement vit l'enfant. Cela dit, il arrive que le professionnel mène son investigation dans son bureau et se contente de recevoir le parent qui demeure loin de son périmètre d'investigation.

> Ainsi, un juge aux affaires familiales préconise une enquête sociale afin de voir dans quelles conditions les enfants U et P, âgés respectivement de 5 et 8 ans, vivent avec chacun de leurs parents Mme L. et M. Q., et ce avant de prononcer à titre définitif une résidence alternée. Le juge a donc demandé au professionnel de rentrer en contact avec toutes personnes capables de fournir des renseignements utiles sur la situation des deux mineurs. Mme L. s'opposait à la résidence alternée parce qu'elle avait décidé de vivre en Bretagne dans la maison familiale que les enfants connaissaient bien, parce qu'aucun dialogue ne se révélait possible avec son ancien compagnon et que les enfants avaient indiqué ouvertement vouloir vivre auprès de leur mère qui s'était toujours occupée d'eux, ce qu'ils avaient indiqué à leurs grands-parents, amis et pédopsychiatres. L'enquêtrice a choisi de mener son investigation derrière son bureau : elle ne s'est pas déplacée en Bretagne afin de constater si le cadre de vie offert par la mère était compatible avec les besoins des enfants. En outre, l'enquêtrice s'est vu remettre par chacune des parties le nom et les coordonnées de tiers qui pourraient lui donner leurs avis sur la situation parentale. Il est permis de comprendre que cette professionnelle n'avait pas lieu de contacter les amis ou les grands-parents, témoins subjectifs d'une situation exigeant neutralité. En revanche, on ne peut que s'étonner que cette enquêtrice n'ait pas cru bon de contacter le pédopsychiatre, laissant à ce dernier l'opportunité ou non de lever le secret professionnel. Le Dr F. averti par la mère des enfants qu'une enquête sociale était en cours a eu le courage d'écrire à l'enquêtrice afin de lui demander un entretien sur les enfants, tant la situation des mineurs lui semblait préoccupante. L'enquêtrice missionnée a non seulement refusé de se déplacer chez l'une des parties mais en outre n'a pas cru bon de rentrer en contact avec le professionnel qui suivait sur le plan psychologique les enfants. L'aîné des garçons a indiqué à l'enquêtrice alors qu'elle s'était rendue chez le père qu'il souhaitait reprendre une vie habituelle chez sa mère. L'enquêtrice, bien que relevant cette déclaration, ne lui fera porter aucune conséquence et proposera que la résidence des enfants soit fixée chez le père, et ce en raison du déménagement de la mère. Le juge n'a pas été chagriné par les manquements de l'enquêtrice et a entériné les dispositions proposées par l'enquêteur sans prendre en compte les éléments complémentaires et nouveaux présentés par les parties. Les enfants se sont vus arrachés à leur mère.

Les mesures de médiation

Enfin, le juge aux affaires familiales en cas de conflit entre les parents et face à une demande unilatérale de mise en place d'une résidence alternée peut proposer aux parents de suivre une mesure de médiation espérant, ainsi, que les parties pourront résoudre leur désaccord et trouveront des solutions permettant de fixer les modalités de vie de l'enfant concerné.

Le texte mentionne bien que le juge peut proposer et non imposer une mesure de médiation.

Or il arrive parfois que les juges, malgré un conflit aussi intense que caractérisé, imposent une mesure de médiation alors que les parties ne sont pas encore en mesure de parler ensemble alors qu'elles sont emportées dans la tempête de leur rupture.

A d'autres occasions, le juge peut proposer une médiation expliquant en cours d'audience les bienfaits et les avantages d'une telle mesure. Même si les parties ont l'intime conviction que cette mesure est trop précoce, elles se voient contraintes d'accepter afin de ne pas être perçues comme le/la polémiste ou celui/celle qui refuse tout dialogue. Les parties acceptent cette mesure sans y croire par stratégie, par espoir, par désespoir ou par crainte de ne pas être bien vus par le magistrat.

Le juge désigne alors le centre de médiation qui recevra les parties. Contrairement aux expertises médico-psychologiques et enquêtes sociales, cette mesure est gracieuse. Les parties suivent un protocole défini par la structure qui les accueille, qui fixe en général entre cinq à six entretiens avec un médiateur formé et censé être étranger au conflit.

La médiation peut se révéler fréquemment vaine et prend fin avant le terme du protocole lorsque les parties sont encore écorchées par la séparation. En effet, l'une des parties règle ses comptes avec l'autre prenant le médiateur comme témoin. Or certains médiateurs ont pour pratique de ne pas intervenir et de ne pas rappeler la partie noyée dans sa souffrance à une élémentaire modération. Dès lors, il n'est pas rare que les insultes, humiliations ou disputes pleuvent et que la mesure prévue pour pacifier le conflit lui donne un nouveau souffle et l'exacerbe.

Ainsi, Mme J. s'est vue contrainte de suivre une médiation avec son époux dans le cadre de la procédure de divorce afin de trouver des solutions au conflit parental. Mme J. et M. J. ont donc été reçus par un organisme de médiation et un protocole de six séances a été prévu. Dès la première séance, M. J. a insulté Mme J. la rabaissant, l'humiliant et la maltraitant verbalement. Le médiateur présent malgré les demandes d'intervention de Mme J. n'est jamais intervenu. À la troisième séance, Mme J. qui était anéantie par les séances précédentes a décidé de mettre un terme à la médiation en expliquant au professionnel ses motivations dictées exclusivement par le comportement de l'autre partie. Le médiateur s'est contenté de rédiger un procès-verbal de carence indiquant au juge que la médiation était un échec et que Mme J. y avait mis un terme sans rappeler les raisons justifiant cette décision. À l'audience, le juge a sermonné Mme J. sur son manque de coopération et son comportement visant à ne pas faire avancer le dialogue. Mme J. a tenté d'expliquer au juge ses motivations. La réponse du magistrat a été comme un couperet : *« M. J. vous insultait dites-vous... eh bien, vous n'aviez qu'à prendre sur vous ! »*. Le juge a donc décidé, malgré le conflit apparent, de mettre en place une alternance de quinze jours – quinze jours pour un enfant de trois ans notant dans sa décision que le lieu de transition pour ramener l'enfant serait devant les grilles de l'école. Cette décision n'a fait que servir encore plus le conflit, le père n'hésitant pas à insulter chaque semaine son ancienne compagne, cette dernière devant récupérer son fils en présence de tiers afin d'assurer sa sécurité et ce sous les yeux traumatisés d'un petit garçon apeuré.

*

Ainsi, malgré le cadre légal, les juges aux affaires familiales tâtonnent pour rendre une décision la moins mauvaise lorsque le conflit parental est intense et que l'une des parties sollicite la mise en place d'une résidence alternée. Il appartient aux parties de proposer des solutions afin que celui qui va trancher puisse le faire avec le maximum d'éléments probants.

Une loi qui encourage la créativité judiciaire ?

La résidence alternée demandée par l'un des parents est parfois justifiée, réfléchie et aboutie mais reste souvent le moyen pour celui qui en fait la demande d'atteindre l'autre et de lui faire payer son départ ou son choix de vie. Même si le parent qui fait la demande d'un partage de temps égalitaire ne s'est pas occupé au quotidien et de manière continue de l'enfant, il n'est pas impossible qu'il voie sa demande prospérer.

Or cette demande tient-elle compte de l'enfant ou est-elle une revendication personnelle étrangère aux besoins et à l'évolution du mineur visé ?

Il appartient au parent qui fait cette demande unilatérale de se positionner autour de l'enfant, d'être à l'écoute de ses besoins, de ses habitudes et d'avoir une capacité à s'oublier au profit d'un petit être en construction. Il appartient à celui qui se ferme à toute alternance d'accepter que l'enfant ait besoin, en grandissant, de ses deux parents pour l'accompagner dans la vie.

Pour cela, il est conseillé au magistrat saisi un mode de résidence qui évolue avec les années et qui étend les droits du parent chez lequel ne demeure pas l'enfant au quotidien. Cette extension des droits dépend bien évidemment de conditions matérielles et pratiques mais également d'une réelle écoute de l'évolution de l'enfant. En effet, ce qui est couché sur le papier doit pouvoir évoluer selon l'enfant de manière individuelle.

En outre, le temps pendant lequel le parent recevra l'enfant dans le cadre de son droit de visite et d'hébergement offrira la possibilité de tisser, d'intensifier, voire de solidifier des liens qui permettront de passer en douceur à une résidence alternée lorsque l'enfant sera capable, au-delà de 6 ans, de se représenter l'absence de l'autre parent sans le vivre comme un abandon.

Ainsi, même si le rite judiciaire est de proposer à un juge soit un droit de visite et d'hébergement élargi ou non, soit une résidence alternée : il faut présenter une demande évolutive qui tienne compte de cet enfant, de son histoire, des liens qu'il a tissé avec les deux parents. Pour ce faire le parent qui considère que l'enfant est trop jeune pour vivre en alternance chez l'un puis chez l'autre peut proposer un découpage au fil de l'évolution de l'enfant.

Par exemple, le compagnon de Mme F. l'a quittée puis, quelques mois après la séparation, il a saisi le juge aux affaires familiales afin de voir instituer une résidence alternée pour leur fille D, âgée à l'époque de 22 mois alors même qu'il n'avait pas pris le temps de s'occuper du nourrisson depuis sa naissance.

Mme F., pour ne pas éloigner le papa de sa fille et tenir compte de cette dernière, a proposé au juge la mise en place d'un droit de visite et d'hébergement en faveur du papa, droit qui s'organise en conformité avec les besoins psycho-affectifs et évolutifs de l'enfant, soit :

Jusqu'à 3 ans, et sauf meilleur accord des parties

- Hébergement :
  - 1 jour par semaine de 9 h 30 à 20 h 00 ;
  - 1 dimanche sur 2 de 10 h 30 à 21 h 00.
- Visite :
  - 2 soirs par semaine de 18 h 30 à 20 h 30 ;
  - Au domicile de la mère, à charge pour Monsieur L. de se déplacer ;
  - Maintien du système pour les vacances scolaires (y compris l'été).

De 3 à 6 ans et sauf meilleur accord des parties

- Hébergement : 2e et 4e week-ends de chaque mois, du samedi soir 19 h 00 au lundi matin école 8 h 30.
- Visite : 2 soirs par semaine de 18 h 00 à 20 h 00, au domicile de la mère, à charge pour Monsieur de se déplacer.
- Pour les vacances scolaires (Toussaint, Noël, Hiver et Pâques). Les vacances seront partagées en par moitié :
  - les années paires : Monsieur aura l'enfant la 1re partie des vacances ;
  - les années impaires : Monsieur aura l'enfant la 2e partie des vacances.
- Pour les vacances d'été :
  - Monsieur aura l'enfant la première quinzaine de juillet les années paires et la seconde moitié de juillet les années impaires ;
  - puis, Monsieur aura l'enfant la première moitié d'août les années paires et la seconde moitié d'août les années impaires.

De 6 à 18 ans et sauf meilleur accord des parties

- Hébergement et visite : les 1er, 3e et 5e week-ends de chaque mois, du vendredi soir après l'école au lundi matin avant l'école.
- Pour les vacances scolaires et d'été : Maintien du système arrêté entre 3 et 6 ans.

Autre cas, Mme R. a eu une petite fille avec M. T. Les parties n'ont jamais vécu ensemble. Or M. T. a demandé la mise en place d'une résidence alternée alors que l'enfant était âgée de 19 mois. Mme R. a proposé au magistrat saisi le système évolutif suivant :

De 19 mois à 3 ans, et sauf meilleur accord des parties

- Visite : tous les lundis et jeudis de 13 heures à 16 heures, au domicile de la mère, à charge pour Monsieur T. de se déplacer.
- Maintien du système pour les vacances scolaires (y compris l'été).

De 3 à 6 ans et sauf meilleur accord des parties

- Hébergement et visite :
  - 2e et 4e week-ends de chaque mois, du samedi soir 19 h 00 au dimanche soir 19 h 00 au domicile de la mère, à charge pour M. d'aller chercher et de raccompagner l'enfant ;
  - les 1ers, 3e et éventuellement 5e mercredi journée de 9 h 00 à 19 h 00, au domicile de la mère, à charge pour M. T. d'aller chercher et de raccompagner l'enfant.
- Pour les vacances scolaires (Toussaint, Noël, Hiver et Pâques). Les vacances seront partagées en par moitié :
  - les années paires : Monsieur aura l'enfant la 1re partie des vacances ;
  - les années impaires : Monsieur aura l'enfant la 2e partie des vacances.
- Pour les vacances d'été :
  - Monsieur aura l'enfant la première quinzaine de juillet les années paires et la seconde moitié de juillet les années impaires ;
  - puis, Monsieur aura l'enfant la première moitié d'août les années paires et la seconde moitié d'août les années impaires.

De 6 à 18 ans et sauf meilleur accord des parties

- Hébergement et visite :
  - les 1er, 3e et 5e week-ends de chaque mois, du vendredi soir après l'école quand l'enfant n'a pas école le samedi ou du samedi après l'école au dimanche soir 19 h 00, au domicile de la mère, à charge pour M.T. d'aller chercher et de raccompagner l'enfant ;
  - tous les 2e et 4e milieux de semaines du mardi soir après l'école au mercredi 19 h 00 au domicile de Mme R., à charge pour M. T. d'aller chercher l'enfant et de le raccompagner.

> • Pour les vacances scolaires et d'été : Maintien du système arrêté entre 3 et 6 ans.
>
> L'octroi du droit, pour le parent qui n'est pas avec l'enfant pour une période d'au plus une semaine, de le contacter téléphoniquement tous les mardis et vendredis à 19 h 30, l'autre parent s'efforçant de favoriser ce contact.
>
> L'octroi du droit, pour le parent qui n'est pas avec l'enfant pour une période d'au moins une semaine, de le contacter téléphoniquement tous les trois jours, l'autre parent s'efforçant de favoriser ce contact. »

Ces deux systèmes évolutifs ont été validés par les juges saisis : les mères ont présenté des éléments concrets, preuves que la mise en place de la résidence alternée était trop hâtive eu égard :

1. aux besoins de l'enfant, à son âge et à son évolution personnelle grâce à :
   – des attestations sur : le quotidien de l'enfant au passé comme au présent, les qualités des parents, leur implication et dévouement, les propos positifs tenus auprès de l'enfant par l'un des parents sur l'autre,
   – un suivi médical, voire pédopsychiatrique, de l'enfant. Le professionnel saisi peut dire, par la transmission d'un avis écrit ou de la production du dossier médical si l'enfant est apte à vivre une vie en alternance et, à défaut, le pédopsychiatre peut avec les parents tenter d'établir ou valider un système évolutif,
   – des photos sur l'environnement de l'enfant avec sa mère ;
2. à l'intensité du conflit parental, les mamans produisant :
   – un cahier de liaison mis en place entre le père et la mère afin de s'échanger des informations autour de l'enfant auquel l'autre partie ne répondait rien ou profitait de cet instrument pour se montrer très agressif avec la mère de l'enfant,
   – des attestations relatant l'absence de dialogue de manière anecdotique, le contenu de conversations téléphoniques houleuses,
   – des courriers ou messages électroniques échangés établissant la volonté polémique de l'autre parent ;
3. l'absence de conditions matérielles permettant une mise en place pratique et aisée d'une alternance par :
   – la production de plan permettant de visualiser le trajet séparant les domiciles respectifs avec mention du temps du trajet,
   – des photos du cadre de vie de l'enfant : sa maison, sa chambre, sa ville, voir plus tard son école.

Ainsi, dans ces deux espèces les juges ont agi avec précaution, ce qui devrait être le cas systématiquement. Certains indiqueront que les juges sont déjà prudents puisqu'ils peuvent mettre en place une résidence alternée de manière provisoire. Or trop fréquemment, le juge entérine ce qu'il a mis en place de manière provisoire. En effet, depuis le 4 mars 2002, le juge aux affaires familiales saisi par l'un des parents ou par le ministère public peut statuer sur les modalités d'exercice de l'autorité parentale en fixant une alternance de domicile d'une manière définitive ou, en cas de désaccord, à titre provisoire.

Or cette fixation provisoire est feinte puisqu'aucun délai n'est fixé légalement et que certaines situations provisoires prennent un goût de définitif. Dans nombre de cas, le juge ayant même des difficultés à revenir sur un fonctionnement établi espère une adaptation de l'enfant concerné et une pacification des tensions... en vain.

En outre, la loi du 4 mars 2002 tente de rétablir une égalité entre les parents, père et mère, mais méconnaît l'intérêt des enfants de moins de six ans qui ont besoin :

- de créer des liens différenciés entre chacun de ses parents,
- de repères stables et rassurants ce qu'ils trouveront avec difficulté s'ils doivent s'adapter, en alternance, au domicile de l'un puis de l'autre.

Face à au cadre offert par la loi du 4 mars 2002, et loin de la Convention de New York relative aux droits de l'enfant, le mineur devient, dans le cadre d'une résidence alternée mise en place dans une ambiance conflictuelle, un enjeu pris dans un conflit de loyauté qui dénie ses besoins personnels et individuels.

Le juge aux affaires familiales, face aux situations de conflit parental brandit, avec courage ou facilité, des mesures évoquées précédemment afin de faire admettre à la partie opposée la légitimité de la demande d'alternance et afin de pacifier les tensions existantes. Malheureusement, les parties en présence ne parviendront que très rarement à se mettre d'accord et à dépasser le conflit parental dans le but de réfléchir au bien fondé d'une résidence alternée. Dès lors, tout refus postérieur par l'une des parties de voir fixer une alternance de domicile pourra être interprété comme une volonté exclusive de vengeance ; l'enfant devient donc une préoccupation secondaire face au désir impérieux de remettre le parent opposé à sa place. Ainsi, lorsque la demande d'alternance n'est pas commune, un sentiment trouble peut se dégager. La demande de résidence alternée paraît être une revendication personnelle de l'un des parents étrangère à l'intérêt de l'enfant.

Pour autant la loi du 4 mars 2002 ne doit pas être complètement décriée mais des garde-fous doivent être mis en place, fournis et utilisés par les juges.

En cas de consensus parental visant à voir entériner une résidence alternée, le juge devrait avoir les moyens de recevoir les parties à plusieurs audiences afin de vérifier :

- l'existence effective d'un dialogue parental et d'un respect mutuel, base élémentaire de toute alternance ;
- si l'organisation prévue respecte des contingences pratiques et organisationnelles ;
- la solidité et fiabilité du système à entériner selon l'âge et les besoins de l'enfant. Une résidence alternée ne peut pas être installée pour des nourrissons, même en cas d'accord parental. Dans tous les cas, la mise en place d'un système d'hébergement évolutif est préférable jusqu'à l'âge de six ans.

Enfin, le juge se devrait de revoir les parties dans un délai maximum de six mois afin de vérifier si la résidence alternée est un mode de vie compatible avec les besoins de l'enfant, en auditionnant ce dernier si besoin.

En absence notoire d'accord ou en cas de séparation conflictuelle, le juge doit avoir les moyens d'appliquer, en toute indépendance, un principe de précaution et de refuser la mise en place d'une résidence alternée au profit de la mise en place d'un droit de visite et d'hébergement encadré au bénéfice du parent chez lequel l'enfant ne réside pas.

Dans tous les cas, le juge doit pouvoir disposer d'un nouvel interlocuteur de formation pluridisciplinaire ayant un profil mixte en matières juridique, psychologique plus particulièrement pédo-psychiatrique, et sociologique, étant formé au « verbe » et à la médiation. Ce professionnel serait un référent qui suivrait l'enfant concerné dans le débat judiciaire pendant et après la procédure. Cet interlocuteur pourrait donner un avis écrit au juge, soumis aux parties, et saisir la Juridiction de manière autonome afin d'ouvrir à nouveau, si besoin, le débat judiciaire.

Cette exigence de moyens devient une urgence pour nombre d'enfants qui ne sont « entendus », parfois, que dans le cadre angoissant d'une enquête sociale ou d'une expertise médico-psychologique face à des professionnels investis des attentes parentales.

13

Et l'enfant alors ?

Maud HAYAT-SORIA,
avocat[1]

L'ÉVOLUTION de la notion de parentalité a marqué la dernière décennie. La loi du 4 mars 2002 est venue traduire juridiquement ce qui était dans l'air du temps depuis plusieurs années : la tendance à l'« *ultra égalitaire* » entre pères et mères.

Les revendications féminines au plan professionnel (poste à responsabilités équivalentes à ceux des hommes, égalité de traitements et de salaires...) ont trouvé leurs pendants dans les revendications masculines au plan personnel (congé paternité, coparentalité, investissement grandissant de certains pères dans leur rôle de référent parental...).

Reste qu'à trop vouloir l'égalitarisme, sans forcément prendre le recul nécessaire, le risque existe de sacrifier des intérêts, et notamment ceux d'une catégorie qui, elle, ne peut jamais rien revendiquer : celle des enfants.

Depuis l'officialisation de la notion de « *garde alternée* » par la loi du 4 mars 2002 sous l'appellation désormais officielle « d'hébergement alterné ou résidence alternée », les juges ont la faculté d'ordonner celle-ci :

- en dépit du désaccord parental ;
- en ne prenant en compte qu'un seul et unique critère : l'intérêt de l'enfant et le droit pour celui-ci de maintenir des liens égaux avec chacun de ses deux parents.

Il s'agit des dispositions de l'article 373-2-9 du Code civil :

1. Avocat à la cour, spécialiste en droit des sociétés et en droit des personnes.

> « À la demande de l'un des parents ou en cas de désaccord entre eux sur le mode de résidence de l'enfant, le juge peut ordonner à titre provisoire une résidence en alternance dont il détermine la durée.
> Au terme de celle-ci, le juge statue définitivement sur la résidence de l'enfant en alternance au domicile de chacun des parents ou au domicile de l'un d'eux. »

Il faut savoir que la jurisprudence avait déjà permis, avant même l'entrée en vigueur de ce texte, de faire entériner, par décision de justice, une volonté commune des parents d'héberger chacun à leur tour le ou les enfants du couple. Mais il n'était jusqu'alors pas possible d'aller à l'encontre de la volonté de l'une des deux parties refusant ce système.

La modification est donc *essentielle*.

Un premier constat de bon sens devrait s'imposer cependant immédiatement : le désaccord parental ne peut que faire échec au bon fonctionnement d'un hébergement alterné, et ce, quelle que puisse être la bonne volonté du magistrat ayant ordonné la mesure.

Par ailleurs, il est dit et répété dans tous les articles du Code civil qui concernent les enfants que seul leur intérêt bien compris doit guider les magistrats dans les décisions qu'ils prennent.

De même que le juge, l'avocat est régulièrement confronté à un vrai dilemme : celui de savoir si le parent qui s'oppose à l'hébergement chez l'autre parent ou à l'hébergement alterné le fait en considération de l'intérêt de l'enfant ou simplement dans l'optique de sanctionner l'autre parent, qui est désormais devenu l'adversaire. La limite n'est pas si évidente : en effet, et contrairement aux idées reçues, le parent réticent consent très souvent à reconnaître que son conjoint est doué de qualités paternelles ou maternelles, et qu'il aime son enfant.

Un autre paramètre doit en effet semble-t-il être pris en compte dans l'analyse du contexte actuel : l'intervention de la loi du 26 mai 2004 portant réforme du divorce. Depuis sa mise en application le 1er janvier 2005, il est interdit désormais à une partie au divorce d'invoquer dans sa requête initiale, et dans la première phase de la procédure, un quelconque grief. L'objectif général du législateur a été de pacifier autant que faire se pouvait la rupture des conjoints et de les amener à un accord, soit avant l'introduction de la procédure, soit au cours de cette dernière. Il s'est agi d'une certaine manière de « lisser » les relations entre les conjoints. Il en allait déjà de même pour les concubins, pacsés ou non, qui se séparaient puisqu'il n'existe pas pour eux de lieu où débattre de leurs griefs.

Il ne faut pas s'étonner dès lors que, faute de pouvoir alléguer des fautes et des manquements à l'encontre de son conjoint, celui qui se sent blessé tente d'obtenir que justice lui soit faite au travers des enfants. Ces derniers étaient déjà pris en otage dans le cadre de la précédente procédure. Ils le sont plus que jamais dans un contexte où le seul vrai moyen (en dehors des questions financières) de faire payer à l'autre l'échec de la rupture consiste à revendiquer des droits toujours plus étendus sur les enfants, et il faut reconnaître que ce sont presque toujours les pères, puisque la mère, jusque-là, se voyait quasi systématiquement accorder la résidence des enfants.

Comment ne pas également penser qu'il est plus facile pour un magistrat de rendre une décision « à la Salomon » en ordonnant une résidence alternée, plutôt que d'avoir à trancher l'épineux problème de savoir où l'enfant sera véritablement le mieux. La lecture des décisions rendues depuis le prononcé de la loi de 2002 ne peut que conforter dans cette idée.

En effet, alors que la jurisprudence avait très clairement posé des principes pour ouvrir des cas de résidence alternée s'agissant de l'âge des enfants, de la proximité des domiciles, du dialogue entre les parents, les magistrats en dépit du très bas âge des enfants ou de situations totalement bloquées, prononcent cette résidence alternée. Ce qui est totalement utopique. En effet, ces derniers ayant perdu toute communication ne la reprendront pas au prétexte de gérer l'intérêt des enfants, fussent-ils les meilleurs parents du monde.

Surtout, il apparaît qu'en dépit de multiples rapports de pédopsychiatres faisant pourtant autorité sur les conséquences de la résidence alternée, et plus généralement de la séparation au quotidien de l'enfant par rapport à sa mère, le droit objectif s'arc-boute en quelque sorte désormais sur ce mode d'hébergement comme s'il s'agissait d'une panacée susceptible de régler toutes les difficultés gravitant autour de la question fondamentale qui est celle de l'intérêt de l'enfant et par conséquent celle de sa résidence.

Il apparaît indispensable de préciser immédiatement ici que le praticien auteur de ces lignes est tout à fait favorable, par principe, à la résidence alternée dans des cas très précis :

- dès lors que les enfants sont âgés d'au moins plus de 8 ans ;
- dès lors que les parents ont un vrai dialogue et que la rupture ne s'est pas faite dans un conflit destructeur ;
- dès lors que les résidences sont proches ;
- dès lors que les méthodes éducatives sont semblables.

Le propos consiste davantage ici à stigmatiser la dérive à laquelle on assiste puisqu'au mépris même du texte de la loi et de la jurisprudence, les décisions fixant la résidence des enfants de manière alternée sont désormais prises de manière systématique quel que soit le contexte, et l'on évoquera plus avant celles fixant la résidence de très jeunes enfants de manière exclusive chez le père.

Que de fois n'entend-on en effet dans le secret de nos cabinets, des pères indiquer que dès lors que leurs femmes demandent le divorce, ils vont, par mesure de vengeance et de représailles, solliciter que la résidence des enfants soit fixée, soit de manière exclusive chez eux, soit de manière alternée. Ce qui confirme qu'il n'y a pas de dialogue et que le conflit est ouvert. Comment imaginer dès lors que la résidence alternée puisse fonctionner correctement ?

Bien sûr, dans nombre de cas, les pères effectuent une démarche spontanée et authentique lorsqu'ils réclament ce type de droits quant à la résidence des enfants. Sans évoquer les cas où ce sont les mères qui le proposent, estimant que tel est bien l'intérêt de l'enfant, mais dans ces hypothèses, il est clair qu'un accord est pris et que par conséquent, l'on ne peut que se réjouir de la fixation de la résidence de manière alternée : en effet, le dialogue qui a prévalu pour permettre aux époux ou aux concubins de mettre un terme à leur union va perdurer pour ce qui concerne l'éducation des enfants. Il s'agit alors pour les avocats des deux parties de mettre simplement en forme cet accord et le juge n'a qu'un rôle mineur.

La question devient beaucoup plus préoccupante lorsque le conflit est tel que précisément, le magistrat est saisi pour trancher la question et l'on ne peut que s'étonner de la façon dont celle-ci est abordée et résolue. Une sonnette d'alarme devrait retentir dans l'esprit des magistrats dès lors qu'ils voient que le conflit est aigu et qu'une demande de résidence alternée est formulée. On comprend bien que dans le système égalitaire vers lequel le législateur a voulu tendre, les magistrats se considèrent obligés de prendre en compte les demandes qui sont formulées par-devant eux. Pour autant, doivent-ils systématiquement céder et accepter de fixer la résidence des enfants de manière alternée dès lors qu'elle leur est demandée ou dès lors que les deux parents réclament la résidence exclusive ? C'est une problématique à laquelle les réponses apportées aujourd'hui apparaissent décidément très insatisfaisantes.

Madame Claire Brisset, dans un rapport remis à Monsieur le président de la République en 2005, s'est clairement positionnée contre la résidence alternée pour des enfants en bas âge, c'est-à-dire de moins de six ans.

Il pourrait apparaître simpliste d'insister sur l'absence de recul total en la matière, les décisions rendues sur la résidence alternée étant trop récentes pour permettre d'évaluer les conséquences psychologiques que peut avoir ce mode de fonctionnement sur l'enfant devenu adulte.

Osera-t-on un parallèle avec la méthode globale en matière de lecture ? Après avoir en effet considéré qu'il s'agissait d'une véritable révolution positive en la matière, on a récemment « hurlé aux loups » et obligé tous les enseignants à un arrêt immédiat. On s'est en effet soudain avisé des conséquences désastreuses qu'elle avait eues sur le niveau d'alphabétisation de la génération issue de cette « vogue ». Souhaitons qu'en matière de résidence alternée, le réveil ne soit pas aussi brutal puisque là encore ce sont les enfants qui feront les frais de cette généralisation.

Tout se passe en effet comme si la résidence alternée était une clé permettant de régler tous les litiges, alors que bien entendu tel n'est pas le cas, loin s'en faut. A-t-on demandé aux adultes qui se présentent comme les tenants de cette théorie sur le fondement de l'amour qu'ils portent à leurs enfants, s'ils accepteraient eux-mêmes de voir leur vie véritablement « saucissonnée » ? Est-il raisonnable de considérer qu'un jeune enfant puisse conserver des repères lorsqu'il a deux domiciles, sans compter qu'il ne peut même pas parler au parent avec lequel il vit provisoirement de ses habitudes chez l'autre en raison de l'hostilité évidente régnant entre les deux ?

Pour revenir simplement aux méthodes éducatives, les enfants sont toujours déphasés lorsque les parents appliquent des règles de vie différentes, en terme de sévérité ou d'horaires. Et aucune harmonisation ne peut être envisageable faute de dialogue entre les parents. Combien de parents constatent que leur enfant au retour de chez leur ex-conjoint ou concubin met 48 heures et plus à se réadapter à son environnement chez lui ?

Quelles séquelles résulteront de ces situations ? Nul ne peut le dire aujourd'hui. On comprend bien que l'objectif ait été de mettre un terme à une situation matriarcale où les pères étaient quasiment exclus de toute influence sur leurs enfants. Ils étaient fondés en effet à l'époque à souligner que dès lors qu'une séparation intervenait, ils étaient littéralement « coupés » de leurs enfants (ce qui expliquait que peu d'hommes prenaient des initiatives en matière de séparation ou de divorce). Pour autant, était-il raisonnable d'infliger à ces mêmes enfants pareil vécu ? Notre société veut aujourd'hui absolument trouver systématiquement des solutions susceptibles de satisfaire tout un chacun. Elle refuse de prendre en considération des impossibilités tirées d'un contexte objectif.

Au lieu de réfléchir aux raisons pour lesquelles les couples se séparent aussi facilement, le législateur et le corps judiciaire dans la recouvrance de ce dernier ont préféré, comme en de nombreuses matières, suivre l'opinion plutôt que de l'induire. Les magistrats ont, quant à eux, la délicate mission de trancher le litige par principe « dans l'intérêt de l'enfant ». Parce qu'ils ne sont pas des psychologues, et encore moins des enquêteurs sur le terrain, ils confient souvent, en cas de séparation très conflictuelle en présence d'enfants, des missions à des spécialistes chargés de donner leur avis sur la situation de ces derniers à un instant. Il n'est pas inutile de préciser que s'il est vrai que le juge n'est théoriquement pas tenu de suivre l'avis de la personne consultée, il le fait pourtant quasiment systématiquement.

On pourrait se réjouir à l'idée que les décisions soient prises en toute connaissance de cause. Malheureusement, l'expérience conduit à affirmer que ce type de mesures, dans les conditions où elles sont diligentées actuellement, s'avère très souvent inefficace. Elles ne peuvent en rien éclairer valablement le juge.

* * *

Nous allons donc maintenant examiner en quoi consistent l'enquête et les examens médico-psychologiques afin de mieux souligner leur inadéquation manifeste à permettre aux magistrats de trancher en pleine connaissance de cause, en ayant une véritable maîtrise des tenants et aboutissants de chaque espèce. Sachant que de très nombreuses décisions sont rendues sans aucune investigation préalable.

Or, le résultat est semble-t-il identique. Ce qui nous amène à conclure que le problème n'est pas d'éclairer le magistrat sur la nature et le contexte des demandes qui lui sont formulées.

La seule question en lice aujourd'hui est celle de fixer un critère, une limite à la résidence alternée « à tout prix », voire à des droits égaux pour les deux parents « à tout prix », ainsi que l'on y reviendra.

Les mesures d'investigation

On précisera immédiatement que les délais de mise en œuvre, brefs au regard de la lenteur désormais légendaire des procédures judiciaires, restent tout de même très longs.

Il s'agit en effet de déterminer où devra vivre l'enfant, quels seront les droits de chacun des parents ; et dans l'intervalle, le temps s'écoule bien lentement, ce qui ne contribue en rien à apaiser les tensions.

Elles sont donc de deux types :

- l'enquête sociale ;
- l'expertise médico-psychologique.

L'enquête sociale

La théorie

L'objet

Il s'agit ici d'éclairer sur les conditions de vie de chacun des parents et sur celles des enfants puisque le magistrat n'est pas en prise directe avec la réalité quotidienne des parties.

Qui est l'enquêteur ?

Il s'agit d'un technicien qui est chargé « d'enquêter ». L'enquêteur est donc totalement extérieur. Il est désigné par le juge sur une liste déposée auprès de chacun des greffes des chambres de la famille des tribunaux de grande instance. Il est censé se rendre sur place à chacun des domiciles des époux et entendre les membres de l'entourage de ces derniers, de même que l'enfant. Il devrait donc avoir une vision plus complète et plus objective que par la production, fût-elle abondante, de multiples attestations de part et d'autre. Par conséquent, l'objet de l'enquête est de donner aux juges les moyens de statuer en pleine connaissance de cause, ce qui signifie, si l'on s'en tient à la lettre du texte, que l'enquêteur doit, non seulement entendre l'enfant et ses parents, mais également recueillir tous éléments d'informations sur :

- l'environnement matériel et affectif de ces derniers,
- la disponibilité de chacun d'entre eux,
- les éventuels souhaits de l'enfant s'il est en âge de les exprimer.

La pratique

Le déroulement de l'enquête sociale

La difficulté naît de ce que l'enquête sociale se déroule souvent dans des conditions peu satisfaisantes. Il convient tout d'abord de noter que l'avocat est totalement absent des entretiens, sachant que certains enquêteurs refusent même que les dossiers de plaidoiries leur soient préalablement adressés. Ils ne connaissent donc rien, ou très peu de chose, de la vie des parties concernées, les ordonnances les désignant faisant généralement un résumé très bref, voire lapidaire, du contexte du dossier. L'enquêteur rencontre successivement chacun des parents et à la demande de ces derniers, et s'il le décide, des membres de leur famille (père, mère, oncle, tante ou autres).

Quoi qu'il en soit, il reste difficile :

- pour chacun des parents, de résumer en une ou deux heures d'entretien quelques années de vie, y compris leur histoire personnelle (enfance, adolescence)
- pour l'enquêteur, de se faire une véritable opinion : il suffit en effet que l'entretien se déroule à un moment où le contexte psychologique est très défavorable pour que ses conclusions soient faussées.

On ajoutera que devrait normalement rentrer dans les attributions de l'enquêteur social l'observation de recueillir toutes informations auprès des écoles, crèches, nourrices, famille très proche, etc., et que, dans la plupart des cas, pressée et débordée par ailleurs par d'autres missions, la personne désignée par le juge ne procède pas ainsi. Par conséquent, elle se contente de se forger une opinion sur les seules déclarations qui lui sont faites. Force est par ailleurs de constater que leurs conclusions sont souvent très surprenantes. Il semble bien que l'idée générale de la loi et la jurisprudence quasi constante de tous les tribunaux étant de viser à ne pas déstabiliser l'enfant au prétexte que le divorce (ou la séparation) est déjà en soi un facteur de déstabilisation, cela conduit l'enquêteur à systématiquement conclure au maintien de la situation qui lui est présentée. En outre, la « mode actuelle » consistant à étendre quasi systématiquement la résidence alternée dès lors que l'un des parents le demande, les enquêteurs, pensant être dans la tonalité ambiante, concluent à la résidence alternée, quel que soit le contexte dès lors que l'un des parents la réclame.

L'examen médico-psychologique

Son objet se comprend de lui-même. Il s'agit de procéder à un examen médico-psychologique, soit par un psychologue, soit par un médecin psychiatre, sachant que pour certains tribunaux (c'est le cas à Paris), dès lors que pareille enquête est ordonnée, elle doit viser l'ensemble de la famille. Il est bien clair que pour l'audition et le déroulement de l'examen de l'enfant, la question de savoir s'il a été conduit par son père ou par sa mère chez le médecin reste déterminante. L'enfant est déjà pris dans un conflit de loyauté à l'égard de ses deux parents. Par conséquent, les déclarations qu'il va souscrire sont nécessairement étroitement dépendantes de la situation objective dans laquelle il se trouve au moment où il est interrogé. De surcroît, très fréquemment, pour ne pas dire dans la plupart, voire la totalité, des cas, les médecins-experts se contentent des déclarations qui leur sont faites sans aucune autre investigation. On aurait pu en effet imaginer qu'ils prennent contact avec l'éventuel psychothérapeute de l'un ou des deux parents, et *a fortiori* avec le pédopsychiatre de l'enfant, lesquels sont infiniment plus à même de donner un avis circonstancié sur la situation.

Ce qu'ils ne font quasiment *jamais*. Dès lors, un examen limité à une ou deux heures peut difficilement rendre compte au magistrat des véritables tenants et aboutissants d'une situation nécessairement complexe puisqu'ayant donné lieu à la désignation de l'expert.

La pratique des tribunaux

Les décisions de justice en matière de résidence alternée avec son exacerbation ultime : la privation de sa mère au quotidien pour l'enfant. Il serait fastidieux de procéder à un catalogue des décisions rendues telles que l'auteur de ces lignes a pu les vivre. Aussi, se hasardera-t-on à les diviser entre celles rendues après investigations et celles où le (ou les) juge s'est prononcé au seul vu des dossiers après audition des parents ?

Les décisions rendues après enquête et/ou expertise médico-psychologique

Il apparaît intéressant de les classifier selon qu'elles ont été rendues en considération d'éléments objectifs ou subjectifs.

L'élément objectif : l'éloignement géographique des parents

L'élément objectif, apparaissant souvent comme déterminant, est parfois insuffisant : l'éloignement géographique des parents. De manière quasi systématique, les tribunaux ont pris pour habitude de décider que dès lors que l'un des parents décide de déplacer sa résidence pour la fixer dans un autre département, voire une autre commune, fussent-ils peu éloignés de celui où réside l'autre conjoint (surtout si ce dernier a gardé la jouissance du domicile conjugal), une véritable sanction est prononcée : la résidence de l'enfant n'est plus fixée chez le parent qui se déplace. Or, dans ce type d'hypothèse, il n'est plus possible, pour des raisons d'organisation matérielle, de solliciter la mise en place d'une résidence alternée. On aboutit ainsi à des décisions totalement incongrues où des enfants en très bas âge se trouvent séparés de leur mère simplement parce que celle-ci, face à une situation financièrement quasi inextricable (abandon matériel du conjoint nécessitant un éloignement géographique en raison du fait qu'elle a trouvé un nouvel emploi dans une autre région), se trouve de surcroît sanctionnée alors qu'elle a très courageusement décidé de retrouver une rémunération plutôt que de rester à la charge hypothétique de son ancien conjoint. Encore ceci ne serait-il pas grave si le véritable « sanctionné » n'était pas l'enfant lui-même. Il est difficile de comprendre les motivations des magistrats sur ces points. Certaines situations ont défrayé la chronique, mais pour celles qui sont restées « dans l'ombre », elles sont tout aussi problématiques.

On citera ainsi le cas d'une mère de 4 enfants en bas âge (2 à 8 ans) qui vivait dans l'est de la France avec son époux.

> Au moment de la séparation, le mari la met littéralement à la porte du domicile conjugal. Elle décide donc de revenir en région parisienne où, de surcroît, elle a trouvé un emploi. La décision tombe comme un couperet : la résidence des enfants est fixée chez le père. Une enquête sociale avait pourtant été ordonnée.
>
> Elle avait évidemment conclu au *statu quo* : la résidence des enfants avait en effet « provisoirement » été fixée chez le père dans l'attente du dépôt de son rapport par l'enquêtrice. Et le juge aux affaires familiales, aussi bien que la Cour, n'ont pas voulu « déstabiliser » ces enfants en transférant leur résidence chez la mère !
>
> Il faudra à cette femme le courage, la volonté et surtout la chance de disposer de moyens matériels suffisants pour avoir exercé plusieurs recours (appel de l'ordonnance de non-conciliation, saisine du juge de la mise en état, appel de l'ordonnance de mise en état, saisine une seconde fois du juge de la mise en état, second appel de l'ordonnance de mise en état) pour obtenir une expertise médico-psychologique.
>
> L'expert qui est alors désigné comprend immédiatement la situation au vu non seulement des attestations qui sont versées aux débats, mais du rapport d'expertise médico-psychologique que la mère a fait diligenter par un psychiatre de manière non-contradictoire à Paris lors de la visite de ses enfants.

> Ces derniers étaient en état de souffrance évidente : l'un souffrait de problèmes orthophoniques, l'autre redoublait sa classe, les plus jeunes écrivaient sans cesse des lettres du type « *Monsieur le juge, s'il vous plaît, rendez-nous notre maman* ».
>
> Ce médecin accélère le dépôt de son rapport : la conclusion est claire. *Il y a nécessité et urgence absolues à transférer la résidence de ces quatre enfants chez leur mère.*

Mais il s'agit d'un cas d'espèce. Il est en effet extrêmement fréquent qu'en dépit du recours théorique possible par-devant la Cour, les magistrats du second degré maintiennent la décision de première instance, toujours en vertu du sacro-saint principe consistant à ne pas vouloir déstabiliser les enfants. Ainsi l'on citera deux autres cas :

> Une femme en instance de divorce et qui vit dans le centre de la France.
>
> Elle trouve un emploi à Paris et a l'honnêteté de demander à son avocat de faire un incident (procédure particulière) pour demander à ce que le droit de visite et d'hébergement du père soit modifié en conséquence. Le père demande évidemment de manière reconventionnelle à ce que la résidence soit fixée chez lui et il obtient gain de cause. Il s'est donc agi d'un enfant qui à l'âge de deux ans a été séparé de sa mère. Le père étant débordé professionnellement, le confie systématiquement à sa propre mère. Bien entendu, le conflit personnel entre les deux parents est majeur. Le mari ne pardonne pas à la femme de l'avoir quitté.
>
> Comment ne pas subodorer que c'est bien ses propres comptes que le mari règle ainsi avec la mère en voulant absolument et en dépit des réactions de l'enfant, nier les difficultés et conserver la résidence exclusive de l'enfant ?
>
> L'enfant manifeste une très grande tristesse, un grand désarroi.
>
> De la même manière, hurle-t-il chaque fois que sa mère le dépose chez son père puisqu'elle est de surcroît contrainte d'effectuer le déplacement pour prendre l'enfant et le ramener (400 kilomètres à chaque fois).
>
> Les témoignages sont extrêmement nombreux. Encore peut-on légitimement se poser la question de savoir si la situation de cet enfant ne tombait pas sous le sens : pouvait-il réagir différemment en étant séparé de sa mère ? Pour autant, le juge aux affaires familiales, la Cour, puis les juges du fond, refusent le transfert de la résidence de l'enfant chez la mère.

> Une mère vivant à Bordeaux. Son employeur dépose son bilan.
>
> Elle ne retrouve un emploi (elle a un métier très spécifique sur un secteur particulier) qu'en région parisienne. Même « sanction » : le père demande que la résidence de l'enfant soit fixée chez lui et l'obtient sans difficultés. À ceci près que dans cette espèce, l'enfant se plaint régulièrement de maltraitances du père. La mère l'a fait entendre dans les services de police parisiens. Pour des raisons énigmatiques, elle ne parvient pas à obtenir le transfert de la résidence de l'enfant chez elle à Paris. Le leitmotiv systématiquement utilisé consiste à motiver les décisions et les enquêtes en indiquant que les angoisses du fils sont en réalité celles que la mère lui transmet.

Reste donc entièrement posée la question de savoir ce qu'est la déstabilisation des enfants : doit-on se soucier uniquement d'une absence de déstabilisation matérielle (pas de déménagement physique) ou doit-on bien comprendre qu'il n'y a pas plus déstabilisant pour un enfant que d'être séparé du parent dont il a été le plus proche ?

On comprend bien en effet qu'après des décennies pendant lesquelles les pères ont été quasi systématiquement évincés de tout droit, la mère étant considérée comme ayant vocation naturelle à toujours voir la résidence des enfants fixée chez elle, il y ait eu une nécessité de rétablir l'équilibre.

Il est vrai aussi que certaines mères ne « méritent » pas qu'on considère par principe qu'elles sont plus aptes à prendre soin de leurs enfants ; pour autant, doit-on véritablement estimer que seule l'absence de déménagement géographique est importante pour un enfant ?

Il faut dire et redire à quel point les enfants pâtissent de cette situation.

Ils développent un sentiment d'abandon par rapport à leur mère.

En effet, et quelles qu'aient été les révolutions en matière de réorganisation des rôles remplis respectivement par les pères et mères depuis les années 1980, il reste constant ainsi que le soulignent de très nombreux pédopsychiatres et psychologues que le lien à la mère conserve une originalité propre. Il y a tout lieu de penser d'ailleurs que cette situation perdurera aussi longtemps que seule la mère portera l'enfant dans son ventre. On comprend bien que les pères, devenus de véritables papas poules, s'insurgent et revendiquent des droits. Ils ne pourront cependant jamais détruire cette réalité objective : le lien entre la mère et l'enfant se tisse dès les premiers instants de la conception.

En effet, l'enfant en bas âge, quel que soit son attachement à son père, a un besoin quasi physiologique de rester étroitement proche de sa mère parce qu'il l'a déjà été pendant les neuf mois de la grossesse. Dès lors que la mère accepte que le temps de l'enfant soit ainsi morcelé entre le père et elle-même, l'enfant a tendance à considérer qu'elle l'abandonne véritablement. Il ne sait pas que la justice a contraint sa mère et même si cette dernière le lui explique, il ne veut pas l'admettre ; il voudrait qu'elle résiste et se batte pour l'avoir avec elle à plein temps. Ce sentiment s'ajoute à celui du même ordre qu'il ressent à l'égard du système judiciaire dès lors qu'ils ne peuvent être entendus par les magistrats.

Il est troublant de constater que les symptômes relevés chez les enfants ayant fait l'objet de mesure de résidence alternée sont tous les mêmes et qu'il s'agit notamment d'agressivité, de troubles psychosomatiques de tous ordres, voire de dépression latente.

Et tout ceci ne peut contribuer à les construire psychologiquement, ni à leur donner des repères et encore moins à leur donner foi en leur avenir.

L'élément subjectif

Il arrive que l'un des parents souffre d'une véritable pathologie au plan psychique. Comment dès lors lui confier sereinement l'enfant, fût-ce pour l'exercice du simple droit de visite et d'hébergement ? Les magistrats sensibilisés sur ces questions désignent donc un médecin expert pour les éclairer sur les capacités éducatives du parent dont s'agit. Or, il s'avère que fût-ce dans ces hypothèques, les médecins procèdent rarement un vrai travail d'investigation et hésitent beaucoup à éloigner un parent, fût-il déséquilibré, de son enfant. Ils se contentent de déclarations souscrites par les parties.

> Ainsi, l'exemple d'une mère qui avait fait l'objet d'une mise en tutelle pendant toute la seconde partie de son adolescence et au-delà de sa majorité. Elle n'a jamais voulu indiquer les motifs de cette mise en tutelle. Elle a été toxicomane. Dans un premier temps, et sur requête avec demande de mesures urgentes, le père avait obtenu que la résidence de l'enfant alors âgée de quatre ans soit fixée chez lui, sans aucun droit pour la mère. À l'issue de l'audience de non-conciliation, la mère a bénéficié d'un simple droit de visite dans un centre neutre. Progressivement, ce droit devait être étendu. À un moment donné, elle est allée jusqu'à demander à ce que la résidence de l'enfant soit fixée soit en totalité chez elle, soit de manière alternée avec le père. Le magistrat a ordonné une expertise psychologique. On eût pu donc s'attendre à ce que le praticien face à un dossier aussi problématique s'agissant des capacités éducatives du parent demandeur en raison de son histoire personnelle procéderait à de véritables investigations. Au lieu de quoi, il a reçu chacune des parties une heure. Il a entendu l'enfant, laquelle a été amenée par la mère. Il ne s'est d'ailleurs même pas rendu compte de ce que l'enfant avait la varicelle (*sic !*). Il s'est contenté des affirmations de la mère indiquant qu'elle bénéficiait désormais d'un suivi thérapeutique, sachant qu'elle n'a jamais et a aucun moment justifié de ce fait en cours d'instance et il a conclu sans aucune ambiguïté à la nécessité de mettre en place une résidence alternée !

Le même constat doit être fait lorsque le médecin est interrogé en raison des souffrances psychologiques de l'enfant. Il ne s'agit donc pas de plusieurs entretiens mais simplement d'un ou deux rendez-vous tout au plus. Bien entendu, l'enfant est « sous le coup de l'émotion », et tout dépend du point de savoir quel est le parent qui le lui amène. Quand bien même l'enfant serait suivi par un pédopsychiatre, non seulement le médecin expert n'interroge pas ce dernier, mais il refuse même lorsque le thérapeute habituel prend spontanément contact avec l'expert de l'entendre. Il est vrai qu'il est très difficile de faire le « départ » entre ce que véhiculent les parents et ce qui appartient au psychisme propre de l'enfant. Celui-ci est évidemment une personne « sous haute influence » mais justement ne doit-on pas être *a fortiori* extrêmement circonspect. En outre, il faut s'insurger sur le prétendu choix qui est laissé à l'enfant.

En effet, très souvent, le médecin expert, de même que l'enquêteur social, au demeurant, se contentent de rapporter les desiderata des enfants lesquels sont bien entendu enclins à vouloir vivre avec celui des parents qui est le plus laxiste. Dès lors se pose singulièrement la question de savoir si un enfant est apte à connaître lui-même où réside son intérêt.

N'appartient-il pas aux adultes précisément de trancher pour eux ? Ce n'est pas parce qu'un parent est « sympa » avec un enfant qu'il faut en conclure qu'il a des capacités éducatives réelles. Il s'agit là encore d'une tendance lourde contre laquelle il faut s'insurger. Bien entendu, il est toujours difficile de décrypter les motifs pour lesquels un enfant est en situation de souffrance psychologique :

- est-ce dû à la fixation de sa résidence chez l'un ou l'autre des parents ;
- ou est-ce dû bien plutôt à la séparation de ses parents et au conflit qui perdure de ces derniers.

N'incombe-t-il pas à l'expert de fournir au magistrat les moyens de comprendre :

- les capacités éducatives des parents ;
- l'origine des souffrances psychologiques de l'enfant, fût-ce au prix d'une séparation d'avec la mère, quelles qu'en puissent être les conséquences ;

dans l'optique de tenter de les résoudre ?

On se souvient d'une affaire qui a récemment défrayé la chronique dans un tout autre secteur du droit et qui a permis de mettre en lumière les difficultés de mise en œuvre des expertises et leur fiabilité parfois relative. Sans aller jusque-là en matière familiale, l'auxiliaire de justice ne peut que regretter l'encombrement fréquent des experts, lequel explique certainement cette impression d'insatisfaction face au travail accompli. Il est donc clair que les observations qui ont été formulées sur l'enquête sociale et l'expertise médico-psychologique tentent à établir que ces mesures ne permettent pas réellement au juge de mieux forger son opinion. Celui-ci y puise davantage la confirmation de ce qu'il avait pressenti que des informations nouvelles. En outre, le seul vrai écueil réside dans deux postulats de base auxquels les enquêteurs et médecins semblent vouloir « coller » :

- oui à la résidence alternée si elle a été déjà été mise en œuvre ou si elle est demandée ;
- pas de déstabilisation des enfants.

Les décisions rendues sans recours à une quelconque mesure d'investigation

Le magistrat a la faculté aux termes mêmes des dispositions de l'article 373-2-9 alinéa 2 de :

> « Ordonner à titre provisoire une résidence en alternance dont il détermine la durée. Aux termes de celle-ci, le juge statue définitivement sur la résidence de l'enfant en alternance au domicile de chacun des parents ou au domicile de l'un d'eux. »

Le législateur a ainsi donné un pouvoir extraordinaire aux magistrats en s'appuyant simplement sur la notion de provisoire. Ceci pouvait apparaître logique. Le magistrat faisait en quelque sorte un test et attendait, à l'issue de la période fixée, de dresser un bilan. En réalité, et ainsi qu'on l'a déjà examiné, lorsqu'une situation s'est créée, il est extrêmement rare qu'on la modifie. Ce qui signifie clairement que dès lors que les enfants auront commencé à vivre avec l'un des parents ou en alternance chez les deux, il est pratiquement certain qu'aucune modification ne sera apportée à cette situation. Par conséquent, il faut savoir que dès lors qu'un juge aux affaires familiales prévoit des modalités précises concernant la résidence des enfants et le droit de visite et d'hébergement, il est extrêmement difficile de l'amener à revenir sur celles-ci, et ce, quelle que soit l'évolution subséquente du dossier. D'où l'intérêt d'être particulièrement vigilant dans la préparation du dossier en vue de la première audience à laquelle il sera statué sur la résidence des enfants, qu'il s'agisse d'enfants nés dans le mariage ou d'une autre union. Il est très important de souligner ce point car très souvent les parents ne maîtrisent pas la portée d'une audience de ce type. Or, les mesures qui sont prononcées sont de toute façon assorties de l'exécution provisoire, ce qui signifie que l'appel interjeté ne permet pas de suspendre cette exécution.

D'autre part et précisément en raison du sacro-saint principe d'absence de déstabilisation des enfants, il est quasiment impossible d'obtenir de la Cour qu'elle revienne sur une décision fixant une résidence. De même, est-il quasiment impossible d'obtenir du juge qu'il revienne sur sa première décision. Dès lors, l'on en revient aux observations qui étaient faites liminairement sur le rôle de l'enquête sociale et de l'expertise médico-psychologique.

Par conséquent, de là à penser qu'une fois la décision prise, les parties sont enfermées dans le système qui est ainsi créé il n'y a qu'un pas que l'on n'hésitera pas à franchir. Le sort des enfants est donc joué à peu de chose près à cette audience. Tous les témoignages qui figurent dans le présent ouvrage et qui ont trait aux difficultés quasi insurmontables qu'ont pu rencontrer des parents pour voir modifier des systèmes pourtant totalement contraires à l'intérêt de l'enfant, le prouvent. On comprend bien que les magistrats évitent de recourir systématiquement à une enquête sociale. On comprend bien également qu'ils ne veuillent pas modifier sans cesse les mesures concernant les enfants. Pour autant, il faut absolument lancer un cri d'alarme sur le caractère figé des décisions qui sont prises. Elles rendent totalement illusoire la règle selon laquelle tout ce qui a trait à la fixation de la résidence des enfants est modifiable à tout moment. Il s'agissait d'un principe qui a toujours été affirmé mais qui est largement démenti par la pratique. Et lorsque le juge décide de ne pas recourir à une mesure d'enquête sociale ou d'expertise, c'est très souvent parce qu'il pense que les parents doivent pouvoir dialoguer, soit en raison de leur niveau social, soit en raison de leur niveau culturel, voire les deux. Il s'estime par ailleurs dans ces hypothèses suffisamment informé sur leurs conditions de vie et leur propre équilibre psychologique. Le praticien rencontre très souvent des situations de ce type.

> Ainsi, dans une espèce où la mère avait pourtant introduit une requête avec demande de mesures urgentes car elle établissait la violence du père à son propre égard et l'absence par conséquent totale de communication entre les deux parents, le magistrat a cru devoir prononcer la résidence alternée d'un enfant de moins de six ans alors surtout que le père vivait dans l'extrême sud-est de Paris, et que la mère était partie vivre en banlieue nord-ouest.
>
> Cette situation a perduré pendant toute la fin de l'année scolaire puisque la décision du magistrat était intervenue au mois d'avril. Ce qui signifie que pendant plus de deux mois, la mère a dû accompagner une semaine sur deux l'enfant moyennant un trajet de plus d'une heure et demie à l'aller le matin. Elle donnait son repas du midi à l'enfant dans sa voiture car il était bien entendu affamé et épuisé. À l'occasion d'un référé qui a été à nouveau diligenté, le magistrat a accepté de revenir sur sa décision pour obliger le père à venir habiter en banlieue nord-ouest. Néanmoins et pour autant, les parents n'ont pas retrouvé de dialogue. L'enfant est aujourd'hui décrit par son institutrice comme étant violent, agressif et asocial.

Madame Brisset, dans son rapport à Monsieur le président de la République, avait insisté sur l'absolue nécessité d'éviter la résidence alternée pour des enfants âgés de moins de six ans. Les observations qui ont été formulées sur le lien extrêmement étroit et la dépendance psychologique d'un enfant en très bas âge à l'égard de sa mère le justifient si besoin est.

Bien entendu, les magistrats ont le droit d'être des hommes et des femmes de conviction. Pour certains en effet et ainsi qu'il l'a déjà été indiqué, la résidence alternée est une véritable panacée. Pour autant, il n'est pas normal qu'ils tiennent aussi peu compte des avis contraires formulés par les spécialistes en la matière. La logique devrait en effet les conduire à éviter des positions de principe. Il n'est pas normal qu'ils prononcent des décisions ordonnant la résidence alternée simplement parce qu'ils y croient alors que le contexte ne s'y prête à l'évidence pas dans des hypothèses où l'absence de dialogue ou l'éloignement géographique établissent l'impossibilité de pratiquer ce mode de résidence.

> Dans une autre espèce, le juge a, et alors que le conflit entre les deux époux était ouvert en raison d'enjeux financiers extrêmement importants, estimé pouvoir ordonner la résidence alternée des enfants sans enquête sociale et sans examen médico-psychologique préalables. Il s'agissait de deux pré-adolescents qui n'ont eu de cesse que de s'engouffrer dans les brèches ouvertes du fait de

> l'absence de dialogue entre les parents. Il est évident en effet que si ces derniers ne communiquent pas entre eux, ils peuvent difficilement vérifier ce que leur affirment leurs enfants lesquels bénéficient au contraire d'une situation où la surenchère est sans cesse croissante. C'est ainsi qu'ils obtiennent de l'un des autorisations de sortie dont ils prétendent que l'autre parent les leur donne alors qu'en réalité, il s'agit de contre-vérités évidentes. Si les parents ne peuvent pas dialoguer pour vérifier ce qu'il en est réellement, c'est bel et bien l'enfant qui pâtit de cette situation puisqu'alors la porte est ouverte à tous les laxismes. Le juge espérait sans doute condamner en quelque sorte les parents à renouer le dialogue, ce qui était totalement utopique et ce que l'expérience a prouvé. Au bout des six mois qu'il avait fixés lui-même pour que les parties reviennent par-devant lui, il a fini par ordonner une enquête médico-psychologique en raison de l'échec manifeste. Ceci étant, les délais de mise en œuvre de cette mesure ont été tels que la mère qui estimait que cette résidence alternée avait des conséquences désastreuses (les résultats scolaires en témoignaient) a fini par renoncer. Son avocat lui avait bien entendu indiqué que les risques étaient très grands de voir le médecin expert conclure au *statu quo*.

* * *

Il serait bien entendu extrêmement décevant de conclure sur une note aussi négative. Pour autant, il n'était pas possible de ne pas souligner les défaillances du système actuel. Encore une fois, il n'est pas question de considérer que la résidence alternée n'est jamais une solution adaptée, loin s'en faut. De même, est-il exclu de considérer que les pères sont incapables de veiller au quotidien et à plein temps sur leurs enfants. Simplement, l'on se devait de souligner qu'en cas de désaccord entre les parents, c'est-à-dire en substance dès lors qu'une procédure conflictuelle est soumise à l'appréciation du magistrat, il apparaît que cette modalité particulière de résidence pour les enfants est génératrice de problèmes. Certes, les deux parents ont des droits égaux sur les enfants, mais doit-on véritablement considérer qu'il s'agit là d'un objectif absolu ? Et si tel est le cas, pourquoi pénaliser la mère, c'est-à-dire en fait l'enfant, lorsque celle-ci n'a pas d'autre choix que de déménager ? Ce n'est pas dans l'égalité des droits des parents que les enfants puiseront leur équilibre si leur trop jeune âge ou le conflit majeur opposant les parents empêchent une communication fluide et une « circulation » normale des enfants. En définitive, la solution antérieure à la loi du 4 mars 2002 était probablement plus adaptée. Elle évitait en tout cas qu'un conjoint ou un concubin dépité ne cherche à se venger par le biais d'une demande de résidence alternée. On ne peut qu'espérer que les magistrats se rendent compte, dans l'application qu'ils continueront de faire de la loi, du malaise croissant chez des enfants dont l'intérêt apparaît quelque peu malmené. Mais peut-être appartient-il au législateur de montrer la voie en amendant cette fameuse loi du 4 mars 2002 ?

Propositions

JUSQU'À ce jour aucune recherche française n'a été faite sur l'impact de la résidence alternée sur les enfants, particulièrement les plus jeunes.

Compte tenu de l'ampleur que prend le phénomène « résidence alternée » imposée dans n'importe quelles conditions et/ou à n'importe quel âge de l'enfant et devant le nombre croissant d'enfants qui vont mal, des spécialistes en santé mentale infantile commencent à évoquer une « catastrophe sanitaire » à venir.

Si la loi qui autorise la résidence alternée est bienvenue pour des parents sains, qui s'entendent au mieux des intérêts de leurs enfants, elle est aujourd'hui, faute de garde-fous, une boîte de Pandore source de trop nombreux abus. Il est urgent d'y mettre un terme.

- Aucune résidence alternée ne devrait pouvoir être imposée contre le gré d'un parent, en plein conflit parental, ou contre le gré d'un enfant qui n'en veut pas.
- Aucun très jeune enfant ne devrait être enlevé à sa mère, sauf pathologie ou grande insuffisance de cette dernière, sous des prétextes étrangers à son intérêt. Des sanctions autres pourraient être prises contre des mères qui chercheraient volontairement et sans raison à exclure le père. Quoi qu'en dise la rumeur, la majorité des jeunes mères aujourd'hui sont conscientes de l'importance d'un père pour un enfant.

Ceci étant posé, l'enfant doit cependant accéder à l'autre parent régulièrement, selon un rythme approprié en fonction de son âge et de sa résistance.

Un calendrier a été élaboré qui s'inspire du calendrier de Brazelton. Il pourrait servir de guide aux juges aux affaires familiales pour établir le mode d'hébergement le plus adapté aux jeunes enfants.

Annexe

Les dix propositions de Claire Brisset (Défenseure des enfants)[1]

- Exclure les enfants de moins de six ans de la résidence alternée.
- Renforcer significativement les moyens matériels et humains de la justice.
- Reconnaître à l'enfant un droit à être entendu et informé dans toute procédure qui le concerne.
- Améliorer l'accompagnement de l'enfant victime.
- Améliorer la formation des magistrats.
- Faire du juge aux affaires familiales un juge spécialisé.
- Créer dans tous les tribunaux de grande instance un pôle enfance-famille.
- Généraliser une formation spécialisée pour les avocats d'enfants.
- Renforcer la formation et l'encadrement des forces de sécurité en contact avec les mineurs.
- Mieux protéger les jeunes majeurs en difficulté.
- Créer une Agence française de sécurité sportive pour garantir la protection des enfants sportifs.

Travaux scientifiques de reconnaissance internationale

Ils émanent pour la plupart de recherches anglo-saxonnes. L'expérience acquise aux USA par une longue pratique de la résidence alternée permet en effet d'y observer actuellement les conséquences de cette modalité de

1. Propositions présentées au président de la République française en novembre 2005.

garde, alors que la durée de l'expérience française est trop brève pour être significative. Ces travaux sont habituellement ignorés en France. Nous ne citerons ici brièvement que quelques conclusions.

L'existence de conséquences de la séparation mère-enfant sur l'équilibre de l'enfant est reconnue (Johnston, 1995 ; Fonagy, 1994, 1997, Berger, 2003...).

De même la gravité de la séparation du parent de première ligne et de l'enfant dans le contexte d'un conflit parental est une notion reconnue (Johnston, 1989 ; Lerman, 1989 ; Furstenberg, 1991 ; Maccoby, 1992 ; Amato, 1993 ; Kelly, 1993 : Dronkers, 1996 ; ministère de la Justice du Canada, 1997 ; Saunders, 1998 ; Lye, 1999...).

L'existence de deux formes de garde alternée (consensuelle et imposée) est soulignée par l'ensemble des auteurs (Seidenman, 1997 ; Lye, 1999...).

Ces échecs de la garde alternée demeurent fréquents lorsque l'alternance est le fait d'un consensus parental (Steinman, 1981 : 25 % des cas ; Furstenberg, 1991 ; Zorza, 1995...).

Dans les situations de garde alternée imposée par la justice malgré le conflit parental, l'alternance entretient le conflit et aggrave ainsi l'anxiété et le stress de l'enfant. La garde alternée devrait être impossible dans ces cas (Amato, 1993 ; Johnston, 1989...).

Au total, il est rare que la résidence alternée soit dans le meilleur intérêt de l'enfant et ses effets sont souvent négatifs pour l'enfant (Kolata, 1988 ; Seidenman, 2004 ; Wallerstein, 2000...).

Pour l'enfant, il n'existe pas de relation entre le temps passé avec son père et les relations émotionnelles père-enfant, ou son développement et son devenir (Zingale, 1989 ; Donnelly, 1992 ; King, 1994 ; Buchanan, 1996 ; Tanfer, 1997 ; Lye, Washington State Gender and Justice Commission, 1999 ; Solomon, 2003 ; et très nombreux travaux anglo-saxons).

La plupart des spécialistes soulignent la primauté de la relation avec le parent de la résidence principale, et le fait que la relation ne se compte pas en termes de temps passé avec l'enfant, mais de qualité de cette relation (Emery, 1988 ; Fineman, 1989...)

La « règle » qui consiste à appliquer prioritairement un système de résidence alternée ne repose sur aucune base sérieuse : rien ne prouve l'intérêt pour l'enfant d'avoir des contacts égaux avec ses deux parents. L'intérêt de ce système est surtout celui des parents et le plus souvent du père (Isaacs, 1986 ; Mason, 1988 ; Fineman, 1989 ; Seltzer, 1990 ; Zorza, 1995 ; Wallerstein, 1998 ; Seidenman, 2004...)

L'ignorance et la sous-estimation des violences et des abus infligés aux enfants sont réelles, car il est difficile de faire la preuve de certains comportements. Ceci influence certaines décisions juridiques (Hester, 1996 ; Smart, 1997 ; Kaganas, 2000 ; Rhoades, 2000...)

Après les séparations parentales, aucun mode de garde ne peut être considéré comme *a priori* préférable : chaque situation est unique, et doit être étudiée dans ses détails. L'histoire passée est le meilleur indicateur de l'organisation de la garde et la place du principal donneur de soins doit être respectée (rapports au Children Rights Council, 1996 ; Nissenbaum ; Wallerstein ; Brush ; Bartlett ; Fineman, 1988 ; Seidenman, 1997...)

Épilogue

« La résidence alternée : une bombe à retardement. »
Edwige Antier (2005)

CATASTROPHE SANITAIRE EN PRÉPARATION ?

L'EXPLOSION du nombre des séparations parentales avec des enfants de plus en plus jeunes et la généralisation de la résidence alternée font prendre le risque d'un véritable problème de santé publique pour l'avenir.

De toute évidence, le problème du devenir des enfants de parents séparés ne semble pas en France un souci majeur des institutions politiques. Aux yeux des décideurs, et souvent hypocritement, la loi de mars 2002 sur l'autorité parentale les défausse de leur responsabilité qu'ils abandonnent à la justice.

Le contexte général est en accord avec cette dérive : la force du lobby égalitariste, une loi étrangère aux intérêts de l'enfant, l'expérience insuffisante et la formation inexistante des magistrats dans ce domaine difficile, la pauvreté des moyens de la justice, le désintérêt des pouvoirs publics.

Une réaction courageuse des pouvoirs publics s'impose pourtant de façon urgente. Il est évident que des modifications de la loi sur l'autorité parentale sont absolument nécessaires. La résidence alternée, comme toute mesure modifiant profondément les conditions de vie des personnes, doit être utilisée avec discernement afin que son usage respecte les besoins élémentaires de l'enfant et les conditions nécessaires à son équilibre et à son développement affectif et psychologique.

La loi qui autorise une décision de garde alternée sans l'accord explicite des deux parents doit être corrigée car elle est inappropriée et dangereuse pour l'enfant.

En l'absence de ces aménagements indispensables, beaucoup d'enfants seront encore plongés dans la souffrance et la « bombe à retardement » de la résidence alternée explosera au nez de responsables inertes, contribuant à illustrer la prévision de Raymond Aron : « Les défaites des démocraties sont toujours intellectuelles et morales avant d'être politiques ou militaires. »

L'association « L'Enfant d'Abord »

Rappelons ici la raison d'être de l'association :

- conseiller les parents quant au meilleur rythme d'alternance pour leur enfant et préparer un dossier à présenter en justice ;
- faire connaître les problèmes engendrés par les dérives de la loi de mars 2002.

Les activités de l'association présentent ainsi deux particularités liées à sa position :

- Sur le plan numérique : le nombre de cas qui concernent les difficultés liées aux modes d'hébergement, émanant de toute la France et de pays francophones, est très important. Il dépasse de beaucoup le nombre de cas que peut observer chaque pédiatre ou pédopsychiatre localement.
- La position de l'association, directement contactée par les parents des enfants qui souffrent, mais aussi parfois par des psychologues, pédopsychiatres ou avocats, se situe aux confins de plusieurs domaines d'activité : celles qui concernent l'enfance et son développement ; celles qui touchent à l'organisation de la famille, les observations émanant de la pratique médicale, particulièrement pédiatrique et psychiatrique, ainsi que le contexte judiciaire de la loi sur l'autorité parentale et les décisions des juges aux affaires familiales. Cette situation au centre des informations apporte à la fois intérêt et objectivité à l'étude de ces cas d'enfants qui vont mal.

Le grand nombre d'enfants en souffrance et la vue panoramique de l'association sur tous ces cas apportent un intérêt particulier aux constatations de « L'Enfant d'Abord ».

Remerciements

Mes remerciements vont à mon époux pour son soutien actif et inébranlable et à nos enfants pour toute la patiente affection dont ils ont su m'entourer.

Aux docteurs Berger, Levy-Soussan, Rottman, pédopsychiatres, à Madame Vauthier-Marin, psychologue, qui ont accepté de témoigner de la souffrance des nombreux enfants qu'ils voient en consultation.

À Maîtres Breton, Hayat-Soria, et Mathioudakis pour leur participation à ce débat et nous faire part de leur expérience.

À Marie pour son témoignage, mais aussi à ses parents qui l'ont encouragée à en faire part.

À Hélène Palma, professeur agrégé, docteur ès lettres et Myriam Tonelotto journaliste documentaliste d'Arte pour la documentation qu'elles m'ont fournie.

À Jacques Rousseau et l'association AVPE (Association vendômoise de protection de l'enfance) dont il est le vice-président, pour son importante et précieuse recherche sur les débats qui ont jalonné l'élaboration de la loi de mars 2002.

À toute l'équipe de l'association « L'Enfant d'Abord ».

Bibliographie

ANTIER E. (2005) *Dolto en héritage : Tout comprendre, pas tout permettre*, Paris, Robert Laffont.

ANZIEU D. (1985). *Le Moi-peau*, Paris, Dunod.

BERGER M. (1999). « Le divorce et l'âge de l'enfant », *Le Journal des psychologues*, n° 164, p. 41-44.

BERGER M. (2002). « Le droit d'hébergement du père concernant un bébé », *Dialogue*, n° 155, 90-104.

BERGER M. (2004). « La résidence alternée chez les enfants de moins de 6 ans : une situation à haut risque psychique », en coll. avec A. CICCONE, N. GUEDENEY, H. ROTTMAN, *Devenir*, vol. 16, n° 3, p. 213-228. Article consultable sur `http://maurice.berger`.net.

BERGER M. (2005). « La résidence alternée, une loi pour l'adulte ? », *Gazette du Palais*, 10 au 12 juillet 2005, 125e année, n° 191 à 193, p. 14-19. Article consultable sur `http://maurice.berger`.net

BERGER M., GRAVILLON I. (2003). *Mes parents se séparent*, Paris, Albin Michel.

BRAZELTON T.B., GREENSPAN S.I. (2001). *Ce qu'un enfant doit avoir*, Paris, Stock, p. 83-87.

BRISSET C. (2005). *Rapport annuel de la Défenseur des enfants*, Paris, La Documentation française. `http://www.defenseurdesenfants.fr/pdf/rapport2005.pdf`.

BYRNE J. (2005). « Practicioner Review : the contribution of attachment theory to child custody assessments », *Journal of Child Psychology and Psychiatry*, 46, 2, p. 115-127.

CONSEIL NATIONAL DES BARREAUX, « L'enfant et la rupture, rupture de l'enfance, Regards croisés du monde médical et du monde judiciaire » (Paris, 3 décembre 2004), *Gazette du Palais*, 10 au 12 juillet 2005, 125e année, n° 191 à 193.

COUNTY SUPERIOR COURT (1996). *Child-centered residential schedules,* Spokane, WA, Guardian Ad Litem Committee. Adresse : Spokane County Bar Association, tel 011 (509) 4776032

DAVID M. (2004). *Le Placement familial. De la pratique à la théorie*, Paris, Dunod.

DE CASPER A.J., PRESCOTT P.A. (1984). « Human newborns' perception of males voices : preference, discrimination and reinforcing value », *Developmental Psychobiology*, n° 17, p. 481-491.

L'Enfant et la rupture, rupture de l'enfance (2004). Trentième salon de l'avocat et du droit, Symposium Paris.

FRAIBERG S. (2003). « Mécanismes de défense pathologiques au cours de la petite enfance », *Devenir*, 51, p. 7-29.

GOLSE B. (2004). « Le point de vue de la WAIMH sur la résidence alternée chez les enfants de moins de trois ans », exposé fait au colloque du COPES, Tours.

GUÉDENEY N. et A. (2002). *L'Attachement, Concepts et applications,* Paris, Masson.

GUÉDENEY N. (2005). « L'attachement dans la rupture : l'oublié du législateur », *Gazette du Palais*, 10 au 12 juillet 2005, 125e année, n° 191 à 193, p. 20-21.

HAYEZ J.-Y., KINOO Ph. (2005). « Hébergement alterné et autorité parentale conjointe », *Neuropsychiatrie de l'enfant et de l'adolescent*, 53, 5, p. 245-253.

JEANNEROD M. (2002). *Le Cerveau intime*, Paris, Odile Jacob.

KAPLAN M.D., PRUETT K. (1999). « Divorce and Custody : Developmental Implications », in J. CASSIDY, P.R. SHAVER (éd.), *Handbook of Attachment Theory, Research and Clinical Applications*, New York, Guilford Press, p. 533-547.

LAMB M.E. et coll. (1983). « Effects of paternal involvement on infant preferences for mothers and fathers », *Child Development*, n° 54, p. 450-458.

Lye D. (1999). « Rapport pour la commission Genre, Justice et Relations Familiales de l'État de Washington », `http://www.courts.wa.gov/committee/pdf/parentingplanstudy.pdf`.

MALAURIE P., FULCHIRON H. (2004). *La Famille*, Paris, Defrénois.

MURAT P. (2006). « Présentation de la loi du 4 mars 2002 », colloque « La prise en charge en alternance de l'enfant à l'occasion de la séparation parentale », faculté de droit, La Rochelle.

ROBERTSON J., BOWLBY J. (1952). « Responses from Young Children to Separation from their Mothers », *Courrier du Centre international de l'enfance*, 2, p. 131-142.

ROTTMAN H., TORRES S. (1998). « Soin par la séparation et soin de la séparation en placement familial court répété », *Émergence*, Canteleu, Éd. Anpase, p. 65-66.

ROUSSILLON R. (1999). « Traumatisme primaire, clivage et liaisons primaires non symboliques », in *Agonie, clivage et symbolisation*, Paris, PUF, p. 1-34.

SERVERIN E. (2005). « La résidence des enfants à l'épreuve des choix des parents séparés », *Le Journal des psychologues*, 228, p. 27-32.

SOLOMON J., GEORGE C. (1999*a*). « The development of attachment in separated and divorced families. Effects of overnight visitation, parent and couple variables », *Attachement and Human Development*, 1, p. 2-33.

SOLOMON J., GEORGE C. (1999*b*). « The affects of attachment of overnight visitation in divorced and separated families. A longitudinal follow-up », *Attachement and Human Development*, 1, p. 243-264.

SOLOMON J., GEORGE C. (1999*c*). « The caregiving system in mothers of infants : a comparison of divorced and married mothers », *Attachment and Human Development*, 72.

SOLOMON J., GEORGE C. (1999*d*). « The measurement of attachment security in infancy and childhood », in J. CASSIDY, P.R. SHAVER (éd.), *Handbook of Attachment : Theory, Research and Clinical Applications*, New York, Guilford Press, p. 297-316.

VAUVILLÉ F. « Du principe de coparentalité », *Les Petites Affiches*, 18 oct. 2002, n° 209, p 4.

WINNICOTT D.W. (1970). *Processus de maturation chez l'enfant. Développement affectif et environnement*, Paris, Payot.

WINNICOTT D.W. (1971). *Jeu et réalité*, Paris, Gallimard, 1975.

050365 - (IV) - (0,7) - OSB 90° - CPW - API

Imprimerie Nouvelle
45800 Saint-Jean-de-Braye
N° d'Imprimeur : 427873Y
Dépôt légal : octobre 2006
suite du tirage : février 2009

Imprimé en France